MGGprisma

Messe und Motette

MGGprisma

Messe und Motette

Unter Mitarbeit von

Peter Ackermann	Karl Kügle
Charles M. Atkinson	Peter Le Huray (†)
Jerko Bezič	Laurenz Lütteken
Ludwig Finscher	Andreas Mielke
Arno Forchert	Ursula Reichert
Christian Hannick	Karlheinz Schlager
Tibor Kneif	Franz Zagiba

MGGprisma

Messe und Motette

Herausgegeben
von Laurenz Lütteken

Mit einer Abbildung
und 15 Notenbeispielen

Bärenreiter Kassel
Basel London New York Prag
Metzler Stuttgart Weimar

Die Deutsche Bibliothek –
CIP-Einheitsaufnahme
Messe und Motette / hrsg. von Laurenz
Lütteken. - Kassel ; Basel ; London ;
New York ; Prag : Bärenreiter ; Stuttgart ;
Weimar : Metzler, 2002
  (MGG Prisma)
  ISBN 3-7618-1627-8 (Bärenreiter)
  ISBN 3-476-41044-7 (Metzler)

Gemeinschaftsausgabe der Verlage
Bärenreiter,
Kassel · Basel · London · New York · Prag
und J. B. Metzler, Stuttgart · Weimar

ISBN 3-7618-1627-8 (Bärenreiter)
ISBN 3-476-41044-7 (Metzler)

Dieses Werk einschließlich aller seiner Teile
ist urheberrechtlich geschützt. Jede Verwertung außerhalb der engen Grenzen des
Urheberrechtsgesetzes ist ohne Zustimmung
der Verlage unzulässig und strafbar. Das
gilt insbesondere für Vervielfältigungen,
Übersetzungen, Mikroverfilmungen
und die Einspeicherung und Verarbeitung
in elektronischen Systemen.

© 2002 Bärenreiter-Verlag
Karl Vötterle GmbH & Co. KG und
J. B. Metzlersche Verlagsbuchhandlung
und Carl Ernst Poeschel Verlag GmbH
in Stuttgart

Gedruckt auf chlorfrei gebleichtem, säurefreiem und alterungsbeständigem Papier

Typographie und Ausstattung:
Brigitte und Hans Peter Willberg

Satz: Dörr und Schiller GmbH, Stuttgart
Druck und Bindung:
Franz Spiegel Buch GmbH, Ulm
April 2002
Printed in Germany

Inhaltsverzeichnis

Vorwort 9

A. MESSE 12

I. Lateinische einstimmige Messe 12
 1. Bedeutung 12
 2. Proprium missae und Ordinarium missae 13
 3. Entwicklungen im hohen und späten Mittelalter 15

II. Missa graeca 18

III. Glagolitische Messe 20
 1. Entstehung und Entwicklung 20
 2. 20. Jahrhundert 22

IV. Mehrstimmige Meßvertonungen bis 1600 23
 1. Einleitung 23
 2. Anfänge der Meßkomposition 25
 3. Vom Satzpaar zum Ordinariumszyklus 29
 4. Die zyklische Form zwischen 1450 und 1520 35
 5. Parodiemesse 39
 6. Gebrauchsfunktionen und Reformansätze im 16. Jahrhundert 42
 7. Tridentinum und Gegenreformation 44
 8. Regionale Entwicklungen im späten 16. Jahrhundert 46

V. Mehrstimmige Meßvertonungen des 17. bis 20. Jahrhunderts 52
 1. 17. Jahrhundert 52

Exkurs: *Orgelmesse* 61
1. Begriff 61
2. Die Alternatim-Orgelmesse 62
   2.1 Die Orgel in der Alternatim-Praxis 62
   2.2 Die musikalischen Quellen der Alternatim-Orgelmesse 62
   2.3 Die Gestaltung der Alternatim-Orgelmesse 63
3. Weitere Arten von Orgelmusik für den Meßgottesdienst 68

2. 18. Jahrhundert 69
3. 19. Jahrhundert 75
4. 20. Jahrhundert 79

VI. *Requiem* 83
1. Allgemeines 83
2. Geschichte, Theologie, Texte 84
3. Mehrstimmigkeit vor 1600 86
   a. Frankreich/Burgund 89
   b. Italien 91
   c. Spanien 92
   d. Deutschland 93
4. Motetten zur Totenliturgie 95
5. Das Requiem bis um 1800 96
   a. Iberische Halbinsel und Italien 96
   b. Frankreich 97
   c. Deutschland 98
6. 19. Jahrhundert 99
   a. Allgemeine Merkmale 99
   b. Italien und Frankreich 99
   c. Deutschland und Österreich 100
7. 20. Jahrhundert 101
Literaturverzeichnis 103

B. MOTETTE 114

I. *Terminus und Entstehung* 114
1. Terminus 114
2. Entstehung 114

II. *Bis ca. 1320* 117

III. *Bis ca. 1420* 123

IV. *15. und 16. Jahrhundert* 128
1. Terminologie und Typologie 128
2. Pluralisierung der Gattung im 15. Jahrhundert 132
3. Sakralisierung und Trivialisierung 138
   Exkurs I: Motetti missales 141
4. Liturgische Gebrauchsfunktionen um und nach 1500: Psalm, Antiphon, Hymnus 145
5. Sonderformen 149
   Exkurs II: Motetten-Chanson 151
6. Liturgisierung in der zweiten Hälfte des 16. Jahrhunderts 155
7. Überlieferung 158

V. *Vom Barock bis zur Gegenwart* 159
1. Die Entstehung der konzertierenden Motette 159
2. Anfänge in Norditalien und Rom 160
3. Motetten in Nord- und Mittelitalien 161
4. Die römische Motette im 17. Jahrhundert 164
5. Die italienische Motette seit dem Ende des 17. Jahrhunderts 166
6. Motettenkomposition in den protestantischen Gebieten des deutschsprachigen Raums und in Frankreich 167

7. Motettenkompositionen in katholischen Gebieten des deutschsprachigen Raums 170

   Exkurs: *Anthem* 172
   a. Zum Terminus und zu den Ursprüngen des englischen Anthems 172
   b. Die musikalischen Quellen (ca. 1549 – ca. 1644) und die Komponisten (bis ca. 1575) 173
   c. Das Full Anthem (ca. 1558-1664) und Verse Anthem (ca. 1560-1644) 175
   d. Der stile nuovo und die Restauration 178
   e. 18. Jahrhundert 180
   f. Die viktorianische Ära (ca. 1830 – ca. 1890) und 20. Jahrhundert 181

8. Das 19. und 20. Jahrhundert 184

VI. Literaturverzeichnis 187

VII. *Bibliothekssiglen und Siglen der Sammeldrucke* 196

VIII. *Abkürzungen* 198

Vorwort

Die verbreitete Vorstellung, die Gattungen Messe und Motette seien als Einheit zu betrachten, ist weder selbstverständlich noch naheliegend. Denn geeint sind sie lediglich in der sehr neuzeitlichen Annahme, es hier mit sakralen Genres im weitesten Sinne zu tun zu haben, gebunden wenn nicht an den liturgischen, so doch wenigstens kirchlichen Ort. Überdies schwingt der Gedanke mit, daß Messe und Motette zumindest in der Frühzeit sowohl im Hinblick auf den Satz wie auf den Habitus eng beieinander liegen, so eng, daß eine Differenzierung nicht immer leicht fällt: die Nähe etwa eines Proprien-Satzes zu einer Motette kann im 15. Jahrhundert so groß sein, daß eine Unterscheidung nahezu unmöglich ist. Und doch bildet eine solche Indifferenz eher die Ausnahme. In der Regel ist der Unterschied merklich, und er betrifft alle Ebenen: der älteren Motette steht die wesentlich jüngere Messe gegenüber, die eine ist ›einsätzig‹, die andere grundsätzlich mehrteilig, die eine ist in ihren Kontexten äußerst flexibel, die andere strikt an das wie auch immer ausformulierte Ritual der Liturgie gebunden. Und in der ersten verfügbaren Gattungsklassifikation, der des Johannes Tinctoris aus den 1470er Jahren, wird zudem in einer eindeutigen Wertigkeit die Messe an die Spitze der Gattungshierarchie gesetzt, vor die Motette.

Bemerkenswert sind allein die anfangs engen kompositorischen Verbindungen, aber auch diese wurden schließlich in den Neuansätzen des 17. Jahrhunderts gelockert. Während die Messe zunächst an neueste Entwicklungen angepaßt wurde, blieb die Motette zumindest in einem Ausschnitt ihres Repertoires den Traditionen des 16. Jahrhunderts verhaftet. Der damit verbundene und schließlich auch normativ festgeschriebene polyphone Satz galt rasch, spätestens in der nachmalig so berühmt gewordenen Unterscheidung des polnischen Hofkapellmeisters Marco Scacchi, als *stylus ecclesiasticus*. Gerade die damit begründete Überblendung von motettischer Polyphonie und kirchlicher Bindung begünstigte die Auffassung von der Motette als sakraler Gattung – eine Auffassung, die etwa in Johann Gottfried Walthers Musikalischem Lexikon von 1732 bereits festgeschrieben war. Auf diese Weise waren aber Messe und Motette grundsätzlich kontextuell angenähert, und in den beginnenden historischen Konzeptionen des 18. Jahrhunderts konnte die motettische Polyphonie auch für die Meßkomposition reklamiert werden.

Mit dem tiefgreifenden Verlust einer sakralen Ästhetik zu Beginn des 19. Jahrhunderts, als Folge von französischer Revolution und Säkularisation, sind kontinuierliche, bis gegen 1800 zumindest für die Messe noch gültige Gattungszusammenhänge unwiederbringlich aufgekündigt worden. Die Messe wurde danach zum individuell gefärbten, den liturgischen Text zum poetischen Interpretandum reduzierenden Ausnahmewerk, wenn sie kompositorisch anspruchsvoll bleiben wollte; die Messen hingegen, die ihre Entstehung dem primären Willen zum liturgischen Gebrauch verdankten, waren aus einer produktiven Zeitgenossenschaft ausgegliedert und lieferten sich, ungeachtet ihrer Qualität, Vorbildern der Vergangenheit aus. In solchem Historismus war die Messe dann zweifellos mit der Motette verbunden, die nach 1800 fast ausschließlich noch als Ergebnis einer bewußten Rückwendung in die Vergangenheit denkbar war.

So sind beide Gattungen, Messe und Motette, Teil der jeweils konfessionell zu differenzierenden Erneuerungsbestrebungen geworden, und sie waren damit nachhaltig aus aktuellen kompositionsgeschichtlichen Tendenzen ausgeklammert. Die Vorstellung, eine glaubwürdige Erneuerung zerbrochener Sinnzusammenhänge ließe sich nur über eine Rückwendung in vermeintlich intakte Welten bewerkstelligen, war zwar nicht neu; schon die Kanonisierung Josquins durch Luther auf der einen, durch Glarean auf der anderen Seite genügt diesem Muster. Sie begünstigte aber im 19. Jahrhundert Konzeptionen, die sich entschieden der eigenen Gegenwart entgegenzustemmen versuchten. Zusammengehalten wurden die damit konstituierten ›geistlichen Gattungen‹ durch die Idee einer besonderen Würde des (vierstimmigen) kontrapunktischen Satzes, dem seit dem späteren 18. Jahrhundert eine sowohl ästhetisch wie auch ethisch gemeinte ›Reinheit‹ zugeschrieben worden ist. Die Polyphonie war somit zum Garant der liturgischen Funktionstüchtigkeit geworden, und unter diesen Vorzeichen wurden Messe und Motette unter dem Signum des ›Geistlichen‹ zusammengefaßt.

Damit war endgültig eine sakrale Sphäre begründet, deren Fluchtpunkt zunächst die ›classische‹, dann, hierin die Antinomie altdeutsch-neudeutsch aufgreifend, die ›altclassische‹ Polyphonie gewesen ist, und als genuine Bestandteile dieser Sakralität galten Messe und Motette. Da der Ausgangspunkt dieser Restauration zunächst das 16. Jahrhundert gewesen ist, schien zumindest die verbindende Klammer der anspruchsvollen Polyphonie auch begründbar zu sein, sind doch gerade im Blick auf diesen Zeitraum die kompositorischen Verbindungen zwischen den Gattungen außerordentlich eng.

An dieser Denkfigur hat sich eigenartigerweise wenig geändert, im Gegenteil: noch in der Gegenwart ist die Komposition einer Motette oder auch einer Messe auf eigentümliche Weise von dieser Art von Historizität belastet, anders und stärker jedenfalls als ein Werk jenseits dieser ›sakralen Sphäre‹.

So trägt die Vereinigung der Gattungen Messe und Motette weniger der historischen Gegebenheit Rechnung als einer bestimmten Vorstellung von geistlicher

Musik, die gleichwohl auch heute noch weiter Verbreitung unterliegt. Mit dem vorliegenden Band soll daher vor allem einem dieser Verbindung entspringenden Interesse an überblickshafter Information entsprochen werden. Der Nutzen des Bändchens beschränkt sich daher nicht bloß auf das Studium, es richtet sich vielmehr auch an alle Interessenten an und aus der (kirchen-) musikalischen Praxis. Mit ihm soll ein knapper und dennoch gründlicher Überblick über die Gattungen gegeben werden, als Information und Anregung zur weiteren Beschäftigung gleichermaßen. Gerade dieses Anliegen hat die Konzeption des Bandes nicht leicht gemacht und folglich entscheidend beeinflußt. Denn die Frage, welche Artikel aus dem Sachteil der neuen MGG neben den beiden Haupteinträgen noch aufzunehmen seien, war nicht leicht zu beantworten. Schließlich überwogen abermals die pragmatischen Überlegungen: in der Konzentration auf die mehrstimmige Meß- und Motettenkomposition im engeren Sinne. So wurden einige sehr nahestehende Artikel (wie Requiem oder Motetti missales) aufgenommen, die entfernteren Gattungen (Hymnen und Sequenzen) jedoch ausgelassen. Überdies wurde auf die umfangreichen Artikel zur Musik der einzelnen Meßteile verzichtet, da sie wesentlich der Einstimmigkeit gewidmet sind – mithin also einen Bereich darstellen, der eigentlich den vorgegebenen Rahmen sprengt.

Die Artikel, deren unterschiedliche Faktur aus den divergierenden Ansätzen der Autoren im Blick auf einen äußerst heterogenen Forschungsstand resultiert, entsprechen möglichst weitgehend dem MGG-Text; nur an wenigen Stellen wurde geändert und ergänzt. Die Bibliographien sind hingegen aktualisiert worden. Den Autoren sei für die Durchsicht ihrer Texte sowie die hilfreichen Hinweise und Ergänzungen herzlich gedankt. Um der bequemeren Benutzbarkeit willen wurde nicht nur ein Abkürzungsverzeichnis angefügt, sondern auch eine Liste der verwendeten Bibliothekssiglen. So lassen sich die zahlreichen Verweise auf Handschriften leichter entschlüsseln. Auf ein Register hingegen wurde verzichtet, da oftmals kumulative Namensnennungen in der Natur solcher Überblicksdarstellungen liegen – mithin also die Erschließung über ein Register nicht signifikant wäre.

Zürich, im Januar 2002
Laurenz Lütteken

A. MESSE

I. Lateinische einstimmige Messe
1. Bedeutung

Die Messe (lat. *missa, missio, dimissio, missus, dimissus* = Entlassung, Verabschiedung, Aussendung, ursprünglich: der Katechumenen, d.h. der noch nicht Getauften, nach dem Lehr- oder Lesegottesdienst; später Bezeichnung für die gesamte Meßfeier, vgl. die Schlußformel »Ite, missa est«) ist als Versammlung (*congregatio, convocatio, coadunatio*) der hierarchisch strukturierten kirchlichen Gemeinschaft im Gedächtnis an das Leiden, die Auferstehung und die Himmelfahrt Christi definiert. Das Erlösungsopfer wird in der Eucharistie (griech. ευχαριστία = Danksagung) vergegenwärtigt und erneuert. Die christliche Liturgie (griech. λειτουργία = Dienst für die Gemeinde, Werk des Volkes) faßt in der Messe zwei jüdische Traditionen zusammen: den aus Psalmen, Gebeten und Lesungen bestehenden Wortgottesdienst in der Synagoge und die rituelle Mahlfeier im häuslichen Rahmen. Diese Ursprünge erklären die Aufteilung der Messe in einen Wortgottesdienst (nach Funktion und Inhalt auch als Vormesse, Lese-, Lehr- oder Gebetsgottesdienst bezeichnet) am Lesepult (Ambo) und einen Opfergottesdienst (Eucharistiefeier) am Altar. Der Wortgottesdienst dient der Verkündigung und der Belehrung, der Erweckung und Stärkung des Glaubens als Vorbereitung für den folgenden Teil der Messe. Im Opfergottesdienst vollzieht und wiederholt sich in der Segnung, Verwandlung und Austeilung der eucharistischen Gestalten von Brot und Wein, in denen Christus gegenwärtig ist, das österliche Heilsgeschehen.

In der Zeit der Kirchenväter ist die Messe vor allem als Mysterium spirituell erlebt und ausgelegt worden. In karolingischer Zeit entstanden die *expositiones missae*, Erklärungen der inzwischen konsolidierten liturgischen Texte für die Sonn- und Festtage des Kirchenjahres. Im weiteren Verlauf des Mittelalters, als die Teilnahme der Gemeinde am Arkanum der Klerusliturgie nur noch begrenzt möglich war, sind neben den theologischen Traktaten vor allem allegorische Erklärungen der Messe verbreitet worden, in denen die wahrnehmbaren rituellen Handlungen mit einem über sie hinausweisenden Sinn versehen wurden. Zur Neuzeit hin vermitteln die jeweiligen Kommentare zur Messe den Gläubigen auch Erkenntnisse der Liturgiewissenschaft. Unter dem Leitgedanken, den Gläubigen wieder den tätigen Mitvollzug der Messe (die *participatio actuosa*) zu ermöglichen und zu erleichtern, erfolgte im Auftrag des Zweiten Vatikanischen Konzils (1962-1965) eine grundlegende Revision des nachtridentinischen Missale von 1570. Das neue Meßbuch, der

überarbeitete Meß-Ordo, wurde zur Grundlage für die volkssprachlichen Ausgaben
der letzten Jahrzehnte, in denen auch der Gemeindegesang die Forderungen nach
Verständlichkeit, Vereinfachung, Öffnung und Anpassung zu erfüllen hat (E. J. Lengeling 1970, J. H. Emminghaus 1976, J. Hermans 1984).

2. Proprium missae und Ordinarium missae

Die seit dem Mittelalter überlieferte römisch-fränkische Messe in lateinischer Sprache, die mit den musikhistorisch bedeutsamen Formen und Gattungen des Gregorianischen Chorals verbunden ist, setzt sich in ihrem musikalischen Bestand aus dem *Proprium* und dem *Ordinarium* zusammen. Das Proprium umfaßt die »Eigen-Gesänge« zum jeweiligen Sonn- oder Festtag, d.h. Gesänge, deren Texte auf den Anlaß der Feier abgestimmt sind und die im allgemeinen nur zu dieser Gelegenheit ausgeführt werden. Dieses Proprium besteht aus: Introitus, Graduale, Alleluia, Tractus, Offertorium und Communio. Im Ordinarium sind jene Texte vereinigt, die zum unveränderlichen Bestand jeder Messe gehören und mit unterschiedlichen Melodien oder zu Rezitationsformeln das ganze Kirchenjahr hindurch vorgetragen werden: Kyrie, Gloria, Credo, Sanctus-Benedictus und Agnus Dei, Präfation (der Beginn des eucharistischen Hochgebetes) und Pater noster, sowie der Schlußversikel »Ite, *missa est*« bzw. »*Benedicamus Domino*«; auch die Antiphonen »*Asperges me*« und »*Vidi aquam*« zur *aspersio aquae*, der symbolischen Reinigung der Gemeinde mit geweihtem Wasser, sind zum Ordinarium zu zählen. Das Zusammenspiel von Proprium und Ordinarium und die Verteilung der Gattungen auf Vormesse und Opfergottesdienst kann aus Tab. 1 entnommen werden.

Eine weitergehende Unterteilung des Propriums wird möglich, wenn man die Ausprägung und Ausführung der Gesänge einbezieht, da der Gregorianische Choral in engem Zusammenhang mit dem gottesdienstlichen Geschehen entstanden ist und sich deshalb auch mit den Wandlungen verändert hat, die der Meß-Ordo und die ihn tragenden Personen (Zelebrant, Lektor, Kantor, Schola, Gemeinde) wie die ihn bergenden Räume (Bischofskirche, Pfarrkirche, Privatkapelle) erfahren haben (F. Probst 1896, A. Franz 1902, A. Baumstark 1929, G. Nickl 1930, S. J. P. Van Dijk / H. J. Walker 1960, K. Gamber 1970, J. A. Jungmann 1948, A. Fortescue 1912).

So lassen sich im Proprium Chorgesänge (Introitus, Offertorium und Communio) und Kantorengesänge (Graduale, Alleluia, Tractus) unterscheiden – mit der musikalischen Konsequenz, daß die Solistengesänge in den Melismen Pneuma und Ornamentik bewahren, während die einfacheren Chorgesänge im Ambitus weniger weit ausschwingen und die Lesung des Textes gedrängter und kontinuierlicher ver-

	Proprium Missae	Ordinarium Missae
		Asperges me
		Vidi aquam
Vormesse	Introitus	Kyrie
		Gloria
	Graduale	
	Alleluia	
	(oder:) Tractus	
		Credo
Opfermesse	Offertorium	
		Präfation
		Sanctus – Benedictus
		Pater noster
		Agnus Dei
	Communio	
		Ite missa est
		(oder:) Benedicamus Domino

Tabelle 1

läuft. Das unterschiedliche Wort-Ton-Verhältnis spiegelt auch verschiedene Funktionen: Die chorischen Meßteile waren ursprünglich Prozessionsgesänge (der Introitus zum Einzug, das Offertorium zum Opfergang der Gläubigen, die ihre Gaben zum Altar brachten, die Communio zur Spendung der Opfergaben in der Kommunion), die solistischen Meßteile füllen meditative Momente zwischen den Lesungen aus, das Graduale als Nachklang der Epistel, das Alleluia als Einstimmung auf das Evangelium. Im Ordinarium können jene Gesänge melodisch ausgezeichnet sein, deren Texte als Litanei-Fragmente nur aus kurzen Anrufungen bestehen (Kyrie, Agnus Dei); dagegen werden die längeren oder zusammengesetzten Texte (Gloria, Credo, Sanctus) zu musikalischen Formeln tendieren; in den Tönen zu Präfation und Pater noster liegen Rezitationsmodelle vor.

Diese generellen Feststellungen und Beobachtungen müssen allerdings am konkreten Beispiel befragt und möglicherweise eingeschränkt werden, denn die musikalische Überlieferung der Meßgesänge setzt im 9. Jh. (mit den Vortragszeichen der Neumen) zu einem Zeitpunkt ein, in dem das Repertoire bereits historische Schichtungen aufweist, die unterschiedliche Entwicklungsstadien der Gesänge aufgenommen haben. So gibt es beispielsweise im Ordinarium neben den melodisch entfalteten auch einfache Kyrie-Melodien, die möglicherweise ein frühes Stadium der Gemeinde-Akklamation vertreten, bevor der Gesang, vermutlich schon im 8. Jh., an die Schola übergegangen ist. Für den Introitus, den ersten Gesang des Proprium missae, ist im Rahmen der Papstliturgie belegt, daß der Eingangsgesang mit Psalmversen so lange fortgesetzt wurde, bis die Einzugsprozession am Altar angelangt war und der Zelebrant das Zeichen für die Doxologie gab, mit der die Reihe der Psalmverse abgeschlossen wurde. Die Überlieferung des Introitus mit Antiphon, einem Psalmvers und der Doxologie würde dann schon eine Reduktionsform darstellen, die sowohl mit der von der Schola kunstvoller ausgesungenen Antiphon als auch mit dem kürzeren Prozessionsweg von der Sakristei zum Altar zu tun haben könnte. Die teilweise bis ins hohe Mittelalter noch aufgezeichneten, mit virtuosen Melismen geschmückten Verse zum Offertorium (Ausg. C. Ott 1935, rev. 1985) lassen vermuten, daß der seit dem 11. Jh. abnehmende Opfergang der Gläubigen offenbar auch mit Sologesängen begleitet werden konnte. Ein responsorialer Wechsel zwischen Vorsänger und kommunizierender Gemeinde ist schon aus dem 4. Jh. für die Communio bekannt; aus jüngerer Literatur geht hervor, daß die Schola sowohl den Kehrvers wie alternierend die Psalmverse übernommen hat, so daß eine antiphonale Ausführung entstand, von der in den Meßbüchern seit dem 9. Jh. nur noch die Antiphon verblieben ist.

3. Entwicklungen im hohen und späten Mittelalter

Mit dem Beginn der Aufzeichnungen – zunächst der Texte (R.-J. Hesbert 1935) – war die Geschichte der einstimmigen Messe noch keineswegs abgeschlossen, so sehr die neuzeitliche Choral-Restauration auch auf die ›authentischen‹ Quellen der Frühzeit fixiert blieb und schon die tridentinische Reform im 16. Jh. um ein ›gereinigtes‹ Choralrepertoire bemüht war.

Schon seit der Karolingerzeit legten sich mehrere Schalen um den legitimierten und sanktionierten Kern: die Messe wurde mit Tropen, Sequenzen und Liedern (Versus, Rhythmi, Conductus) erweitert. Die Tropen, die an Hauptfesten des Kirchenjahres sowohl das Proprium (bezeichnenderweise vor allem den für die Liturgie des Tages bedeutsamen Eingangsgesang) als auch das Ordinarium erfaßten, legten sich als poetische Stimmen der Zeit vor und zwischen die Text- und Melodieabschnitte des Choralbestandes. Mit den Sequenzen bildete sich im Anschluß an das Alleluia eine selbständige Gattung heraus, die vor allem mit einer sonst in der Messe nicht vertretenen Formgebung, der fortschreitenden Repetition, auffallen mußte. Die Lieder fungierten in erster Linie als Geleitgesänge, etwa für die Wege des Lektors oder während der Kommunion.

Obwohl seit dem 15. / 16. Jh. der mehrstimmige Ordinariumszyklus zum Inbegriff der musikalischen Messe geworden war, entstanden bis ins 18. Jh. neue einstimmige Melodien zu den Texten des Ordinarium missae, wobei auch im choralen Repertoire die Frage nach der Bildung von Zyklen aktuell wurde (B. Botte / C. Mohrmann 1953, D. Catta 1955, M. Sigl 1911, L. Schrade 1955, M. J. Burne 1956, K. von Fischer 1964, D. Hiley 1986). Man wird davon ausgehen können, daß die Ordinariumsgesänge – als Bestandteile der Messe jüngeren Datums und ohne die Würde der dem Festtag eigenen, autoritativ festgelegten Propriumsgesänge mit Versen aus dem Psalter – zunächst in beschränkter Anzahl zur Verfügung standen und frei ausgewählt werden konnten, auch wenn einige frühe Quellen Propriums- und Ordinariumsgesänge am jeweiligen liturgischen Ort kombinierten, wobei die Ordinariumsgesänge zumindest zu den Hauptfesten ausgeschrieben oder nur mit Incipits angegeben wurden, oft auch mit Tropen auf das jeweilige Fest abgestimmt waren (z. B. in: I-IVc, LX; F-Pn, lat.1112; I-BV, VI 34). Überwiegend sind die Ordinariumsgesänge jedoch von den Propriumsformularen getrennt und ausgegliedert worden; da sie häufig tropiert waren, bot sich (dann auch für die wenigen untropierten Melodien) ein Tropar-Teil an, in dem auch die Tropen zu den Propriumsgesängen standen (z. B. in: D-Mbs, clm.14083; I-Ra, 123; F-Pn, n.a.lat.1235), oder ein Kyriale, in dem die Ordinariumsgesänge nach Gruppen angeordnet sind (z. B. in: D-Kl, 4 25; I-Ra, 948; F-Pn, lat.903; F-Pn, lat.1132; I-Rn, 1343; I-Rc, 1741). Seit dem 12. Jh. sind Kyrie- und Gloria-Melodien paarweise aufgezeichnet, seltener Sanctus- und Agnus-Melodien (z. B. in: I-MOd, I 16; D-Mbs, clm.27130). Auch komplette Formulare werden seit dieser Zeit nachweisbar (z. B. in: D-B, Mus.ms.40078; D-Mbs, clm.3919; DK-Kk, Ny kgl. S. 632 8; F-Pn, lat.830; F-Pa, 110). Auch wenn in vielen Handschriften mittels Rubriken bestimmte Gesänge liturgische Zuweisungen im Kirchenjahr erhalten, bleibt es den Orden des 12. und 13. Jh. vorbehalten, eine beschränkte Anzahl von Ordinariumsgesängen in Formularen festzuschreiben (die Zisterzienser: ursprünglich 2 Zusammenstellungen, später 3; die Kartäuser: 3; die Dominikaner: 7; die Franziskaner: 4).

Das Verfahren, die Folge der Ordinariumsgesänge musikalisch zu binden (prinzipiell ähnlich der mehrstimmigen Messe, nur ohne Verwendung von ›Fremdmaterial‹), etwa durch eine allen Gesängen gemeinsame Kirchentonart, die Wiederholung vollständiger Melodien (zumindest für Kyrie, Sanctus und Agnus, die Gesänge mit kürzeren Texten) oder mit Hilfe eines musikalischen ›Mottos‹ in den Incipits (vgl. die Choralmessen von H. Du Mont, die ab 1669 erschienen sind), wird erst in Quellen des ausgehenden Mittelalters nachweisbar.

Die Benennung solcher Zyklen kann sich auf einen verbreiteten Tropus zum ersten Gesang, zum Kyrie, beziehen (z. B. »Lux et origo«, »Kyrie fons bonitatis«, u. a., vgl. auch die 18 Formulare der Editio Vaticana), die den Gesängen gemeinsame Tonalität bezeichnen (Missa secundi toni, sexti toni u. a.), den liturgischen Ort bestimmen (de angelis, in festis semiduplicibus, in missis defunctorum u. a.) oder Namen enthalten, die unter Umständen auf die Herkunft schließen lassen (Cassinense, Theutonicum u. a.; diese Bezeichnungen sind in späten Handschriften aus dem Benediktinerkloster San Pietro in Perugia nachgewiesen worden).

Während Ordinariumsgesänge (ebenso wie Melodien zu liturgiefähig gewordener geistlicher Dichtung) zu Hunderten neu komponiert worden sind, entstanden nur wenige neue Propriumsgesänge. Schon in den älteren Codices um die Jahrtausendwende verteilte sich ein begrenztes Repertoire von Melodien und Texten auf die Feste des Kirchenjahres (D. Johner 1940, S. 454ff.); für den erweiterten Heiligenkalender standen die Commune-Formulare zur Verfügung, mit inhaltlich angemessenen, jedoch nicht speziell abgestimmten Texten für Apostel, Märtyrer, Jungfrauen u. a. Für die Gesangsteile zu den neu eingeführten Herren- und Marienfesten sowie den Votivmessen erinnerte man sich dieses Verfahrens und wählte aus dem überkommenen Proprium aus: Entweder kam es zur Übernahme von Texten und Melodien (oft mit Blick auf zeitlich benachbarte Feste), oder älteren Melodien wurden neue Texte unterlegt (oft dem ursprünglichen Text ähnliche oder inhaltlich verwandte Texte). Das Proprium in festo corporis Christi, die chorale Ausstattung der Messe zum Fronleichnamsfest, das sich seit dem ausgehenden 13. Jh. verbreitete, kann diesen Sachverhalt illustrieren. Der Introitus »Cibavit eos« wurde dem Proprium vom Pfingstmontag entnommen, das Graduale »Oculi omnium« dem Proprium vom 20. Sonntag nach Pfingsten. Das Offertorium »Sacerdotes Domini« erweist sich als Kontrafaktur des Offertoriums »Confirma hoc Deus« aus der Messe zum Pfingstsonntag; die Communio »Quotiescumque manducabitis« geht auf die Communio »Factus est repente« des gleichen Pfingstformulars zurück. Verbleibt das verbreitet im Fronleichnamsproprium enthaltene Alleluia mit dem Vers »Caro mea«, in dem die Textierung einer älteren Versmelodie mit dem früheren Text »Laetabitur justus« vorliegt.

Im Gegensatz zu allen anderen Propriumsgesängen sind Alleluia und Vers der Messe, wie Repertoireuntersuchungen erwiesen haben (Monumenta Monodica Medii Aevi 8), eine Einbruchstelle für chorales Neuschaffen, und es überrascht deshalb nicht, wenn in einigen Handschriften des 13. bis 17. Jh. der zitierte Text »Caro mea« mit insgesamt acht weiteren Melodien in Verbindung steht und zehn andere Verse nachweisbar sind, unter ihnen fünf Texte in strophischer Form (K. Schlager 1994).

KARLHEINZ SCHLAGER

II. Missa graeca

In einigen Choralhandschriften werden die Texte des römischen Ordinarium missae in griechischer Kultsprache, aber in lateinischer Umschrift aufgezeichnet. Die Praxis, griechische Texte in lateinischer Schrift zu transkribieren, ist seit dem 6. Jh. belegt. Diese Praxis entwickelte sich im Bereich der Westkirche; dies beweisen nicht nur die Texte der lat. Vorlage, sondern auch ihre musikalische Gestaltung und deren Notation. Die Forschung konnte bis jetzt nicht eindeutig klarstellen, ob die Missa graeca bei der Meßfeier in griech. oder lat. Kultsprache aufgeführt wurde, aber in Fällen, wo sowohl griech. als auch lat. Texte der Gesänge parallel überliefert sind, wurde die griech. Version mit Neumen versehen. Andererseits legen Sakramentarien wie F-Pn, lat.2290 und 2291, nahe, daß die Gebete und anderen Meßtexte weiterhin in Latein rezitiert wurden – sogar zu Anlässen wie Pfingsten, als die Ordinariumsgesänge griech. gesungen werden konnten. Die Beteiligung der sog. Italo-Griechen an dieser Eigenart der Meßfeier und des liturgischen Gesangs ist ebenfalls noch nicht geklärt, da sie in Verbindung mit Rom blieben und ihre Liturgie und liturgischen Gesänge »vielfach gegen Ende der Gesangsstücke den lateinischen Tonarten angeglichen sind« (O. Ursprung, Die kath. KM., Potsdam 1931, S. 39). Die Missa graeca als ganzes scheint eher im Frankenreich aufgekommen zu sein, wohl im frühen 9. Jh. (K. Levy, W. Berschin, Ch. M. Atkinson). Die in Frage kommenden Denkmäler stammen aus dem französischen und deutschen Sprachraum. Als Zentrum dieser Praxis im 9. Jh. wurde früher Fleury bezeichnet, jüngere Forschungen verweisen auf St. Denis und das Skriptorium von St. Amand. Nach der Hypothese Peter Wagners und, modifiziert, Otto Ursprungs gehen die Anfänge der Missa graeca auf die Päpste des 7. und 8. Jh. zurück, die griechischer Abstammung waren und in ihrem Hofstaat viele Griechen hatten. So erwähnt der Anonymus Turonensis das griechische Ordinarium missae am päpstlichen Hof (vgl. P. Wagner 1911, Bd. 1, S. 100, Anm. 1).

Das Kyrie dürfte sich schon in der Zeit eingebürgert haben, als die Sprache der Liturgie in Rom noch Griechisch war. Da aber das Kyrie ein Teil des Volksgesangs war, fehlt es in den Denkmälern der Missa graeca. Ihm diente sicher ein einfacher Ausruf als Grundlage, der auch im außerliturgischen Bereich praktiziert wurde. Die früheste Quelle, die ein vollständiges Komplement der Missa-graeca-Teile (Gloria = »Doxa«, Credo = »Pisteuo«, Sanctus = »Agios«, Agnus Dei = »O amnos tu theu«) aufzeichnet – jedoch ohne Neumen –, ist die Hs. F-Pn, lat.2290, die laut Jean Deshusses (1977) ca. 867 in St. Amand nach einer Vorlage aus St. Denis kopiert worden ist. Die neumierte Fassung des »Doxa« in F-Pn, lat.2291, dürfte gleichzeitig mit den ebenfalls neumierten »Doxa« und »Pisteuo« in I-Rvat, lat.215, der Abtei Fleury (877) entstanden sein. Hinsichtlich des »Pisteuo« dieser Hs. hat Ursprung bemerkt, daß die einzelnen Sätze mit melismatischen Figuren abschließen: »damit bekundet die Singweise eine stilistische Eigenheit der Karolingischen Zeit« (O. Ursprung 1953, S. 291). Die These von M. Huglo (1950, 1951), daß sowohl das »Doxa« als auch das »Pisteuo« der Missa graeca byzantinische Parallelen haben, ist von Ursprung (1953) angezweifelt worden.

Keine Unstimmigkeit herrscht dagegen bezüglich des Sanctus (»Agios«), in dem die Missa graeca eindeutig mit der byzantinischen Meßliturgie übereinstimmt und das »hier wie dort mit Gesang ausgestattet ist« (O. Ursprung 1953, S. 291). Die ältesten Fassungen des »Agios« überliefern zwei Sakramentarhandschriften aus dem 9. Jh. (Ch. Atkinson 1981); weitere Übersetzungen aus dem 10. Jh. befinden sich in Corvey/Essen (s. E. Jammers 1952), Mainz, St. Gallen, Autun, St. Martial de Limoges und im Psalterium des Königs Aethelstan (um 930, aus Italien, mit engl. Ergänzungen, vgl. Atkinson 1981). In den Melodien des »Agios« herrscht der Rezitationston vor. Ursprung beschließt seine Untersuchung mit der Feststellung, daß »zu den Agios-Melodien auch im lat. Choralgesang Parallelen zu finden sind« (1953, S. 296).

Das von dem aus Palermo (also aus italo-griechischem Gebiet) stammenden Papst Sergius I. (687-701) eingeführte Agnus Dei der lat. Messe erscheint in der Missa graeca als »O amnos tu theu«; wie bereits erwähnt, erscheint eine Übersetzung des Agnus Dei schon in der Sakramentarhs. F-Pn, lat.2290. Die früheste neumierte Fassung ist wohl diejenige in D-DÜl, D 2, aus dem frühen 10. Jh. (Faks. bei Jammers 1952); daneben erscheint das »O amnos« auch in Handschriften aus Mainz, St. Gallen und St. Martial de Limoges (Atkinson 1981).

Aus den Quellenangaben und aus den erhaltenen Denkmälern der Missa graeca, die nur selten vollständig überliefert ist, sind auch die Orte festzustellen, wo sie praktiziert wurde: St. Amand, St. Blasien, St. Denis, Essen, Fleury, Freising, St. Gallen, Kremsmünster, Laon, Limoges, Mainz, Moissac, Paris, Regensburg, Rheinau und Tegernsee. Was die Neumierung anbelangt, so sind besonders die Denkmäler F-Pn, lat.2291 (J. Handschin 1950, S. 71), und D-DÜl, D 2 (E. Jammers 1952), hervorzuheben, da hier eine ganz eigenartige Neumenform verwendet wird, die Handschin und Jammers als »Prä-Metzer« bezeichnet haben. Über die musikalische Struktur der einzelnen Denkmäler handelten Wagner, Ursprung, Huglo, Wellesz, Handschin und Jammers; eine vergleichende Untersuchung aller Handschriften ist bei Atkinson 1982 zu finden. (Zu den Quellen vgl. die Übersicht S. 103.)

CHARLES M. ATKINSON
(FRANZ ZAGIBA)

III. Glagolitische Messe
1. Entstehung und Entwicklung

Der Begriff Glagolitische Messe bezeichnet den Gottesdienst nach westlichem Ritus in kirchenslawischer (altslawischer) Sprache, die im 9. Jh. von den Missionaren Kyrill (Konstantin; 826/27-869) und Method (um 815-885) für die Christianisierung der Slawen an der Morava aus einer bulgarisch-makedonischen Mundart entwickelt und verschriftlicht wurde. Nach dem Tod Methods haben sich seine Schüler von Bulgarien nach Makedonien und Kroatien zerstreut. Die glagolitische Messe war in Pannonien im 9. Jh., in Kroatien vom 10. bis ins 20. Jh., in Prag vom 14. bis 16. Jh. verbreitet. Im kroatischen Küstenland von Istrien bis Mitteldalmatien ist der slawische Gottesdienst von den Synoden in Split zwar zweimal (925 und 1060) streng eingeschränkt worden, hat aber weiter fortgelebt und wurde 1248 in der Diözese von Senj und 1252 bei den glagolitischen Mönchen des Benediktinerordens auf der Insel Krk anerkannt. Das war zugleich eine indirekte Anerkennung des slawischen Gottesdienstes im ganzen kroatischen Küstenland. Unter Kaiser Karl IV. (1347-1378) und mit der Zustimmung von Papst Klemens VI. (1342-1352) wurden die glagolitischen Benediktiner vom kroatischen Küstenland nach Prag gerufen (1346), wo ihnen das Kloster Emmaus übergeben wurde. Im 18. Jh. erlaubte Papst Benedikt XIV. in seiner Bulle Ex pastorali munere den Gebrauch des Altslawischen und der glagolitischen Schrift im Gegensatz zum Neukroatischen in lateinischer Schrift. Infolge des Konkordates des Vatikan mit Montenegro fand nach 1886 die Glagoliza auch in Slowenien und Tschechien Eingang, wogegen der Wiener Nuntius Galimberti am 12. Mai 1887 protestierte. (Zur Behauptung der Glagoliza in Kroatien zu Beginn des 20. Jh. vgl. I. Prodan 1904.)

Eines der ersten glagolitischen Denkmäler sind die Kiewer Blätter (UA-Kan, DA/P.328), Sakramentarfragmente aus dem 10./11. Jh., deren Texte mit vermeintlichen Musikzeichen überwiegend nach einem lateinischen gregorianischen Sakramentar aus dem Raum Aquilea verfaßt wurden (vgl. J. Schaeken 1987). 17 Missalia aus dem 13. bis 15. Jh. (abgesehen von Fragmenten wie dem Blatt HR-Zaa, Fragm.glag.3) haben sich erhalten, die in ihrer Gestaltung dem lat. Missale plenum entsprachen. 1975 wurden auf Sinai Fragmente eines glagolitischen Missale des 11. Jh. entdeckt (J. Tarnanidis 1986; zum Verhältnis der Sinai-Fragmente zu den Kiewer Blättern M. Pantelić 1985). Die wichtigsten glagolitischen Missalia verzeichnet Vj. Štefanić (1969). Im glagolitischen Missale des Fürsten Novak (1368; A-Wn, Cod.slav.8) stehen über dem Text des »Věruju« (Credo) einige Zeichen in Form kleiner Kreise, die Anweisungen für die Gliederung des gesungenen Textes sein könnten; es ist aber auch möglich, daß sie Kadenzen oder Halbschlüsse in der Gestaltung der Melodiekurven bezeichnen. Im Kloster Strahov, Prag, wurden Notenaufzeichnungen aus dem 14/15. Jh. für die einstimmigen Melodien der slawischen Texte des Ordinarium Missae in glagolitischer Schrift (»Vĕruju«, »Svet'«, »Blagoslovlen'« und »Agnče Boži«) aufgefunden; Josef Vajs hat die vollständige Identität dieser Aufzeichnungen mit den Choralmelodien und ihren lat. Texten (Credo, Sanctus, Benedictus und Agnus Dei) in einer Vyšehrader Handschrift aus der Mitte des 15. Jh. festgestellt (vgl. Vajs 1910, S. 436).

Das erste gedruckte glagolitische Meßbuch mit Notenaufzeichnungen für die Meßgesänge des gregorianischen Chorals war das *Missale Romanum Slavonico idiomate/Missal rimskij va ezik slovenskij* (Rom 1631), das im Auftrag der Congregatio de propaganda fide von dem kroatischen Franziskaner Rafael Levaković in russisch-kirchenslawischer Sprache redigiert wurde und daher von manchen kroatischen Priestern nicht angenommen wurde. Erst der Redaktor der Ausgabe von 1893, (Antun) Dragutin Parčić, sorgte für eine Rückkehr zum Kroatisch-Kirchenslawischen. Parčić war auch als Kirchenmusiker tätig; er verfaßte 1860 eine *Missa defunctorum cum notis cantus gregoriani lingua veteroslovenica litteris glagoliticis*, erschienen in Iaderae/Zadar (vgl. A. J. Soldo 1990). Melodien traditioneller glagolitischer Meßgesänge (Ordinarium und Proprium) aus Senj und Novi Vinodolski hat 1869 Fr. Kuhač aufgezeichnet (vgl. G. Doliner 1984).

Unter dem Titel *Del clero illirico* (Über den illyrischen Klerus) hat Matej Karaman, Bischof von Osor auf der Insel Cres, zwischen 1740 und 1742 einen Bericht nach Rom gesandt, der zwar keine Melodieaufzeichnungen, aber dafür eine Schilderung der Praxis des glagolitischen Gesangs im kroatischen Küstenland enthält (HR-ZAh, 22321 ms. 546). In den Dörfern versammelten sich demnach die Pfarrer und die untergeordneten Kleriker an Sonn- und Feiertagen, um feierlich die Messe zu singen; an Werktagen sangen sie die Messen zu Jahresgedächtnissen der Verstorbenen sowie zu Beerdigungen. »*Il loro canto è senza istromenti, e senza studio, composto d'una certa melodia naturale, e patetica, ch'eccita divozione*« (ebd., fol. 89). Der Chor bestand aus Klerikern und Laien, die keine Schwierigkeiten hatten, die Gesänge in ihrer eigenen Sprache zu erlernen. Dieser Bericht belegt, daß in Dalmatien im 18. Jh. nicht nur in kirchenslawischer, sondern auch im damals lebendigen čakavischen Dialekt der kroatischen Sprache gesungen wurde. Eine Untersuchung der lateinischen Liturgie in Kroatien anhand der überlieferten Codices aus dem 11.-15. Jh. stammt von Dr. Kniewald (1940).

Zur Erforschung und Pflege des glagolitischen Gottesdienstes wurde in der Bischofsstadt Krk 1902 die *Staroslavenska akademija* (Altslawische Akademie, Academia paleoslavica) durch Bischof Anton Mahnić gegründet (vgl. Vj. Štefanić 1944, A. Bozanić 1991). Ihr Mitarbeiter Josef Vajs hat einige glagolitische Messen und Gesangbücher veröffentlicht, die aber bei der Bevölkerung nur eine geringe Annahme fanden (*Toni missae a celebranti et ss. ministris canendi melodiis gregorianis lingua palaeoslavica*, Krk 1904; *Tri mise glagolske*, Krk 1905). Der seit 1904 von der Altslawischen Akademie verfolgte Plan einer Edition des Kyriale wurde 1927 aufgegeben. In den 1920er Jahren begann die Erforschung der traditionellen, mündlich überlieferten liturgischen Meßgesänge im kroatischen Küstenland, und ab 1954 wurden auch Tonbandaufnahmen gemacht. Das gesammelte Material ist überwiegend im Altslawischen Institut (*Staroslavenski zavod*) in Zagreb – teilweise auch in anderen Anstalten – aufbewahrt, das 1952 als Nachfolger der Altslawischen Akademie von Svetozar Ritig (1873-1961) gegründet wurde.

Aus diesem Material und den veröffentlichten Abhandlungen, Sammlungen und Berichten ergibt sich folgendes Bild von der Musik des glagolitischen Gottesdienstes: Hinsichtlich der Herkunft der Melodien konnte man vier Hauptquellen feststellen: 1. den gregorianischen Choral, 2. die Melodiebildung und die tonalen Grundlagen der profanen Volksmusik in der einzelnen geographischen Gebieten, 3. die lokale Überlieferung der Bistumssitze sowie 4. Spuren einiger Melodien aus Kirchengesängen nach östlichem Ritus. Im Ordinarium missae unterscheidet man die Gesänge der einfachen Messe an gewöhnlichen Sonntagen, der Messe in der Advents- und Fastenzeit, der feierlichen Messe für die großen Feste und der Totenmesse. Das Ordinarium wird von zwei Sängergruppen wechselweise gesungen; die führenden Sänger waren zunächst Männer, nach 1945 zunehmend auch Frauen. Die anwesenden Gläubigen haben sich diesem Singen angeschlossen. Das Proprium missae wird nur von zwei (oder sehr wenigen) Sängern vorgetragen, in manchen Gegenden nur von einem Sänger rezitiert. Die Epistel und das Evangelium haben verschiedene Weisen für die verschiedenen Anlässe. In etlichen Gegenden werden die Melodien des Kyrie (»*Gospodi[ne] pomiluj*«) mit kleineren oder größeren melodisch-rhythmischen Veränderungen in allen anderen Teilen des Ordinariums wiedergegeben. In Dalmatien hat jede Kirche ihre lokale Gesangstradition (*nota*, wörtl. Note); in Krk gibt es zwei Hauptrichtungen, die *vela nota* (große Note) für festliche Anlässe und die *mala nota* (kleine Note) für die normalen Tage. Es gibt auch spezielle Gesangsarten für Marienfeste und für Totenoffizien. Die Zahl der Gesangstypen (nota) variiert von Ort zu Ort, das betrifft auch den Vortrag der biblischen Lesungen (z. B. in Omišalj verschiedene Typen für Sonntage, die Fastenzeit, Festtage und Totenoffizien). In Dobrinj gibt es sogar noch eine *cesarska nota* (Kaiser-Note). Nach 1918 wurde dem Klerus im damaligen Königreich der Serben, Kroaten und Slowenen der slawische Gottesdienst breit anerkannt, für einige Feste war er auch in Böhmen (1920) erlaubt. Aufgrund dieses Privilegs entstand Leoš Janáčeks *Glagolská mše* (1926). Mehrere kroatische Komponisten vertonten das Meßordinarium in kirchenslawischer Sprache, so Krsto Odak, Boris Papandopulo, Božidar Širola und Albe Vidaković. Die von Vajs besorgte Ausgabe des *Rimski misal slověnskim jezikom/Missale Romanum slavonico idiomate* (Rom 1927) wurde inzwischen größtenteils von Ausgaben in lateinischer Schrift abgelöst, etwa durch das von V. Tkadlčík und F. V. Mareš besorgte *Rimskyj misal slověnskym jazykem izvoljenijem apostolskym za archibiskupiju olomuckuju iskusa dělja izdan/Missale Romanum lingua veteroslavica ex indulto apostolico pro Archidiocesis Olomucensi ad experimentum editum* (Olomouc 1972; zu Mareš vgl. den Nachruf von J. Vintr in: Die Welt der Slaven 40, 1995, 158-168).

JERKO BEZIĆ
CHRISTIAN HANNICK

IV. Mehrstimmige Meßvertonungen bis 1600
1. Einleitung

Die Messe als Eucharistiefeier ist vor allem eine ›römische‹ Institution. Die Tatsache, daß im 11. Jh. neben der zentralen päpstlichen Verwaltungsorganisation, der Kurie, auch ein zentrales, nicht mehr auf den stadtrömischen Bischof, sondern den weltkirchlichen Papst bezogenes liturgisches Organ, die päpstliche Kapelle, entstanden ist, hat den römischen Anspruch auf einen einheitlichen und verbindlichen Meßritus untermauert. Er fand nicht nur - auf Kosten lokaler Riten - in ganz Europa Verbreitung, sondern lag auch den Reformen des Konzils von Trient (1545-1563) zu Grunde. Um so erstaunlicher ist es, daß - im Gegensatz zur Einstimmigkeit - die Geschichte polyphoner Meßvertonungen zunächst weit entfernt von Rom ihren Ausgang genommen hat und erst um 1500 sowie dann schließlich begünstigt durch die Gegenreformation maßgeblich mit der päpstlichen Kapelle verbunden worden ist. Die Scheidung in je nach Festtag wechselnde (Proprium missae) und grundsätzlich gleiche, nach Bedarf aber durch Tropen gleichsam festspezifisch konkretisierbare Textteile (Ordinarium missae, s. o., S. 14) ist konstitutiv für die ab dem 11. Jh. einsetzende kompositorische Auseinandersetzung.

In der Vertonungsgeschichte begegnen zunächst nur einzelne Propriums-, weniger Ordinariumssätze. Die Vorstellung, die einen liturgischen Zusammenhang bildenden Teile der Messe kompositorisch zusammenzubinden, blieb dem Hochmittelalter – auch im Blick auf die Proprien – offenbar fremd; polyphone Abschnitte sind in der gesungenen und in der Regel einstimmigen Messe Ausnahmen geblieben. (›Vollständige‹ Meßkompositionen mit Ordinarium und Proprium sind überdies in der gesamten Gattungsgeschichte ebenso isolierte Einzelfälle wie Propriumszyklen.)

Die Entwicklung des Meßordinariums zu einer autonom musikalischen, das heißt primär mit musikalischen Mitteln gebildeten Form ist ein Ergebnis erst des 15. Jh. und wohl dessen bedeutendste kompositionsgeschichtliche Errungenschaft. Diese Entwicklung erscheint um so bemerkenswerter, wenn man sich vergegenwärtigt, daß sie der liturgischen Ordnung der Meßfeier widerspricht: die fünf Ordinariumsteile waren stets in den Zusammenhang der Messe so eingebettet, daß sie durch die Proprien, aber auch Gebete und Lesungen voneinander getrennt waren. Nur Kyrie und Gloria folgen unmittelbar aufeinander, aber gerade deren Kombination spielte in der Entstehungsgeschichte des Ordinariumszyklus keine Rolle. Die Messe eroberte sich rasch die Spitze der musikalischen Gattungshierarchie, am deutlichsten sichtbar in der an den rhetorischen Stillagen angelehnten Klassifizierung als »cantus magnus« im *Terminorum musicae diffinitorium* des J. Tinctoris (um 1472/73?, Treviso 1495, Bg. bi r). Bis zum Ende des 16. Jh., wenngleich in schließlich – nicht zuletzt durch das Vordringen des Madrigals – abnehmender Tendenz, bildete sie gewissermaßen den Prüfstein des Komponierens, und trotz vielfältiger Diskussionen über die Vertonungsmöglichkeiten, namentlich im Kontext des Trienter Konzils, war ihr Rang unangefochten. Auch durch die Reformation ist dieser Rang zunächst (ausgenommen England) nicht grundsätzlich in Frage gestellt worden. Erst in der Folge des stilistischen Umbruchs um 1600 scheint die mehrstimmige Messe ihre kompositorische Bedeutung eingebüßt zu haben.

Die Tatsache, daß die Zusammenbindung der Einzelsätze zu einem musikalischen Ganzen mit musikalischen Mitteln erfolgt ist, macht es möglich, eine Typologie der Meßkomposition ›immanent‹ zu bilden. Denn anders als etwa in der Motette begegnen in der Messe keine wirklich tiefgreifenden funktionalen Varianten. Zwar verdanken auch mehrstimmige Messen ihre Entstehung in der Regel zunächst einem außergewöhnlichen Anlaß, doch ist die Wirkung dieses Zusammenhangs auf die kompositorische Gestalt unklar und, abgesehen von bestimmten Tendenzen am Ende des 16. Jh., wahrscheinlich sekundär. Obwohl in den Cantus-firmus-Messen, zumal wenn ihnen außerliturgische Vorlagen zugrunde liegen, eine Reaktion auf

konkrete politische Ereignisse zumindest in Grundzügen erkennbar ist und sich in
deren semantischer ›Verdichtung‹ eine fundamentale Krise ritualer Sinnzusammenhänge anzudeuten scheint, bleibt doch der grundsätzliche Funktionszusammenhang unangetastet: die polyphone Messe ereignet sich zunächst in einem prinzipiell
identischen liturgischen Kontext v. a. als musikalisches Kunstwerk, dessen außermusikalische Dimensionen – so erhellend sie sind – auf die kompositorische Faktur
nur bedingt Einfluß nehmen. Die Geschichte der Meßkomposition läßt sich daher
im wesentlichen als Kompositionsgeschichte beschreiben.

2. Anfänge der Meßkomposition

Bis zum 14. Jh. beschränkte sich die kompositorische Auseinandersetzung
mit der Messe zunächst weitestgehend (und nicht in einem zyklischen Sinne) auf
Proprien. Die bedeutendste Sammlung, GB-Ccc, 473 (um 1000), enthält zwar auch
einige zweistimmige Ordinariumssätze (12 Kyrie, 7 Gloria), die aber in der Regel
tropiert sind – und damit als Festkompositionen zu bestimmten Anlässen gelten
können. Auf diese Weise wird eine kompositorische Gleichbehandlung mit den Propriumsteilen erkennbar: wie diese verdankten jene ihre Entstehung einem
bestimmten liturgischen Zusammenhang, sie waren letztlich nur für ein konkretes
(bevorzugt marianisches) Fest verwendbar. Die polyphone Meßkomposition markiert demnach einen grundsätzlichen kompositorischen ›Ausnahmezustand‹, der
keinerlei funktionale Differenzierung und folglich auch keinen genuinen kompositorischen Anspruch kennt, im Habitus sogar grundsätzlich bescheidener ist als die
Proprien.

Diese Indifferenz wird in der Überlieferung des 12. und 13. Jh. (nicht nur in den
französischen Quellen) bestätigt, da die Ordinariumskompositionen nach wie vor
und im Gegensatz zu den Propriumsteilen (etwa in F-Pn, lat.3549 und lat.3719) an
Zahl und Bedeutung einen deutlich geringeren Rang einnehmen. Besonders offenkundig zeigt sich das im Codex Calixtinus (E-SC, ohne Sig.), dessen eindeutige rituelle Zuordnungen auch die Messe betreffen. Offenbar wurde sogar im Umkreis der
Schule von Notre-Dame zu Paris keine Notwendigkeit gesehen, die getrennten liturgischen Funktionen auch kompositorisch zu differenzieren, worauf die 32 zweistimmigen Organa im vierten Faszikel von D-W, Cod.guelf. 628 Helmst. (W1, Mitte
13. Jh.), ebenso verweisen wie die im elften Faszikel nachgetragenen marianischen
Ordinariumstropen. In diesem Sinne sind Unterschiede an europäischen Zentren
nicht auszumachen, da etwa die 24 größtenteils tropierten Ordinariumssätze (ohne
Credo) in E-BUlh aus dem späten 13. Jh. im Grunde dieselbe Auffassung verraten.

Erst im 14. Jh. entsteht die Vorstellung, Ordinariums- und Propriumsteile auch kompositorisch zu trennen, was im einen Fall die zumindest prinzipiell mögliche Wiederholbarkeit, im anderen die eindeutige Zuordnung zu einem bestimmten Fest bedeutet. Damit sind durchaus unterschiedliche kompositorische Aufgaben bezeichnet, die einerseits zur zunehmenden Zusammenbindung der Ordinariumsteile, andererseits zur zunehmend zyklisch gemeinten (und überdies an Bedeutung verlierenden) Vertonung der Proprien geführt haben. Erkennbar wird das im 14. Jh. an zwei kompositionsgeschichtlichen Tendenzen: der Zusammenstellung vollständiger Ordinariumskompositionen aus separat entstandenen Teilen auf der einen und der Sammlung größerer Gruppen von Einzelsätzen auf der anderen Seite.

Die Ordinariums-Zusammenstellungen in den nach ihren Fundorten so genannten ›Messen‹ von Barcelona (E-Bc, 971 [olim 946], fol. 1r-8r, 2. Hälfte 14. Jh.), Besançon (F-Pim, Fragment, u.U. von Johannes Lambuleti, Mitte 14. Jh.), Tournai (B-Tc, 476, fol. 28r-33r, 1. Hälfte 14. Jh.) und Toulouse (F-TLm, 94, passim, spätes 14. Jh.) sind nicht-autorengebundene Kombinationen stilistisch durchaus heterogener Einzelsätze (in der Regel noch unter Einschluß des »Ite missa est«). Ihre vermutliche Bestimmung für außergewöhnliche Anlässe verweist auf den besonderen Status von Meßkomposition im 14. Jh., der sich auch in der anonymen ›Messe von Florenz‹ (mit Kompositionen verschiedener toskanischer Komponisten, F-Pn, it.568, fol. 131v-138r), einem Sonderfall, spiegelt, denn sie wurde offenbar unter französischem Einfluß kompiliert und war möglicherweise nicht einmal zur ›zyklischen‹ Aufführung bestimmt.

Die einzige ausdrücklich als Zyklus komponierte Ordinariumsvertonung des 14. Jh. ist die Messe de nostre dame von G. de Machaut (um 1360, vielleicht als eigene Gedächtnismesse konzipiert; vgl. D. Leech-Wilkinson 1990, S. 8ff.). Ihre Faktur ist vollkommen eigenständig und verweist in der nicht liturgisch, sondern musikalisch bedingten kompositorischen Differenzierung zwischen textarmen (Kyrie, Sanctus, Agnus Dei, »Ite missa est«) und textreichen Teilen (Gloria, Credo) auf Techniken des 15. Jh.: dem auf einem Choral-Cantus firmus beruhenden isorhythmischen Motettensatz für die textarmen Sätze steht ein Cantus-firmus-freier vierstimmiger Conductussatz gegenüber, der deutlich, auch in den Anspielungen auf die Choralmelodie, Techniken usueller Polyphonie widerspiegelt. Die beiden liturgisch weit voneinander entfernt liegenden Abschnitte Gloria und Credo sind überdies durch kompositorische Mittel (Einfügung eines gliedernden ›Interpunktionsmotivs‹, ähnlicher Ausbau der Amen-Abschnitte) verbunden (Notenbeispiel 1a und b). Der conductusartige Satz begegnet bereits in der Messe von Tournai sowie in Einzelsätzen, während die Idee einer kompositorischen Vereinheitlichung offenbar eine

Notenbeispiel 1a: G. de Machaut, Messe de Nostre Dame,
Ausschnitte aus a. Gloria (Mensuren 15-25)

Innovation Machauts darstellt. Ob die andernorts etwas später anzutreffenden vergleichbaren Techniken (etwa in einem Credo von Bartholus de Florentia) mit Machaut vermittelt sind, läßt sich allerdings kaum entscheiden.

In Machauts Messe begegnet auch die zweite die Herausbildung der zyklischen Meßkomposition befördernde Tendenz: die Übertragung bestimmter Satztechniken auf einen Ordinariumsteil. Die derart, also nach der Art von Motetten oder Chansons, komponierten Einzelsätze wurden dann aber nicht zyklisch, sondern nach Texten (also liturgischen Funktionen) geordnet überliefert. Eine besondere Rolle kommt hier dem päpstlichen Hof in Avignon zu, an dem sich auch institutionell die Umbildung der Cappella der Geistlichen zu einer Korporation von Klerikern mit primär musikalischen Aufgaben vollzog. Daneben finden sich frühe Sammlungen von Einzelsätzen in den stark französisch beeinflußten Kapellrepertoires der englischen Könige Heinrich IV. und V. (1399-1422); die anscheinend bedeutende Rolle der Hofkapelle des Gegenpapstes Johannes' XXIII. (1410-1415) für Messe und Motette

Notenbeispiel 1b: Credo (Mensuren 10-21;
Ausg. D. Leech-Wilkinson 1990, S. 189 und 194f.)

läßt sich heute nur noch in groben Umrissen nachzeichnen. Die Tatsache aber, daß mehrstimmige liturgische Musik offenbar in konkurrierenden päpstlichen Kapellen eine große Rolle spielte, läßt die besondere Bedeutung eines neuen zeremonialpolitischen Repräsentationsbedürfnisses des Papsttums für die Genese der polyphonen Messe erkennen. Die wichtigsten Handschriften mit Meßmusik des 14. Jh. scheinen diese Zusammenhänge anzudeuten: I-IVc, 115, wohl zwischen 1380 und 1395 am Dom von Ivrea entstanden, verweist auf das Repertoire des französischen Königshofes um die Jahrhundertmitte und enthält nur 25 Ordinariumssätze (gegen 37 Motetten); F-APT, 16bis, etwa gleichzeitig, aber unter dem Einfluß des avignoner Papsthofes entstanden, enthält je 10 Kyrie, Gloria und Credo sowie 4 Sanctus und 1 Agnus (gegen nur 4 Motetten). Lediglich die englische Entwicklung – als liturgisches Repertoire eines weltlichen Hofes – nimmt eine Sonderstellung ein, doch spielt hier offenbar, im Gegensatz zum Kontinent, die regionale Tradition (usueller) liturgischer Musik eine bedeutende Rolle.

3. Vom Satzpaar zum Ordinariumszyklus

Die besondere Situation in England hat daher möglicherweise einen der bedeutendsten kompositionsgeschichtlichen Vorgänge der Neuzeit begünstigt: die Zusammenbindung einzelner Ordinariumsteile allein über kompositorische Maßnahmen und damit – in letzter Konsequenz – gegen ihren liturgischen Sinn. In GB-Lbl, Add.57950, einer weitgehend auf Messesätze konzentrierten Handschrift, begegnen die wahrscheinlich ältesten, auch kompositorisch als solche gemeinten Satzpaare, v. a. die je zwei Gloria-Credo- und Sanctus-Agnus-Paare von Leonel Power mit verschiedenen Techniken einer verbindenden Gestaltung: regelmäßigem Wechsel zwischen Zwei- und Vierstimmigkeit, einer gewissen motivischen Konsistenz, der Andeutung eines gemeinsamen Kopfmotivs, Isorhythmie, Verarbeitung zusammengehöriger Choralmelodien, tonaler Einheitlichkeit. Der Eindruck des Experiments verstärkt sich in den Satzpaaren der ca. 1413-1420 am Hof der Lusignan auf Zypern kompilierten Handschrift I-Tn, J.II.9, in denen auch neu komponierte einstimmige Messen enthalten sind. In den Satzpaaren spiegelt sich die für die polyphone Praxis bedeutsame Differenzierung zwischen textarmen und textreichen Sätzen: melismatisch und kunstvoll die einen, weitgehend syllabisch und mit quasipsalmodischen Formeln die anderen. Folglich sollten die sieben mehrstimmigen Gloria-Credo-Paare in die einstimmige Messe bloß eingepaßt werden. Damit ist erkennbar, daß die Bedeutung des Gloria-Credo-Paars (und analog des Sanctus-Agnus-Paars) für die mehrstimmige Messe nicht aus liturgischen Gegebenheiten resultierte, sondern aus dem ›Textcharakter‹.

Im Gegensatz zu den isolierten zypriotischen Satzpaaren ist in Oberitalien aus derselben Zeit und vor der Begegnung mit der englischen Musik ein regional breiter gestreutes, nicht weniger experimentelles Corpus von Einzelsätzen und Satzpaaren überliefert. Das Bild, das diese Stücke bieten, ist verwirrend und mit keiner Entwicklungskonstruktion zu erklären; offenbar haben hier ganz unterschiedliche Komponisten sehr ähnliche Ziele verfolgt: Durchformung des Einzelsatzes nach musikalischen Prinzipien, Parodieverfahren und Paarbildung. Antonius dictus Zacharias da Teramo und Bartolomeo da Bologna haben dabei die Idee der musikalischen ›Substanzgemeinschaft‹ durch Einführung der Parodie vorangetrieben. Einige Sätze von Zacharias tragen Titel, die entweder direkt auf nicht-liturgische Vorlagen verweisen oder, wie beim Gloria »*Micinella*« oder Credo »*Cursor*«, wenigstens auf solche schließen lassen. Vergleichbare Titel finden sich auch bei Bartolomeo da Bologna (Gloria »*Vince con lena*«, Credo »*Morir desio*«), dessen Parodiesätze auf einem subtilen Umgang mit den vielfältigen Möglichkeiten der Vorlage beruhen.

Eine Sonderstellung in der (ober-)italienischen Entwicklung des frühen 15. Jh. nehmen die beiden drei- bzw. vierstimmigen Gloria-Credo-Paare Joh. Ciconias ein, in denen eine tatsächliche Einheit mit Hilfe kompositorischer Mittel verwirklicht wird, v. a. durch die Behandlung des Wortes und die musikalische Formbildung aus der Textstruktur, die etwa zur Hervorhebung von Textzeilen mit identischem Material führt. Im vierstimmigen Paar begegnen darüber hinaus zwei weitere einheitsstiftende Techniken: die dreimalige Durchführung des zweistimmigen Fundamentsatzes von Tenor und Contratenor in beiden Sätzen (im Gloria in isorhythmischer Proportionierung) und die Duettanlage der Satzanfänge, die – ausgesprochen zukunftsweisend – eng miteinander verwandt sind und aus denen eines der Motive gewonnen wird, die die vierstimmigen Satzabschnitte beherrschen (Notenbeispiel 2a und b).

Die oberitalienischen Ansätze zur Zyklusbildung und zur Parodietechnik waren allem Anschein nach Experimente, die vielleicht auf Anregungen durch die Machaut-Messe zurückgingen, vielleicht aber auch begünstigt wurden durch die repräsentationspolitischen Aufgaben in den zur ›öffentlichen‹ Selbstdarstellung

Notenbeispiel 2a: Joh. Ciconia, Gloria-Credo-Satzpaar, Anfang von a. Gloria
(M. Bent/A. Hallmark, The Works of Johannes Ciconia, Les Remparts/Monaco 1985, S. 13 und 18 [= Polyphonic Music of the Fourteenth Century 24])

nicht nur neigenden, sondern regelrecht gezwungenen Signorie. Die stark auf den Text bezogene Satztechnik (einschließlich der aus ihr gewonnenen Arbeit mit motivischem Material) blieb allerdings in der Geschichte der Ordinariumsvertonung folgenlos.

Dagegen hat das Bekanntwerden englischer Musik auf dem Kontinent, insbesondere auf dem Konzil von Konstanz (1414-1418), die Auseinandersetzung mit der Messe in jene neuen Bahnen gelenkt, die dann letztlich für das 15. und 16. Jh. verbindlich werden sollten: Zyklusbildung durch die Techniken von Isorhythmie, gleichbleibendem Cantus firmus und satzeröffnender Mottobildung. Auf diese Weise war ein eigenartiges Spannungsfeld bezeichnet: Einerseits wurde so die Unabhängigkeit des entstehenden Ordinariumszyklus von der Liturgie festgeschrieben, andererseits wurde die liturgische Verankerung durch vielfältige kompositorische Kunstgriffe gerade wieder herbeigeführt – eine Verankerung allerdings, die eben nur sekundär liturgisch und primär musikalisch bewerkstelligt wurde. Begünstigt wurde die Entwicklung zudem durch einen vor allem in Oberitalien

Notenbeispiel 2b: Joh. Ciconia, Gloria-Credo-Satzpaar, Anfang von b. Credo

sprunghaft gewachsenen Bedarf an liturgischer Musik, der sich durchaus mit sich verschärfenden Zweifeln am Meßritual in Verbindung bringen läßt. In dem Maße, in dem ein ritueller Zusammenhang gefährdet ist, wird seine Gültigkeit demonstrativ heraufbeschworen. Dem entspricht das ambivalente Verhältnis der entstehenden Werke zum liturgischen Kontext. So wurde die Ausbildung der zyklischen Ordinariumskomposition und, vorübergehend, der primär liturgisch gebundenen Plenarmesse gleichsam erst durch den Verlust liturgischer Sinnzusammenhänge gefördert. Und schon um 1450 war die zyklische Ordinariumskomposition als Werk von höchstem Anspruch in allen ihren wesentlichen Merkmalen voll entwickelt.

Die Tendenzen in der Übergangszeit zwischen der verschwindenden italienischen Tradition und der endgültigen Durchsetzung der zyklischen Ordinariumsvertonung lassen sich wegen der sichere Datierungen nahezu ausschließenden Quellenlage nur in den Grundzügen rekonstruieren. Anhaltspunkte liefern am ehesten Handschriften, in denen Meßsätze, Satzpaare und Zyklen der Dufay-Generation überliefert sind und in denen der englische Einfluß zuerst sichtbar wird, v.a. I-AO, 15, I-Bc, Q15, und I-TRbc, 87 (1. Hälfte) und 92. In I-AO, 15, wird der bunte Inhalt im originalen Index nach liturgischen Rubriken geordnet, wobei die Ordinariumstexte getrennt werden (vergleichbar GB-Lbl, Add.57950, oder F-CA, 6 und 11), während in I-Bc, Q15, genau entgegengesetzt und möglicherweise unter dem Einfluß des frühhumanistischen Umfeldes des Entstehungsortes Padua nicht nur Satzpaare und vollständige Messen gesammelt sind, sondern vom Kompilator auch Einzelsätze zu Paaren bzw. Satzgruppen zu ›Messen‹ (etwa von Ciconia und Arnold de Lantins) zusammengestellt wurden.

Besonders aufschlußreich sind jedoch die Trienter Codices. In I-TRbc, 87, steht zwar zu Beginn Powers Missa »Alma redemptoris mater«, ansonsten folgen aber nur noch Einzelsätze und eigentliche oder uneigentliche Paare. Der etwas jüngere erste Teil von I-TRbc, 92, enthält, wie in I-Bc, Q15, Zusammenstellungen von Messen aus nicht einmal in Tonart und Schlüsselung immer stimmigen Einzelsätzen verschiedener Komponisten – ein klares Indiz für einen Bedarf an mehrstimmiger Musik für die Ordinariumsteile noch gleichsam jenseits einer zyklischen Konzeption. In den späteren, nun tatsächlich aus Trient stammenden Handschriften I-TRbc, 88-91 und 93, wird schließlich die Entwicklung der Ordnungsprinzipien der Handschriften wie der kompositionsgeschichtliche Verlauf noch einmal in nuce vorgeführt: I-TRbc, 90 (bzw. 93), bringt am Anfang je eine Gruppe Introitus, Kyrie, Gloria, Credo sowie (in einer ›Rubrik‹ zusammengefaßt) Sanctus und Agnus, später aber auch vollständige Messen; für die Rubrizierung im ersten Teil der Handschrift werden ungeniert Einzelsätze aus Cantus-firmus-Messen herausgelöst. I-TRbc, 88, bringt

Ordinariums- und Propriumszyklen, daneben aber auch noch Satzpaare; unter den Ordinariumszyklen überwiegen die Cantus-firmus-Messen. I-TRbc, 89 und 91 dokumentieren den Stand um 1450/60: der große vierstimmige Zyklus mit Cantus firmus und ›Motto‹ am Anfang aller Sätze ist die Norm, technische Kunststücke beginnen eine größere Rolle zu spielen, und in der anonymen Messe über das deutsche Lied »Sig, säld und hail« ist das dritte Agnus zur Fünfstimmigkeit gesteigert.

Das komplizierte Bild der Übergangszeit zwischen etwa 1420 und 1450 wird durch die von Guillaume Dufay überlieferten Einzelsätze und Satzgruppen bestätigt. Sein wahrscheinlich ältestes Satzpaar Sanctus und Agnus, zu dem vielleicht noch ein Kyrie gehört, enthält als Cantus firmus im Tenor eine tropierte Melodie, die als »Sanctus Vineux« auch einem Satz von Richard (de) Loqueville zugrunde liegt. Analog finden sich in Dufays Werk auch Locquevilles Rhythmisierung und Mensur bis in die einstimmigen Intonationen, die hier wie dort mensural notiert sind – was die Vermutung nahelegt, es könne sich um eine ähnliche Überlieferung wie die der englischen *squares* aus dem späteren 15. und 16. Jh. handeln, Cantus firmi, die als mensurierte Melodien aus mehrstimmigen Sätzen herausgelöst und als einstimmige Cantus firmi für den weiteren Gebrauch in neuen mehrstimmigen Kompositionen überliefert wurden. An den beiden vierstimmigen, vermutlich in den späten 1420er Jahren entstandenen, motettischen und höchsten Anspruch markierenden Gloria-Credo-Paaren wird erkennbar, daß sich ›Teilzyklen‹ offenbar ab den 1420er/30er Jahren in zunehmenden Maße als ›Ersatzgattung‹ für die großangelegte isorhythmische politische Motette etablierten. Wie diese verdanken sie ihre Entstehung einem außergewöhnlichen Anlaß, der nun allerdings äußerlich im Werk meist nicht mehr erkennbar ist (sieht man von Tropen oder Zusätzen wie im *Sanctus papale* oder Agnus »Custos et pastor ovium« ab). Dufays Paare sind zyklisch komponiert, ihre Einheit besteht zum einen in einem gemeinsamen Motto, zum anderen in einer exakten Strukturparallele (mit Zitation eines französischen bzw. italienischen Liedes im Amen). In den beiden Sanctus-Agnus-Paaren wird darüber hinaus nicht nur die Technik des regelmäßigen Satzwechsels (Zwei- gegen Dreistimmigkeit) erprobt, sondern die Choralvorlage als gliederndes Element benutzt, was zu Wiederholungen ganzer Abschnitte führt. Daneben existiert eine Reihe von simpel angelegten Einzelsätzen, die erkennen lassen, daß Bedürfnisse eines liturgischen ›Gebrauchs‹ für die Ausbildung der zyklischen Messe keine Rolle spielten.

Unabhängig von diesen vielfältigen kompositionsgeschichtlichen Tendenzen gilt die zyklische Meßkomposition spätestens seit Manfred F. Bukofzer (1950) als englische ›Erfindung‹. Die Datierungsprobleme in der ersten Hälfte des 15. Jh. machen es jedoch fast unmöglich, diese These definitiv zu bestätigen. Die Satzpaare und Messen von John Dunstable, Power und John Benet mit einheitlichem, oft isorhythmischem Cantus firmus und Motto-Verknüpfung der Satzanfänge sind kaum genauer als durch die Todesjahre ihrer Komponisten (alle um 1450) zu datieren; der Anteil der Komponistenpersönlichkeiten an der Entwicklung ist vollends unklar, weil die wichtigsten Werke unter mehreren Namen, die meisten in kontinentalen Quellen überliefert sind und zumindest Dunstable lange Jahre in Frankreich gewirkt hat. Bisher kann nur vermutet werden, daß die Ideen des zyklischen Zusammenschlusses mehrerer Sätze durch einen einheitlichen, ordinariumsfremden Cantus firmus und der zyklischen Komposition eines vollständigen Ordinariums (allerdings bis weit ins 16. Jh. hinein ohne das im Sarum Rite stets tropierte Kyrie) englischen Ursprungs sind. Für diese Annahmen scheint zu sprechen, daß sich das zyklisch vertonte Ordinarium bei den kontinentalen Komponisten offenbar erst um 1450 durchgesetzt hat, nun aber in veränderter Gestalt und mit gesteigertem kompositorischem Anspruch. Daß nahezu gleichzeitig weltliche Cantus firmi neben die bisher ausschließlich benutzten liturgischen treten, ist dabei von sekundärer Bedeutung: entscheidend war die immanent-kompositorische, nicht-liturgische, ja anti-liturgische Idee, die Komposition der Ordinariumstexte von deren Melodien zu lösen und mit einem einheitlichen Fremd-Cantus firmus dem ganzen Ordinarium eine musikalische Form zu geben. Letztlich scheint auch das Werk Dufays die Annahme einer englischen Priorität nahezulegen: Erst relativ spät, nach der Jahrhundertmitte, setzte seine Auseinandersetzung mit der zyklischen Messe ein, doch wurde sie dann prägend für die gesamte zweite Jahrhunderthälfte.

Die ältesten Satzpaare und Zyklen mit Fremd-Cantus firmus stammen offenbar von Dunstable: Gloria-Credo »Jesu Christe fili Dei« (isorhythmisch), Missa »Da gaudiorum premia« (isorhythmisch) und, auch Power zugeschrieben, Missa »Rex seculorum«. Gerade die einheitliche, von Machaut vermiedene isorhythmische Anlage von allen Sätzen, unabhängig von ihrer Textlänge, mußte dabei auf Grund des gleichen Tenors zu kompositorischen Problemen führen (in der Missa »Da gaudiorum premia« durch in den isorhythmischen Verlauf eingeschobene Pausen gelöst). Hingegen wird in der Missa »Rex seculorum«, in der der Cantus firmus in vier jeweils neu rhythmisierte und verzierte Abschnitte unterteilt wird, auf die Isorhythmie (noch?) verzichtet. So hoch der Grad der strukturellen Binnengliederung in diesen Werken ist, so sehr entbehrt sie doch (und hier etwa im Gegensatz zu den Tendenzen im Ciconia-Umkreis) der musikalischen Darstellung des Textdetails: letzte kompositorische Instanz ist der dreistimmige Satz im (die kontinentalen Komponisten seit dem Konzil von Konstanz faszinierenden) ›pankonsonanten‹ Kontrapunkt.

Die etwas jüngeren anonymen englischen Messen, ebenfalls weitestgehend in
kontinentalen Quellen überliefert, fügen dem in der Dunstable-Generation geprägten Formenrepertoire für die zyklische Ordinariumskomposition nichts grundsätzlich Neues hinzu. Einige im stilistischen Detail und im Tonfall ganz fortschrittliche, um 1450 entstandene vierstimmige Werke wie die Missae »Caput« und »Du cueur je souspire« sind nach wie vor streng isorhythmisch. Erst mit der Aufgabe des Prinzips strikt regelmäßiger Cantus-firmus-Durchführungen, also v.a. der in Dunstables Missa »Rex seculorum« angedeuteten Technik der Cantus-firmus-Aufspaltung, und schließlich dem Verzicht auf die Isorhythmie zeichneten sich neue Wege der Meßvertonung ab – Wege, die aber dann nicht mehr von englischen, sondern von kontinentalen Komponisten beschritten wurden.

4. Die zyklische Form zwischen 1450 und 1520

Die anspruchsvollsten der wenigen nicht-englischen Messen vor 1450 gehören einem Typus an, den es in England offenbar gar nicht gab: der Plenarmesse, also einer Komposition, deren Einheit primär die Einheit der Liturgie war. In der Marienmesse (um 1430?) von Reginaldus Libert wird dieser Konnex noch durch die Übernahme der (kolorierten) Choralmelodien in die Oberstimmen betont. Auch Dufays Missa Sancti Jacobi ist eine Plenarmesse, allerdings von riesigen Dimensionen und einer kalkulierten stilistischen Buntheit, für die es in der ganzen Überlieferung kein Gegenstück gibt. ›Komponiert‹ ist das Werk als Ganzes überhaupt nur auf der Ebene der Kontrastbildung in Besetzung, Stil und Choralbehandlung – und eben darin bildet es den äußersten Gegensatz zum Werk Liberts.

Die weiteren und wenigen bisher bekannten Ordinariumszyklen der frühen Übergangszeit (Joh. Reson, A. de Lantins, Dufays eigene Missa sine nomine) nehmen dagegen eine vergleichsweise unbedeutende Stellung ein und verdeutlichen vice versa den Ausnahmerang der Missa Sancti Jacobi. Allein Estienne Grossins Missa Trompetta, deren weitgehend aus Signalmotiven zusammengesetzter Tenor mit den wahrscheinlich durchweg vokal auszuführenden trompetta-Stücken des 15. Jh. verbunden ist, nimmt den Rang eines technischen Experiments ein. In I-Tn, J.II.9, findet sich überdies eine später nachgetragene, anonyme isorhythmische Cantus-firmus-Messe, die offenkundig auf einer nicht dem Choral entstammenden Melodie basiert und überdies mit Strukturmerkmalen experimentiert, die dann nach der Jahrhundertmitte (und v.a. für Dufay) prägend werden sollten: deutlich erkennbare Abschnittsbildungen, ›Refrain‹-Anlage durch identische Gestaltung des Amen in Gloria und Credo. In dieser Messe ist überdies ein auch bei Dufay und Reson beobachtbarer Bruch mit einer liturgischen Tradition erkennbar: der Verzicht auf die Komposition aller neun Anrufungen im Kyrie. Damit zeichnet sich eine praktisch für die gesamte spätere Gattungsgeschichte verbindliche Dreiteiligkeit des Kyrie ab, deren Analogie zum dreiteiligen Agnus die Herausbildung einer tatsächlichen zyklischen Form in erheblichem Maße begünstigt hat.

Fast abrupt und unter plötzlichem massivem Interesse der Komponisten scheint sich die Entwicklung zwischen 1450 und 1460 auf den Typus der Messe mit weltlichem Cantus firmus konzentriert zu haben, wofür abermals ein Werk Dufays als paradigmatisch gelten kann: die Missa »Se la face ay pale«. Das neue Modell war bereits in der Generation Ockeghems so fest etabliert, daß sich der Typus in einer fast unübersehbaren Fülle von Variationen entfaltete. Während in der ersten Jahrhunderthälfte zumindest ein beträchtlicher Teil der Messen und auch der Satzpaare für besondere Anlässe entstand, zwingt in der zweiten Hälfte schon die Zahl der überlieferten Werke zu der Annahme, daß sich die Meßkomposition weitgehend vom außergewöhnlichen Anlaß löste. Der besondere kompositorische Anspruch, mit dem die Messe und die anspruchsvolleren Satzpaare das Erbe der isorhythmischen Festmotette angetreten hatten, verselbständigte sich und wurde, indem die Typus-Variationen in der ständig anschwellenden Zahl der Werke einen Gattungszusammenhang schufen, zum Gattungsanspruch. Fast alle bedeutenden Komponisten – einschließlich der Josquin-Generation, also bis ins 16. Jh. hinein – waren jetzt Messen-Komponisten, die, indem sie sich dem Gattungsanspruch stellten, ihre kompositorische Individualität entwickelten und oft genug zuspitzten. Um 1500, auf dem Höhepunkt dieser Entwicklung, zeigt sich dieser Anspruch ganz unmittelbar auch in der Überlieferung: die großen Repräsentations- und Geschenkhandschriften für Päpste und Fürsten sind fast ausschließlich Messenhandschriften, oft einem einzigen Komponisten gewidmet; die ersten Individualdrucke, die Ottaviano Petrucci kurz nach 1500 veröffentlichte, waren Messendrucke. Repräsentations- und Herrschaftszeichen blieben Messenhandschriften und Messendrucke auch im 16. Jh., als die kompositionsgeschichtliche Rolle der Messe schon bescheidener geworden war und das Madrigal die Rolle der führenden Gattung zu übernehmen begann.

Dufays Missa »Se la face ay pale« ist vielleicht kurz nach 1450 für ein besonders festliches Ereignis am Hof von Savoyen entstanden. Die Behandlung des Cantus firmus weist deutlich auf die englischen Messen der Dunstable-Generation zurück, benutzt aber andererseits das Prinzip der vollständigen Zitation der Vorlage in jedem Satz als formbildendes Mittel. Besondere Bedeutung hat hier das Sanctus, in dem die Aufteilung der Melodie in drei Abschnitte und der Wechsel von Abschnit-

ten mit und ohne Cantus firmus eine Form ergibt, in der textliche und liturgische
Struktur zur Deckung gebracht werden. Dieser Typus hat Vorbildcharakter bis in
die ersten Jahrzehnte des 16. Jh. besessen. In allen Sätzen wird der Cantus firmus »Se
la face ay pale« in den originalen Werten notiert; Wiederholungen und Augmentationen sind durch Kanon-Anweisungen (Mensuränderungen) vorgeschrieben (Verdopplung der Werte in den textarmen, proportionale Verkürzung 3:2:1 in den textreichen Sätzen). Hinzu treten weitere einheitsstiftende Mittel (Mottobildung, Duett-Technik).

Dufays epochales Werk kann als idealtypisches Modell verstanden werden, an dem sich die Meßkomposition grundsätzlich bis ans Ende des 16. Jh. orientierte. Das Grundmuster, die Entwicklung einer großen und zugleich sinnfällig einfachen Form aus dem Wechsel von voll- und geringstimmigen Teilen, aus der Symmetrie der textarmen Sätze Kyrie und Agnus und der textreichen Sätze Gloria und Credo und aus den verschiedenen Techniken zyklischer Vereinheitlichung, blieb erhalten, wurde im Detail ausgebaut und höchstens gesteigert durch exzeptionellen artifiziellen Aufwand (etwa Jacob Obrechts Missa »Sub tuum presiduum«) oder durch die Möglichkeiten von das mensurale System ausnutzenden ›Kunststücken‹.

Gerade die Koppelung solcher artifizieller Kunstfertigkeiten mit der Messe verweist auf den neuen Rang der Gattung, ohne daß freilich damit die Gattungsgeschichte selbst auf substantielle Weise verändert worden wäre. Ursprünglicher und bevorzugter Ort dieser Kunstfertigkeiten war die Cantus-firmus-Stimme, für deren verschiedenartige Veränderungsmöglichkeiten die zeitgenössische Theorie (v. a. Tinctoris) den Terminus Canon zur Verfügung stellte. Dabei führte der übergreifende kompositionsgeschichtliche Prozeß der ›Linearisierung‹ dazu, daß an die Stelle mensuraler, nur auf den Cantus firmus bezogener Proportionskanons immer ausschließlicher kontrapunktische Verwicklungen (Kanons) traten, etwa in Ockeghems die Idee von Prolations- und Intervall-Kanon verknüpfender Missa prolationum. Wenn auch extreme kompositorische Komplizierungen dieser Art isoliert geblieben sind (Vergleichsbeispiele im zweiten Agnus Dei von Josquins Missa »L'homme armé« super voces musicales oder im dritten Agnus Dei von Pierre de la Rues Missa L'homme armé), so ist doch das Prinzip einer nicht auf mensuralen, sondern melodischen Kanons beruhenden Meßkomposition keineswegs selten (etwa in de la Rues Missa »O salutaris hostia« oder den L'homme armé-Messen von Guillaume Faugues und Jean Mouton). Dabei konnte sich in anspruchsvollen Werken bis hin zu Palestrina (Missa »Repleatur os meum«) die Kanontechnik mit der Parodie einer selbst schon kanonischen Vorlage verbinden (etwa in Antoine Brumels Missa »A l'ombre d'un buissonet«).

Die Ausführung der Kanons wurde in eigens formulierten Anweisungen vorgeschrieben. Dieses Verbergen des kompositorischen Plans hinter der obscuritas einer oft Rätselcharakter tragenden, die Kenntnis der ars musica ebenso wie humanistische Bildung voraussetzenden verbalen Anweisung wies offenbar eine starke Faszination auf und gehörte zu den großen kompositorischen Herausforderungen. Mit Hilfe der Kanon-Devisen konnte auf eine musikalische Realität hinter der notierten und hinter der Ausführung verwiesen werden. Im stets gleichbleibenden und aus der Vorlage genau übernommenen, jedoch immer wieder anders ausgeführten Notat trafen sich eine offene und eine verborgene Realität, wurde der ritualen Semantik der Messe noch eine zweite, oftmals politische hinzugefügt – Zeichen höchster Determination einerseits, krisenhafter Sinnzweifel an einem in sich gültigen Meßritual andererseits. Im 16. Jh., wohl nicht zuletzt in der Folge der Reformation, verlor diese Denkform zwar ihre Bedeutung, aber die Faszination durch die technischen Möglichkeiten blieb. So verschwinden die Devisen in den Werken der Generation Willaerts allmählich, während die Kanons wenigstens in Ausnahmewerken weiterleben.

Zum Gattungscharakter der Messe seit etwa 1450 gehört, daß die Komponisten in einem ideellen ›Gespräch‹ im Medium der Meßkomposition Werke in direktem Bezug auf ältere Werke über denselben Cantus firmus schreiben. Das berühmteste Beispiel ist die von etwa 1450 (Dufay) bis etwa 1630 (wahrscheinlich Carissimi) reichende Reihe von Messen über das in Burgund entstandene, auf Grund seiner direkten politischen Bedeutung und seiner größte kompositorische Spielräume eröffnenden Faktur besonders beliebte Kriegslied »L'homme armé«. Innerhalb des rasch sich verfestigenden eigenen Traditionszusammenhangs bildeten sich wiederum selbständige Gruppen von Werken, die kompositorisch zusammenhängen (Bezüge etwa zwischen Ockeghem, A. Busnois und Obrecht). Einen besonderen Höhepunkt stellen die sechs anonymen, als Zyklus von Meßzyklen (wohl für den Orden vom Goldenen Vlies) konzipierten L'homme armé-Messen in I-Nn, VI E 40, dar, in denen der Text der Messe, der Text des über fünf Werke verteilten (und erst im letzten vollständig erklingenden) Cantus firmus und der zahlreiche Anspielungen aufweisende Text der Kanonanweisungen ein komplexes, in seiner Dichte kaum übertroffenes semantisches Feld bilden. Die L'homme armé-Melodie taugt praktisch nur zur Verwendung als Cantus firmus, dagegen schlecht zur imitatorisch-paraphrasierenden Bearbeitung. So entstand weit mehr als die Hälfte der Messen über das burgundische Lied bis etwa 1520 (mit dem Höhepunkt der beiden Werke Josquins), aber immerhin riß der Zusammenhang unter den stark veränderten Bedingungen nach der Josquin-Generation und trotz der Trienter Konzilsbeschlüsse nicht ab.

Dieser Tradition vergleichbar sind einige kleinere Gruppen von Werken, deren Cantus firmi weitverbreiteten Chansons entstammen (»Fors seulement«, »De tous biens plaine« oder »Doulce memoire«) und die in ihrem artifiziellen Anspruch durchaus vergleichbare Extreme markieren konnten (Francesco de Layolles Missa »Adieu mes amours«). Diese Tendenz wurde letztlich weitergetrieben in jenen Messen, deren Cantus firmi allein aus Solmisationssilben entwickelt wurde. Diese konnten ›immanent‹ gestaltet sein, also über die Möglichkeiten des Hexachords (Ockeghems Missa Mi-mi, Messen über Ut re mi fa sol la von Brumel, Cristóbal de Morales, Francesco Soriano oder Palestrina), konnten aber auch eine verborgene Bedeutung besitzen (Josquins vierstimmige Missa La sol fa re mi mit den fünf- und sechsstimmigen Nachahmungen von Jacquet von Mantua und Costanzo Porta).

Damit verwandt und doch in der Intention verschieden sind jene Messen, deren Solmisations-Cantus firmus aus den Vokalen eines Huldigungsspruches oder bloß eines Namens abgeleitet ist (Zarlinos »soggetto cavato«; Le istitutioni harmoniche, Vdg. 1558, Buch 3, S. 66). Diese ›gelehrte‹ Tradition scheint auf Josquin zurückzugehen (Missa Hercules dux Ferrarie über re-ut-re, ut, re-fa-mi-re für Ercole I. d'Este) und reicht bis zu Jacquet von Mantua, Cipriano de Rore, Philippe Rogier oder Porta. In ähnlicher Weise konnten, etwa in Palestrinas Missa »Ecce sacerdos magnus«, an Stelle der Solmisationssilben auch – hierin vergleichbar den späten isorhythmischen Motetten – beziehungsvoll ausgewählte gregorianische Melodien eingesetzt werden. Und schließlich konnten in einer Messe auch mehrere Cantus firmi vertikal kombiniert oder horizontal gereiht werden, wobei der kompositorische Reiz offenbar darin bestand, nicht etwa verschlüsselte Aussagen kunstvoll vorzuführen, sondern bekannte Vorlagen hör- und damit auch akustisch wiedererkennbar zur Grundlage eines Ordinariums zu machen. Die berühmtesten Beispiele sind hier die Missae carminum von Obrecht, Festa sowie ein früher Isaac zugeschriebenes Werk gleichen Titels. Andererseits konnte in solchen Verfahren durch die Zitation konkreter, ausschließlich lokal bekannter Choralvorlagen ein durchaus komplexes, heute nurmehr schwer aufzulösendes semantisches Feld aufgespannt werden (wie in Pipelares Missa de Sancto Livino, vgl. M. J. Bloxam 1991).

5. Parodiemesse

Es gehörte zum Charakter und zum Anspruch der ursprünglich liturgisch, am Ende des 15. Jh. aber schon primär musikalisch determinierten polyphonen Messe, daß sich die Individualität der Komponisten in ihr besonders klar darstellte. Die zentrale Komponistengestalt um 1500 ist zweifellos Josquin, in dessen 18 erhaltenen, von Petrucci in drei Bänden gedruckten Messen die Formmodelle und Entwicklungstendenzen der Gattung exemplarisch zusammengefaßt und transzendiert werden. In seinen früheren Werken werden nahezu alle denkbaren Cantus-firmus-Techniken pointiert benutzt und gleichsam stilbildend vorgeführt. Die gattungs- und kompositionsgeschichtlich modernsten (nicht unbedingt chronologisch jüngsten) Messen Josquins repräsentieren drei Typen. In der choral-paraphrasierenden Messe (etwa Missae »Gaudeamus« oder »Pange lingua«) wird, analog zur abschnittsweisen Durchimitation der Motette, die Vorlage in die einzelnen Motive eines weitgehend von Imitation und Textdeklamation beherrschten vierstimmigen Satzes aufgelöst; der Choral liefert also nichts mehr als die substantielle Basis der Einzelsätze. Der zweite Typus ist die Choralmesse, in der die Idee einer kompositorischen Vereinheitlichung zu Gunsten einer strikt liturgisch determinierten Anbindung an die Choralvorlagen der Einzelsätze zurückgenommen ist (Missa de Beata Virgine). Josquin hat auch hier, neben Brumel, als Vorbild gewirkt (Jacobus de Kerle, Palestrina).

Der dritte Typus bei Josquin, vertreten durch die 1514 gedruckte, experimentelle Missa »Mater patris« über eine Motette Brumels, repräsentiert den – abgesehen von den frühen oberitalienischen Experimenten – neuen Typus der Parodiemesse, also des Aufgriffs einer bereits existierenden Vorlage. (Der Terminus Parodie, den August Wilhelm Ambros in seiner Geschichte der Musik im Zeitalter der Renaissance [Breslau 1868] eingeführt hat, begegnet erstmals im Titel der Missa parodia von Jakob Paix [Lauingen 1587]; zeitgenössisch steht dafür meist »Missa ad imitationem«). Gleichwohl bedeutet Josquins Werk bereits eine radikale Zuspitzung des Verfahrens, da nicht Abschnitte aus der Brumel-Motette neu montiert, sondern als Zitate in einen ansonsten ganz freien Satz eingebaut werden. Das Werk steht den Parodietechniken des 15. Jh. so fern, wie es der allgemein erst später sich ausbreitenden neuen Parodietechnik der Generationen nach Josquin nahe kommt – so daß es scheint, als sei Josquin auch hier ein Wegbereiter künftiger Entwicklungen gewesen.

Die Genese der Parodietechnik scheint im Gedanken begründet, aus einer mehrstimmigen Vorlage eben nicht nur den Tenor (oder Diskant), sondern auch Bestandteile anderer Stimmen zu entnehmen. Ein frühes Beispiel findet sich in Ockeghems Missa »Fors seulement« (über eine eigene Chanson), in der als Cantus firmus der Chanson-Tenor benutzt und in den übrigen Stimmen ausgiebig zitiert wird. In solchen ›Zitat-Messen‹ bleibt die ursprüngliche kontrapunktische Kombination der zitierten Stimmen weitgehend unangetastet, sie wird lediglich überlagert von zusätzlichen Stimmen. Etwas weiter hingegen reicht bereits das Herauslösen und Neumontieren einzelner Motive aus mehreren Stimmen, wie etwa in

Obrechts Missa »Je ne demande« oder in Loyset Compères Missa »Alles regretz«. Erst in einem dritten Schritt scheint sich die in Josquins Missa »Mater patris« angewandte Parodietechnik entfaltet zu haben, jene Technik, die die bedeutendste kompositions- und, da weitestgehend auf die Messe beschränkt, gattungsgeschichtliche Neuerung des 16. Jh. darstellt. An die Stelle kontrapunktisch raffinierter Kombinationskünste tritt jetzt das höchstens geringfügig variierte Zitat ganzer Vorlagen-Abschnitte. Der Komponist demonstriert also nicht mehr überbietend, wie man die Stimmen der Vorlage auch anders hätte zusammensetzen oder ergänzen können, sondern, wie man aus Teilen der Vorlage etwas ganz Neues machen kann. Die kompositionstechnischen Verfahren wurden dabei im Laufe des 16. Jh. so sehr normiert, daß sie schließlich kataloghaft in der Theorie zusammengefaßt werden konnten (Pietro Pontio, Ragionamento di musica, Parma 1588; Pietro Cerone, El melopeo y maestro, Neapel 1613).

Nach Josquins Tod wurde es üblich, anstatt Chansons Motetten zu parodieren, wobei gerade Josquins Motetten bis zum Ende des 16. Jh. besonders beliebt waren (etwa in Palestrinas Missa »Benedicta es, celorum regina«). Als mögliche Ursache dafür läßt sich geltend machen, daß die Anfänge der neuen (›eigentlichen‹) Parodietechnik in der französischen Hofkapelle lagen. Die Pariser Chanson jedoch, das mögliche Vorbild, befand sich gerade in dieser Zeit in einem grundlegenden, den höfischen Ton des 15. Jh. durch einen genuin sprachimitierenden Duktus ersetzenden stilistischen Umbruch (Janequin). Möglicherweise ist die Übernahme solcher Werke auf ideelle, aber auch kompositorische Vorbehalte gestoßen, während die imitatorisch-textdarstellende Motette eine identische Stilhöhe schon im Grundsatz garantierte. Am Ende dieser Gattungstradition konnte dann jene einheitliche Stillage zu geradezu monumental gesteigerten Parodie-Werken führen (Luca Marenzios doppelchörige Missa »Jubilate Deo« über eine eigene, Monteverdis Missa »In illo tempore« über eine Motette Nicolas Gomberts). Darüber hinaus ließ sich das Verfahren durch seine immanente Brechung nochmals steigern: in Doppelparodien und Parodien über Parodien (Jacobus Vaets Missa »Vitam quae faciunt beatiorum« über eine eigene, jedoch bereits Lassos »Tityre, tu patule« parodierende Motette).

Die Parodiemesse fand, ungeachtet ihrer Entstehung am französischen Königshof, schnell in ganz Europa Verbreitung (ausgenommen England), besonders in Italien, wo allerdings bis etwa 1540 ohnehin die französischen Komponisten dominierten. Nach anfänglichen Einzelwerken weisen die beiden für die Gattungsgeschichte in Italien wichtigen Messendrucke von Morales (1544) gleich sieben Parodiewerke auf. Von Palestrinas ingesamt 104 Messen basieren mindestens 53 auf Parodien, in der Regel von Motetten, ganz selten von Madrigalen. Von hier aus bestimmte die Gattung noch einmal die Tradition der päpstlichen Kapelle. Während Palestrinas ponderierte Parodietechnik auf ein exaktes Montieren der motivischen Vorgaben aus der Vorlage setzt (beispielhaft in der Missa »Tu es Petrus«), findet sich in Tomás Luis de Victorias Werken ein durchaus abweichender Standpunkt. In der Missa »O quam gloriosum« über eine eigene Motette werden weder deren Anfang noch deren Schluß zitiert, sondern allein einzelne Abschnitte nach Art einer Variationenkette verknüpft, so daß ein Aufdecken dieser intrikaten Beziehung zwischen Vorlage und Bearbeitung einzig der subtilitas des Rezipienten vorbehalten bleibt. Zwischen diesen beiden Polen existierte eine Reihe von Abstufungen, die eine durchaus komponisten-individuell bestimmte Bandbreite von Verfahrensweisen erkennen lassen. Und die so gewonnenen Techniken konnten indirekt nützlich werden bei der Formulierung ganz frei gestalteter Werke, also der Missae sine nomine.

6. Gebrauchsfunktionen und Reformansätze im 16. Jahrhundert

Die Messe blieb auch noch am Ende des 16. Jh. der bevorzugte Ort formaler Integrationsarbeit und formaler Experimente. Sie blieb es überdies im Widerstand gegen eine Tendenz zur Vereinfachung und Verkürzung der mehrstimmigen Messe, die bald nach dem von der Josquin-Generation erreichten Höhepunkt der formalen Entwicklung und Verselbständigung der Gattung einsetzte – eine Tendenz, deren erster Impetus vermutlich aus der allgemeinen Ausbreitung spezifisch liturgischer Musik im Gefolge beginnender liturgischer Reformen, der Gründung immer neuer leistungsfähiger Kathedralkapellen und der Verbreitung des Musikdruckes entstand und die in den Reformen des Konzils von Trient offiziellen und damit verbindlichen Ausdruck fand. Hinzu kam, daß es schon eine Tradition einfacher und kurzer Messen mit syllabisch-akkordischer Textdeklamation (ein wahrscheinlich frühes Beispiel ist Josquins Missa »D'ung aultre amer«) gab.

Diese Tendenz zur kürzeren und einfacheren Komposition der Ordinariumstexte in der Josquin-Zeit zeigte sich vor allem in den formalen Eingriffen, die alle Arten von Messen betrafen, in der Kürzung und Vereinfachung von Sanctus und Agnus Dei. Die Kürzung des Agnus scheint dabei etwas früher eingesetzt zu haben als die Experimente mit dem liturgisch und textlich komplizierteren Sanctus. In der ersten Generation nach Josquin scheint sich die Entwicklung differenziert zu haben, ohne daß eindeutige Tendenzen erkennbar wären: Festa oder Jacquet von Mantua hielten wie Carpentras oder Sermisy am dreiteiligen Agnus fest, während Gombert oder Claude Goudimel sowie Morales bereits jene später von Palestrina normierten zweiteiligen Anlagen konzipierten, welche dann von Clemens non Papa und Lasso nochmals auf nur ein einziges Agnus reduziert wird. Die Vereinfachung des Sanctus dagegen wurde nie so allgemein akzeptiert wie die Kürzungen beim Agnus. Die einzige Arbeitserleichterung, die sich die Komponisten der Josquin-Generation gestattet hatten, war die (durchaus schon im Choral anzutreffende) Wiederholung des Osanna I als Osanna II gewesen. Diese leicht vereinfachte Anlage ersetzte aber keineswegs die Sanctus-Komposition mit selbständigem Osanna II, und die große Form des Sanctus blieb bis etwa 1550 auch für jene Komponisten verbindlich, die beim Agnus bereits mit kürzeren Formen arbeiteten. Die Zusammenziehung von Sanctus und Pleni war nur der erste, gleichwohl folgenreiche Schritt zur Vereinfachung. Die Technik wurde nach 1550 beinahe normiert, wobei man an der traditionellen Stimmenreduktion im Benedictus festhielt (mit Wiederholung des ersten Osanna; ein auskomponiertes zweites Osanna findet sich nur noch in der päpstlichen Kapelle). Aus diesen Reduktionsverfahren wurden weitere abgeleitet: bei Philippe de Monte die Zweiteilung des Sanctus, bei François Roussel (Rosselli) und Philippe Rogier die Einteiligkeit.

Neben diese kompositorisch begründeten Vereinfachungen traten gleichsam inhaltlich begründete. Die heftige Opposition gegen den artifiziellen Aufwand bei der Ausgestaltung des Meßordinariums (Parodie- und Imitationstechnik), wie sie v.a. die humanistisch und musikalisch gebildeten Theologen formulierten (etwa Bernardino Cirillo 1549 in einem Brief an Ugolino Gualteruzzi, spürbar aber auch in Glareans *Dodekachordon*), führte zum Aufgriff der Kritik im Trienter Konzil und darin 1562 zu einer radikalen Beschlußvorlage über die Musik in der Messe, von der eine deutliche und verständliche Aussprache des heiligen Textes und ein Verzicht auf alles Laszive und Unreine erwartet worden ist. Wenn auch der endgültige Beschluß weniger streng ausfiel, so ist es offenbar doch auf diese Kritik zurückzuführen, daß in der zweiten Hälfte des 16. Jh. Parodiemessen häufiger hinter neutralen oder latinisierten Titeln versteckt wurden (etwa Rores Missa »*Dulcis memoria*« über Pierre Sandrins »*Doulce memoire*«). Entscheidender als diese Einschränkung des ›Profanen‹ war allerdings die Forderung nach Textverständlichkeit, die wichtige kompositorische Konsequenzen nach sich zog. Besondere Bedeutung hatten hier die vom Konzil zur Reform der päpstlichen Kapelle eingesetzten Kardinäle Vitellozzo Vitelli und Carlo Borromeo (1538-1584), die Anfang 1565 Vincenzo Ruffo und Nicola Vicentino mit ›Reformmessen‹ beauftragten. Ruffos Messen von 1570 bekennen sich folglich im Titel programmatisch als Missae [...] concinate ad ritum Concilii Mediolani, und wenigstens ihre textreichen Sätze sind fast ganz auf syllabisch-akkordische Deklamation reduziert, wenngleich ihr Kunstanspruch noch nicht gänzlich aufgegeben ist.

7. Tridentinum und Gegenreformation

In den Messen Ruffos zeichnet sich eine extreme Reaktion auf die Konzilsforderung nach Textverständlichkeit ab, die am Beginn eines durch das Tridentinum nachhaltig veränderten Gattungszusammenhangs steht. Bereits in Palestrinas zweitem und Animuccias erstem Messenbuch (beide Rom 1567) wird explizit die Absicht formuliert, im Anschluß an die Konzilsväter »sanctissimum Missae sacrificium novo modorum genere decorandum« (Palestrina in seiner Widmung an Philipp II.). Damit war eine klare und eben verständliche musikalische Artikulation des Textes gemeint – das, was Borromeo prägnant »musica intelligibile« genannt hat (L. Lockwood 1970, S. 93 u.ö.) -, freilich ohne auf einen artifiziellen Anspruch ganz zu verzichten. Schlußstück dieser novo modorum genere komponierten Messen ist die vermutlich schon 1562/63 entstandene sechsstimmige, Choral- und Cantus-firmusfreie Missa Papae Marcelli, dem Typ nach also eine Missa sine nomine. Sie kommt dem Reformansatz Borromeos sehr nahe, vermeidet allerdings Ruffos extremen deklamatorischen Stil, etwa in der Abstufung der Choraufspaltungen, der melismatischen Geste des »omnipotentem« und der Steigerung zu »visibilium omnium« am Anfang des Credo (Notenbeispiel 3).

Die Bedeutung des Werkes resultiert freilich weniger aus der keineswegs außergewöhnlichen kompositorischen Faktur als vielmehr aus dessen erstaunlicher, in Pfitzners Palestrina (1917) schließlich endgültig verklärter Rezeptionsgeschichte, die doppelt irritierend ist, weil nahezu alle historischen Begleitumstände – v.a. die konkrete Beziehung zum Trienter Konzil und zum nur 1555 regierenden Papst Marcellus II. – ungeklärt sind. Immerhin ist neben der erst nach Palestrinas Tod einsetzenden literarischen Legendenbildung eine noch vor 1594 einsetzende kompositorische Wirkungsgeschichte des Werkes auszumachen, beginnend mit einer 1590 in Mailand anonym veröffentlichten vierstimmigen und erheblich gekürzten Bearbeitung, sich fortsetzend bei den Palestrina-Schülern Giovanni Francesco Anerio (1619²) und Francesco Soriano (1. Messenbuch 1609) und mündend in die Kanonisierung des insbesondere auf die Missa Papae Marcelli gegründeten ›Palestrina-Stils‹ in der päpstlichen Kapelle des 17. Jahrhunderts.

Diese ›neue Weise‹ der Meßkomposition war allerdings nur eine von mehreren. In einem Brief vom 2. Feb. 1568 an Guglielmo Gonzaga, den Herzog von Mantua, hat Palestrina eine Konkretion des Kompositionsauftrages erbeten: ob er die Messen »o, breve, o longa, o che si sentan le parole« wünsche (zit. nach: M. Heinemann, Giovanni Pierluigi da Palestrina und seine Zeit, Laaber 1994, S. 150). Ein weiterer Auftrag desselben Mäzens 1578 führt schließlich zu außerordentlich komplizierten, für die mit

Notenbeispiel 3: G. P. da Palestrina, Missa Papae Marcelli,
Beginn des Credo (Ausg. L. Lockwood 1975, S. 49f.)

eigener Liturgie ausgestattete Mantuaner Hofkirche bestimmten Repräsentationswerken über Choralordinarien, die allerdings – den lokalen Gegebenheiten entsprechend – Alternatim-Messen sind (vergleichbar den vermutlich ebenso für Mantua entstandenen Werken des Messendrucks 1592[1] von Giovanni Contino, Giovanni Giacomo Gastoldi, Francesco Rovigo, Alessandro Striggio, Giaches de Wert und Palestrina selbst). Offenbar blieben also die Reformansätze Borromeos, anders als in der kleiner dimensionierten liturgischen Gebrauchsmusik, weder die einzigen noch die dominierenden in der zweiten Hälfte des 16. Jahrhunderts. Der besondere und als solcher verfestigte Status der musikalischen Gattung stand der Tendenz Borromeos ebenso entgegen wie das Bedürfnis einzelner Auftraggeber, den herausgehobenen Rang des polyphonen Kunstwerks Messe – nach Art Guglielmo Gonzagas – den eigenen Repräsentationsbestrebungen dienstbar zu machen. Ja nicht einmal im direkten Einflußgebiet des Mailänder Kardinals ist Ruffos Ansatz wirklich fortgeführt worden, sieht man einmal von dessen unmittelbaren Schülern ab (Marc 'Antonio Ingegneri, Messenbücher 1573 und 1587; Giammatteo Asola, Messenbücher 1581 und 1586, beide »ad facilitatem, brevitatem, mentemque sanctorum Tridentini concilij patrum accomodatae«).

8. Regionale Entwicklungen im späten 16. Jahrhundert

Die Beschäftigung mit der tridentinischen »musica intelligibile« und die Kanonisierung des ›Palestrina-Stils‹ waren weitgehend eine römische Angelegenheit. Gleichwohl war die jüngere, vermutlich in der französischen Hofkapelle entwickelte Parodietechnik die letzte gattungsgeschichtlich wichtige Entwicklung, die außerhalb Italiens begann, aber erst dort ihre entscheidende Prägung erfahren hat. Waren die Anfänge der Meßkomposition also gerade nicht römisch, so ist, wohl entscheidend als Folge der Gegenreformation, die Verbindung der Gattung Messe mit ihrem gleichsam genuinen Ort Rom in der zweiten Hälfte des 16. Jh. verbindlich. Die übrigen italienischen Zentren profitierten direkt oder indirekt von dieser Entwicklung, wobei die differenzierte und prosperierende italienische Musiklandschaft mit ihren zahllosen, zum Teil bedeutenden Kathedral- und Hofkapellen die Entwicklung begünstigt haben dürfte.

Die regionalen Sonderentwicklungen außerhalb Italiens waren, so bemerkenswert sie für sich sein mochten, gattungsgeschichtlich peripher; wohl nur im deutschsprachigen Raum entstand, hervorgerufen durch die Reformation, ein komplexes Geflecht lokaler Varianten. In Frankreich kamen nach dem Tode Heinrichs II. (1559), im habsburgischen Burgund nach der Auflösung der Hofkapelle Karls V. (1557) Produktion und Druck liturgischer Musik fast zum Erliegen. Der Religionskrieg in Frankreich wie in den Niederlanden zog gerade und ganz im Gegensatz zur frömmigkeitsgeschichtlich ›flexiblen‹ Motette die rituell strikt determinierte Messe in Mitleidenschaft. Nach den großen Messendrucken von Adrien Le Roy und Robert Ballard (1557-1559, im wesentlichen deklamatorisch-knappe, eng an die Vorlagen anknüpfende Parodiemessen von Janequin, Certon und Goudimel) nahm die Produktion – ungeachtet des am katholischen Ritus festhaltenden Königshofes – sprunghaft ab. Kurzen und kunstlosen, am Deklamationsstil der französischen

Chansons orientierten Stücken standen formal ›große‹, aber an der Norm der Vierstimmigkeit festhaltende Messen nach dem Muster der Josquin-Zeit gegenüber mit formbildenden Einschüben von zwei- und dreistimmigen Teilen in fast allen Sätzen, vierteiligem Sanctus, symmetrischer Dreiteiligkeit von Kyrie und Agnus und krönender Erweiterung der Stimmenzahl im dritten Agnus. Möglicherweise wurde die konservative Grundhaltung durch die weitgehende Bindung der Werke an den französischen Königshof begünstigt.

Ganz anders verlief die Entwicklung in England, schon dadurch, daß sie nach dem Hundertjährigen Krieg (1453) und bis zum Regierungsbeginn Elisabeths I. (1558) weitgehend vom Festland abgekapselt blieb, wenngleich die Quellenlage für die zweite Hälfte des 15. Jh. – also der Zeit intensivster Rezeption englischer Komponisten auf dem Kontinent – auf Grund der Rosenkriege und der reformatorischen Verwüstungen letztlich keine präzisen Aussagen zuläßt. Erst die Stabilisierung des Staates unter den musikliebenden ersten beiden Tudors – Heinrich VII. (1485-1509) und vor allem Heinrich VIII. (1509-1547) – scheint eine neue und genuine Blüte liturgischer, von der Chapel Royal getragener (und von dort in die Kathedralen, Klöster und Stifte gelangter) Musik mit sich gebracht zu haben. Das professionelle Niveau der Chöre der nicht durch Kleriker, sondern Berufsmusiker getragenen Institutionen hat dabei einen virtuosen, linearen, bevorzugt vielstimmigen Stil hervorgebracht, dem aber gerade die auf dem Kontinent schrittmachenden Tendenzen (intensive Textdarstellung, imitatorische Durchbildung, strukturierender Wechsel der Stimmenzahl) fast gänzlich fehlen. Die fast völlige Konzentration der englischen Kirchenmusik bis zur Reformation auf besondere Festgottesdienste und auf gestiftete Andachten sowie auf marianische Antiphonen, Magnificat und Meßordinarium begünstigte die Entwicklung der Messe einerseits zum liturgisch-politischen Fest-Ordinarium – in einer Zeit, in der auf dem Kontinent die Messenkomposition längst sehr viel ›alltäglicher‹ geworden war – und andererseits zur auf dem Kontinent anscheinend nicht existenten Sonderform der *Lady Mass* (in den ersten drei Teilen alternatim, in den letzten beiden vollständig komponierte, um Proprien ergänzte Votivmessen, greifbar in den sieben dreistimmigen, um 1530 komponierten Zyklen Nicholas Ludfords).

Der Stil der Festmessen blieb, abgesehen von der schon bei dem Josquin-Zeitgenossen Robert Fayrfax normierten Fünfstimmigkeit, wohl bis in die 1540er Jahre außerordentlich konservativ: im Grunde der Messe und isorhythmischen Motette des frühen 15. Jh. verpflichtet. Ein liturgischer Cantus firmus im Tenor wird in allen Sätzen gleich oft und auf gleiche Weise durchgeführt, wodurch die vier Sätze (ohne Kyrie) annähernd gleiche Länge erreichen, und alle Sätze werden der Mensurfolge $\bigcirc - \mathsf{C}$ unterworfen. Ohne die kontinentalen Mittel immanenter Zyklusbildung bleibt die Messe, zumindest bis zur endgültigen Durchsetzung der Reformation durch Elisabeth I., in den Werken von Fayrfax, Taverner, Tallis oder auch, am schottischen Hof, Robert Carver gewissermaßen ein ebenso prunkvolles wie intrikates liturgisches Ornament. Allein in den drei durch den gemeinsamen Cantus firmus geeinten Messen »The Western Wind« von Taverner, Christopher Tye und John Shepherd sind der kontinentalen L'homme armé-Tradition (deren einziger insularer Beitrag von Carver stammt) vergleichbare Ansätze zu erkennen.

Es scheint, als habe sich die englische Messenkomposition erst in dem Moment der kontinentalen Entwicklung stärker angenähert und sogar die Reformversuche im Gefolge des Tridentinum vorweggenommen, in dem ihr mit der Aufhebung der Klöster und Stifte ihre wesentliche Existenzgrundlage entzogen wurde. Wahrscheinlich aus den 1540er Jahren stammen einige Werke, deren radikale Abkehr vom vielstimmig-ornamentalen Cantus-firmus-Satz und deren Hinwendung zu einem ganz einfachen, aber dreiklangsgesättigten akkordisch-deklamatorischen vierstimmigen Satz kaum ohne Einfluß der humanistisch-protestantischen Reformvorstellungen des Erzbischofs Thomas Cranmer (1489-1556) vorstellbar ist. In diesen Kontext gehört Taverners *Playn Song*-Messe, deren Titel auf die im Dienst der Textverständlichkeit erfolgende restriktive Verwendung ausschließlich der drei Notenwerte Brevis, Semibrevis und Minima anspielt. Ähnlich wird in der vierstimmigen, vielleicht parodierten *Missa sine nomine* von Tallis ein konsequent deklamatorischer, aber dennoch artifiziell anspruchsvoller Satz verwirklicht (Notenbeispiel 4a und b).

Tallis' Messe deutet eine mögliche Entwicklung der englischen Gattungsgeschichte an, wäre ihr nicht mit der Aufhebung des *Sarum Rite* 1559 die Grundlage entzogen worden. Die Komponisten selbst waren von solchen Veränderungen auf fundamentale Weise berührt, und ihre Produktion hatte sich diesen anzupassen, wollte sie sich nicht gänzlich ins Private oder Verborgene zurückziehen. Eine politisch nicht vollends unmögliche kontinuierliche Gattungsauseinandersetzung

Notenbeispiel 4a: Th. Tallis, Missa sine nomine,
steigernde Wiederholungen im Ausschnitt aus a. Gloria
(aus: Tudor Church Music 6, L. 1928)

lebte folglich nur noch im ›Untergrund‹ fort, v.a. sichtbar an den drei 1592-1595 immerhin im Druck publizierten, in ihrer konzisen Einfachheit sich mit der kontinentalen Entwicklung direkt berührenden Missae sine nomine William Byrds. Ihre einzigartige Stellung verdanken diese Werke der Tatsache, daß die Auseinandersetzung mit dem Text ungeachtet der einfachen drei- bis fünfstimmigen Faktur zu einem persönlichen Bekenntnis des Komponisten geworden ist, erkennbar zumal an der musikalischen Heraushebung zentraler Sinnzusammenhänge (»et unam sanctam catholicam et apostolicam ecclesiam«, »dona nobis pacem«). Am vorläufigen Ende der Gattungsgeschichte steht folglich jene radikale Wendung, aus der die Messe erst sehr viel später die Kraft zu ihrer Erneuerung schöpfen sollte.

Ganz anders als im reformatorischen England ging man im lutherischen Einflußbereich äußerst behutsam mit der Tradition polyphoner Meßkomposition um. Anknüpfungspunkte dafür waren einerseits das vorreformatorische Repertoire der für den ›offiziellen‹ lutherischen Musikverleger Georg Rhaw (Rau) wichtigen, durchaus mit den aktuellen Tendenzen verbundenen Torgauer Hofkapelle, andererseits eine im süddeutsch-österreichischen Raum besonders verbreitete Vorliebe für eine möglichst umfassend komponierte, also Proprien einschließende Meßliturgie. Das Ergebnis war in der Rhaw-Generation eine Trennung zwischen Ordinariumskompositionen, die – beginnend mit dem Opus decem missarum, 1541[1] – weitestgehend importiert wurden, und liturgischer Gebrauchsmusik, die von den Komponisten im Umkreis des Wittenbergers Verlegers (etwa Joh. Galliculus) beigebracht wurde. Durch die Anknüpfung an Torgau ist die wesentlich von Rhaw getragene frühprotestantische Repertoirebildung, hierin vergleichbar der Motettenkomposition, ausgesprochen konservativ. Die mit Werken Brumels, Isaacs, Josquins, Obrechts, ja sogar Ockeghems vergleichbar konservativen Nürnberger Messensammlungen von Joh. Petreius (1539[1]) und Hieronymus Grapheus (Formschneider, 1539[2]) verraten darüber hinaus einen weiteren Grund für das Interesse an einem

Notenbeispiel 4b: Th. Tallis, Missa sine nomine,
steigernde Wiederholungen im Ausschnitt aus b. Agnus Dei
(aus: Tudor Church Music 6, L. 1928)

eine Generation älteren Repertoire, nämlich den im Grapheus-Druck explizit geäußerten humanistischen Wunsch nach »exempla classica«. Gerade durch Rhaws Messendruck wurde diese konservative Haltung gleichsam ex officio und letztlich mit Gültigkeit bis ins 17. Jh. festgeschrieben. Immerhin konnten daneben Werke entstehen, die mit den aktuellen Tendenzen der Kompositionsgeschichte direkt vermittelt und alles andere als retrospektiv waren (am Ende des Jahrhunderts v.a. Joh. Eccard, Leonhard Lechner oder Bartholomäus Gesius).

Nicht zu übersehen ist allerdings, daß die lateinische Ordinariumskomposition im lutherischen Bereich von Anfang an eine sehr viel bescheidenere Rolle spielte als im katholischen; sie wurde noch bescheidener dadurch, daß man in der handschriftlichen Überlieferung dazu neigte, Ordinariumszyklen erst um das Agnus Dei, später um alle Sätze nach dem Gloria zu kürzen: an deren Stelle traten dann, nach Art der lutherischen Missa brevis des 17. Jh., entsprechende Gemeindelieder. Schließlich wirkte der direkte Import italienischer und französischer Messen (etwa Matthaeus Le Maistre oder Ant. Scandello) wohl nicht nur stimulierend: Er sorgte zwar für aktuelle Modelle, aber auch, angesichts eines vergleichsweise geringeren liturgischen Bedarfs, für eine weitgehende Sättigung. Damit hängt wohl auch zusammen, daß Cantus-firmus-Messen oder Parodiemessen über protestantische Lieder viel seltener sind, als man erwarten sollte. In keinem anderen Bereich scheint die Musik der neuen Konfession so rezeptiv gewesen zu sein wie in dem der Ordinariumskomposition.

Die vorreformatorische Überlieferung, an die Rhaw und seine Mitstreiter anknüpfen und gegen die sie sich abgrenzen konnten, war noch nicht eine Generation älter als die Reformation selbst. Für die entscheidenden Jahrzehnte der Entwicklung des Ordinariumszyklus' in Frankreich, Burgund und Italien, also die Zeit zwischen 1450 und 1500, sind aus dem deutschsprachigen Raum kaum Quellen erhalten, wobei – ganz im Gegensatz zu England – die Zahl der Quellenverluste wohl nicht annähernd so hoch zu beziffern sein dürfte. Offenbar hat eine intensive Gattungsauseinandersetzung im deutschsprachigen Raum, anders als im weltlichen, aber auch liturgischen Gebrauchsrepertoire, erst kurz vor 1500 eingesetzt. Erkennbar werden zunächst kaum weiterentwickelte Sonderansätze: ›gelehrte‹, auch notationstechnisch komplizierten determinierte dreistimmige (Marien-)Messen (etwa von Heinrich Finck), vielleicht aus dem Umkreis der kaiserlichen Hofkapelle.

Dagegen steht der Versuch eines dezidierten Anschlusses an die zentrale west- und südeuropäische Entwicklung, wie etwa in der vierstimmigen Messe Adams von Fulda – allerdings eines verspäteten Anschlusses, denn die Muster waren (nach eigenem Bekenntnis) Dufay und Busnois. Erst in den neun Messen Adam Reners vollzog

sich tatsächlich eine Anbindung an die zeitgenössische Entwicklung, allerdings
schon mit jener in den drei Choralordinarien erkennbaren Akzentuierung der ›komponierten Liturgie‹ statt des musikalischen Kunstwerks Messe, die dann die weitere
Entwicklung in den deutschen Ländern prägen sollte. Der Anstoß zu dieser im Vergleich zur Gattungsgeschichte dann wieder retrospektiven Entwicklung kam wahrscheinlich aus der kaiserlichen Hofkapelle, v.a. von Isaac, in dessen Person sich die
italienische Tradition (anspruchsvolle Cantus-firmus- und Quasi-Parodiemessen)
mit der neu sich bildenden der Choralordinarien verbindet: parallel zum *Choralis
Constantinus* entstanden einerseits polyphone, alternatim (u.U. mit Orgel) zu singende Choralordinarien, andererseits vierstimmige, über ›regionale‹ (also aus dem
Reichsgebiet stammende) Melodien komponierte Credosätze. Isaacs radikale Wendung zur liturgischen Gebrauchsmusik, zum Alternatim-Ordinarium und Proprium, ist wohl kaum Ausdruck einer typisch ›deutschen‹ (und so auch gar nicht
existierenden) Tradition, sondern Ergebnis einer gezielten Patronage-Politik des
Habsburger-Kaisers, dessen neu gebildetes Repertoire durch die enge Verbindung
zum kursächsischen Hof Friedrichs des Weisen ungewollt zur musikalischen
Grundlage der Reformation geworden ist.

Die ›komponierte Liturgie‹ in Gestalt weniger der Alternatim-Messe als vielmehr des polyphonen Choralordinariums wurde bis zum Vordringen der Gegenreformation zum dominierenden Messetypus der katholischen wie der protestantischen Höfe im deutschsprachigen Süden; ihre Ausbreitung wurde nicht zuletzt
durch die Auflösung der maximilianischen Hofkapelle durch Karl V. 1520 gefördert.
So gelangte Ludwig Senfl an die bayerische Hofkapelle, aus deren nach kaiserlichem
Vorbild organisiertem Repertoire auch bedeutende, noch immer Choralordinarien
komponierende protestantische Komponisten (Ludwig Daser) hervorgingen. Der
Ordinariumszyklus nach dem von der Josquin-Generation geschaffenen Muster
hatte dagegen offenbar kaum eine Chance; die wenigen überlieferten Werke (wie
Fincks *Missa in summis* oder Senfls Parodiemessen) verdankten sich wohl alle ganz
besonderen Anlässen.

Allerdings scheint zumindest an den katholischen deutschen Höfen das polyphone Choralordinarium so plötzlich wieder verschwunden zu sein, wie es aufgetaucht war. Wenn auch ein direkter Zusammenhang mit der Gegenreformation bisher nur ungefähr erkennbar ist (etwa in der Person des Augsburger Fürstbischofs
Otto Truchseß von Waldburg, 1543-1573), so ist das chronologische Zusammentreffen der Ereignisse kaum zufällig. Nach 1550 entstanden im katholischen Raum
ebenso zahlreiche wie bedeutende Meßkompositionen, und zwar an nahezu allen
bedeutenden Höfen: am kaiserlichen (Vaet, Monte) und in dessen Umkreis (Gal-

lus), am bayerischen (Lasso), an den erzherzoglichen in Innsbruck und Graz (Utendal, Joh. de Cleve). Gattungsgeschichtlich unterscheidet sich diese Produktion jedoch nicht von den übrigen (katholischen) Ländern, ja sie folgt ihren Tendenzen weitgehend – bis zur Aufnahme der venezianischen Mehrchörigkeit, zunächst in Graz. Sie unterscheidet sich von der italienischen und der versiegenden französischen Produktion am ehesten durch ihre technisch-stilistische Buntheit. Die Parodiemessen Lassos etwa muten wie ein Kompendium der Parodietechniken der Epoche an. Darüber hinaus stehen oftmals extrem kurze Werke (Lassos Missa Venatorum) höchst aufwendigen Stücken gegenüber, was eine gattungsgeschichtliche Bewertung äußerst schwierig macht, da keine einheitliche Tendenz festzustellen ist. Offenbar ist innerhalb der Meßkomposition zwischen verschiedenen liturgischen Ansprüchen differenziert worden – was ›arbeitssparende‹ kompositorische Maßnahmen (mit bedeutenden Konsequenzen für die Vorbereitungszeit der Aufführung) bei weniger gewichtigen Anlässen begünstigt haben dürfte.

Das Vordringen der venezianischen Mehrchörigkeit und des konzertierenden Stils in der Meßkomposition nördlich der Alpen führte in Deutschland wie in Italien nicht nur zu einer grundsätzlichen Verwandlung, sondern auch zu einer drastischen Einschränkung der Meßkomposition. Die ›alltägliche‹ Messe, die für Lasso und Monte noch so wichtig gewesen war, wurde kompositions- wie gattungsgeschichtlich bedeutungslos. Die große Messe wurde wieder das, was sie um 1450 gewesen war: herausgehobenes Einzel- und Ausnahmewerk. Die unbeirrte, ja verstärkte Orientierung an Italien bewirkte aber auch, daß die praktische Kanonisierung der Messen Palestrinas fast ohne Verzögerung übernommen wurde: 1634 wurden in der musikalisch fortschrittlichsten Stadt des katholischen Deutschland, in Salzburg, Palestrina-Messen für den Domchor kopiert.

LUDWIG FINSCHER
LAURENZ LÜTTEKEN

V. Mehrstimmige Meßvertonungen des 17. bis 20. Jahrhunderts
1. 17. Jahrhundert

In Rom bildete seit dem Ausgang des 16. Jh. Palestrinas kompositorischer Stil das Ideal einer musica sacra, das im Begriff des stile antico kompositionstheoretisch fixiert wurde und gerade in der Meßkomposition, für längere Zeit und weit über den Kirchenstaat hinaus, eine der gattungsgeschichtlich tragenden Säulen bildete. Doch implizierte der auf die römische Tradition zurückgehende stile antico nicht nur eine bewahrende Haltung, sondern ermöglichte zugleich vorwärtsweisende

Tendenzen. Dies zeigt sich bereits deutlich an den kompositorischen Intentionen der Schüler Palestrinas, die keine inhaltsleere Stilpflege anstrebten, sondern die künstlerische Auseinandersetzung suchten, erkennbar etwa an den frühen Palestrina-Bearbeitungen, wie den beiden Umgestaltungen der Missa Papae Marcelli durch Anerio und Soriano. Anerios Fassung, 1619 in Rom im Druck erschienen, nimmt Kürzungen vor, reduziert das sechsstimmige Werk auf vier Stimmen und verdichtet damit das polyphone Gewebe zu einer Struktur, die dem generalbaßgestützten Satzbild des neuen Jahrhunderts entspricht. Umgekehrt ging Soriano vor, der die Missa Papae Marcelli auf acht Stimmen zu zwei Chören erweiterte (im Druck bereits 1609 in Rom erschienen) und damit einer latenten Tendenz des Werks Rechnung trug. Denn hier, wie überhaupt in Palestrinas Kompositionen zu sechs Stimmen, drängt ein ständiger Klanggruppenwechsel aufgrund immer neuer Stimmenkombinationen zur modernen wechselchörigen Klanglichkeit. Einen noch stärkeren Ausdruck der kritischen, musikalisch weiterführenden Orientierung an Palestrinas Messenstil manifestierte sich jedoch schon Jahre früher in einer einzigartigen Gruppenkomposition. Vermutlich gegen Ende der 1580er Jahre entstand in Rom eine zwölfstimmige dreichörige Messe, die im Parodieverfahren über Palestrinas fünfstimmige Caecilienmotette »Cantantibus organis« geschrieben wurde und an deren Komposition – neben Palestrina selbst – Annibale Stabile, Giovanni Andrea Dragoni, Francesco Soriano, Ruggiero Giovannelli, Curzio Mancini und Prospero Santini beteiligt waren. Die Missa »Cantantibus organis« stellt jedoch keine bloße Widmungskomposition für einen angesehenen Komponistenkollegen dar, sondern ist ein Werk, in dem demonstriert wird, welches Spektrum kompositorischer Möglichkeiten den Verfahrensweisen Palestrinas unter zukunftsorientierten Perspektiven innewohnte. Parallel zu diesen rezeptionsgeschichtlichen Vorgängen fand in der päpstlichen Kapelle eine kontinuierlich stärker werdende Konzentration auf das Werk Palestrinas statt: Im Diarium der Cappella Sistina von 1616 werden 33 Messen bzw. Ordinariumsteile genannt, die an den hohen Festtagen dieses Jahres gesungen wurden. Davon entfielen allein 29 auf Palestrina, und genau dieses Repertoire, das zwischen etwa 1660 und 1740 nochmals durch Abschriften erneuert wurde, läßt sich bis ins 19. Jh. in der liturgischen Praxis der päpstlichen Kapelle nachweisen. Neben Palestrinas Werken konnten sich schließlich nur solche Messen im Repertoire halten, die, wie die Messen Gregorio Allegris, sich dem Stil Palestrinas in starkem Maße annäherten.

Für Ordinariumsvertonungen im stile antico war die Parodiemesse zu Beginn des 17. Jh. nach wie vor der beliebteste Gattungstypus. Mitunter datiert die Herkunft der Modelle zeitlich weit zurück: So benutzte z.B. Claudio Monteverdi in seiner Missa »In illo tempore« (Vdg. 1610) als Vorlage eine Motette von Gombert, und Steffano Bernardi schrieb eine Messe (Vdg. 1615) über Arcadelts berühmtes Madrigal »Il bianco e dolce cigno«. In der Hauptsache waren es aber Werke im reifen vokalpolyphonen Stil des späteren 16. Jh., an denen sich die Komponisten in ihren Parodiemessen orientierten. Bei römischen Komponisten wie Soriano, Giovannelli und Anerio wurden bevorzugt Werke Palestrinas als Parodievorlagen verwendet. In den beiden Messenbüchern (Atpn. 1621 und 1639) des Lissaboner Domkapellmeisters Duarte Lobo finden sich vorzugsweise Parodiemessen über Motetten von Francisco Guerrero sowie Palestrina. Vor allem dessen weitverbreitetes Madrigal »Vestiva i colli« wurde, eine bereits zu Lebzeiten seines Verfassers einsetzende Tradition fortführend, weit über die Jahrhundertgrenze hinaus als Parodiemodell herangezogen (Giovanni Maria Nanino, Ruggiero Giovannelli, Pietro Pontio, Ippolito Baccusi, Giulio Belli, Girolamo M. Bacchini, Giovanni Battista Biondi, Flaminio Tresti, Antonio Cifra, Baldassare Vialardi). Als einer der letzten griff Giacomo Carissimi (die Zuschreibung ist allerdings nicht völlig sicher) in einer Messe zu zwölf Stimmen auf die »L'homme armé«-Weise zurück. Schließlich finden sich Parodiemessen über berühmte Vorlagen des 16. Jh. noch in dem postum veröffentlichten 1. Messenbuch von Bonifazio Graziani (Rom 1671), in dem repräsentativen Chorbuch-Druck der Messen »estratte da esquisiti Mottetti del Palestrina« des päpstlichen Kapellsängers Domenico dal Pane (Rom 1687) und in den um dieselbe Zeit entstandenen Ordinariumsvertonungen Giuseppe Ottavio Pitonis. Auch außerhalb Italiens wurde im 17. Jh. die Parodiemesse noch weiter gepflegt, so z.B. bei dem Tiroler Komponisten Joh. Stadlmayr, dessen frühe mehrchörige Messen (Agb. 1610; Wien 1616) zumeist Parodiekompositionen über weltliche Vorlagen italienischer Komponisten des ausgehenden 16. Jh. sind, sowie bei seinem Landsmann Chr. Sätzl, der in den 1640er Jahren sechs Messen dieses Typus schrieb. Und schließlich blieb auch in der protestantischen Meßkomposition die Verbindung zur Parodie noch lange erhalten, wie etwa Messen von Chr. Peter (Guben 1669) verdeutlichen.

Eine weitere Traditionslinie, die gerade in der römischen Kirchenmusik den Übergang vom 16. zum 17. Jh. als Kontinuum und nicht als Bruch erscheinen läßt, bildet die mehrchörige Messe. Der polychorale Messenstil Animuccias und Palestrinas wurde insbesondere von den Kapellmeistern der drei großen römischen Basiliken weiterentwickelt und über Komponisten wie Vincenzo Ugolini, dann Orazio Benevoli und Antonio Maria Abbatini mit ihren großangelegten vielchörigen Messen bis hin zu G. O. Pitoni ins 18. Jh. tradiert. Weiterhin finden sich - wiederum vor allem im römischen Umkreis - im 17. Jh. überkommene Gattungsmerkmale wie die Anwendung diffiziler kanonischer Künste, speziell im Agnus Dei, bei Ugolini, Antonio Cifra oder Paolo Agostini, der außerdem, wie Soriano mit seiner Missa super voces musicales (Rom 1609), Hexachord-Messen schrieb. Dieser Typus, vorwiegend in den Techniken des stile antico gehalten, gilt noch bis ins frühe 18. Jh. als eine Spezialität italienischer Komponisten (Cifra, Lorenzo Ratti, Carissimi, Stefano Pasini, Giovanni Angelo Capponi, Tommaso Baj), war aber auch in Spanien und Portugal das ganze Jahrhundert über präsent (Juan Esquivel, Juan Battista Comes, Gonçalo Mendes Saldanha, Mateo Romero, Juan del Vado) und äußert sich in der Missa super scalam Aretinam von Francisco López Capillas, Kapellmeister an der Kathedrale von Mexico City von 1654 bis 1673.

Daneben entwickelten sich, auch innerhalb der die Kirchenmusik des 17. Jh. stark beeinflussenden römischen Tradition, moderne gattungsstilistische Strömungen. Francesco Foggia integriert in seinen spannungsvoll-dissonanzreichen Messensatz solistische Passagen und damit konzertante Stilprinzipien, und ebenso versucht Stefano Landi in seiner wahrscheinlich um die Mitte der 1620er Jahre entstandenen fünfstimmigen Messa concertata, in experimentierender Weise konzertierende Elemente in das grundsätzlich traditionell geprägte, polyphone kompositorische Konzept einzubinden. Dies bewirkte letztlich einen die Gattungsentwicklung lange Zeit begleitenden Dualismus zwischen einem stile antico (polyphon – und dennoch die Textdeklamation unterstützend; abgesehen von einem basso per organo frei von instrumentalen Zusätzen; im Ausdruck stark zurückgenommen) und einem stile moderno (konzertant-solistisch; mit Generalbaß und unter Umständen weiteren obligaten Instrumenten; mitunter stark affektbetont), ein Dualismus, der bisweilen zum konkurrierenden Nebeneinander auf engstem Raum führte, wie z.B. in den Messen »da cappella« und »da concerto« in Ignazio Donatis Messendruck Vdg. 1622. Während Messen im stile moderno grundsätzlich zur großbesetzten vokal-instrumentalen Concerto-Anlage tendieren, entstand parallel zu dieser zukunftsweisenden Form (wenn auch mit gattungsgeschichtlich geringerem Gewicht) der Typus der generalbaßgestützten solistischen Messe als entsprechend kleinbesetztes Gegenstück. Aus der Tradition der melodisch-modalen Linearität und den motettischen Strukturprinzipien des späten 16. Jh. entwickelte Ludovico Viadana seine Missa dominicalis (Concerti ecclesiastici, libro secondo, Vdg. 1607) als monodische Messe für eine Singstimme und Basso continuo, zugleich eine der Alternatimpraxis folgende Choralmesse. In Italien, aber gerade auch in Österreich und Deutschland, erlebte die monodische Praxis in der Ordinariumsvertonung im Laufe der ersten Hälfte des 17. Jh. eine gewisse Verbreitung, wobei der Einfluß Viadanas mitunter deutlich hervortritt und z.B. in Rudolph di Lassos Messen von 1612 (Mn.) durch die Bezeichnung »in Viadanae modo« sogar expressis verbis zum Ausdruck kommt.

Abseits des römischen Umkreises bildete Monteverdi mit seinen drei 1610, 1641 und 1650 in Venedig publizierten A-cappella-Messen den Ausgangspunkt für einen am stile antico orientierten Messenstil des 17. Jh., der dennoch moderne Elemente integrierte und damit eine kirchenmusikalische Haltung etablierte, die kompositorische Strenge intendierte, ohne Archaismen zu verfallen. In diesem Sinne verwendet seine 1610 veröffentlichte, auf den ersten Blick altertümlich anmutende Parodiemesse über Gomberts Motette »In illo tempore« Sequenzbildungen als modernes, der klassischen Vokalpolyphonie widerstrebendes Mittel; vor allem zielt Parodie hier nicht mehr auf die Verarbeitung eines geschlossenen Modells, sondern Monteverdi leitet aus der Vorlage zehn Baßthemen ab, die er als Material seinem Werk tabellarisch voranstellt, um sie dann in einen hochartifiziellen kontrapunktischen Prozeß einzubinden. Äußerste thematische Dichte und engste zyklische Verbindung der Sätze zeichnet die gut dreißig Jahre später erschienene Messe (in: *Selva morale e spirituale*, Vdg. 1641) aus. Mit diesem Werk fand zugleich, wenn auch von außen her, eine Öffnung zum konzertierenden Stil statt: Der Messe sind im selben Druck alternative Credoeinschübe beigegeben, unter anderem ein »Et iterum« für drei vokale und vier konzertierende Instrumentalstimmen.

Deutlich von Monteverdis Messenstil beeinflußt – und auf eine, der römischen parallele, venezianische Tradition verweisend – sind z.B. die 1639 (Vdg.) erschienene Messe Giovanni Rovettas und die *Messa concertata* Francesco Cavallis von 1656 (Vdg.). Und eine starke Ähnlichkeit mit Monteverdis Messe aus dem Jahr 1641 weist ebenso die in der Handschrift I-Rvat, Cappella Giulia IV-47, niedergeschriebene vierstimmige Messe Carissimis auf. Sind die insgesamt zwölf handschriftlich überlieferten (in ihrer Echtheit nicht restlos gesicherten) Messen Carissimis überwiegend dem älteren Messenstil verpflichtet, so ist dagegen das einzige in einem zeitgenössischen Druck (K. 1666) erhaltene Werk für drei Solostimmen, zwei obligate Violinen und Basso continuo, mit einem ad libitum verwendbaren vierstimmigen klangverstärkenden Supplementchor, im konzertierenden Stil geschrieben.

Marc-Antoine Charpentier, Schüler Carissimis, übernahm den konzertierenden italienischen Messenstil zusammen mit der polychoralen Praxis, setzte aber zugleich mit seiner *Messe pour plusieurs instruments* die Tradition der französischen Orgelmesse fort sowie die der Noëls mit seiner *Messe de minuit pour Noël* (um 1695). Dagegen vertraten andere französische Komponisten des 17. Jh. bevorzugt den Typus der A-cappella-Messe im stile antico, wie z.B. François Cosset, Pierre-Richard Menault oder, noch im späteren 18. Jh., H. Hardouin. Im übrigen war – in zunehmendem Maße seit der Übernahme der Regierung durch Ludwig XIV. (1661) und bis zur Zeit der Französischen Revolution andauernd – der Grand motet die Gattung, von der die französische Kirchenmusik geprägt wurde. Die erwähnte Orientierung am strengen Stil hatte in Frankreich nicht zuletzt kirchenpolitische Gründe. Durch die erst 1614 erfolgte Übernahme der Verordnungen des Tridentinums war eine gewisse konservative, vor allem in der Meßkomposition zum stile antico tendierende Haltung vorgegeben, die u. a. in entsprechenden Werken von Pierre Lauverjat, Henri Frémart sowie von Jean de Bournonville und Artus Aux-Cousteaux, die – ungeachtet der Konzilsbeschlüsse – noch Parodiemessen über Chansons schrieben, erkennbar ist. Eine gegenüber den kompositionsgeschichtlichen Entwicklungen weitgehend isolierte, dabei eine sehr ausdrucksstarke Musiksprache ausprägende Persönlichkeit der ersten Jahrhunderthälfte war der südfranzösische Komponist Guillaume Bouzignac, von dem mit hoher Wahrscheinlichkeit die Messen zu sieben, fünf und zwei Stimmen der Handschrift F-TOm, Ms. 168, stammen.

In der ersten Hälfte des 17. Jh. waren auch in Polen die Messenkomponisten noch stark dem imitatorisch-kontrapunktischen Stil verpflichtet. Dies gilt besonders für die Messen von M. Mielczewski, B. Pękiel, A. Władislaw Leszczyński und Jan Radomski, der, wie auch Mielczewski, Propriumsteile mitvertonte. (Die Plenarmesse, in Italien von A. Banchieri in seiner achtstimmigen Messa solenne 1599 nochmals aufgegriffen, trat im ausgehenden 16. Jh. als Gattungstypus ganz zurück.) Modernere venezianisch-polychorale Einflüsse zeichnen sich dagegen deutlich bei Franciszek Lilius ab.

Eine direkte Verbindung zur spätniederländischen Polyphonie zeigt sich in der Kirchenmusik des böhmischen Barons Christoph Harant z Polžic a Bezdružic, der bei Alexander Utendal, Gerard van Roo und Philippe de Monte studierte und 1602 eine fünfstimmige Parodiemesse über Marenzios Madrigal »Dolorosi martir« herausbrachte. Für den modernen konzertierenden Stil in der liturgischen Musik Böhmens um die Mitte des 17. Jh. steht vor allem Adam Michna, der zugleich volkstümliche tschechische Lieder verarbeitete und mit seiner dritten Messe aus den Sacra et litaniae (Prag 1654) ein über einem Ostinato-Baß in zwanzig Variationen angelegtes Werk schrieb.

In Spanien veröffentlichte Seb. de Vivanco einen Druck (Salamanca 1608) mit zehn Messen, deren auffallendes Merkmal die Dominanz von Kanon- und Cantusfirmus-Techniken gegenüber Parodieverfahren ist. Die Verbundenheit mit dem stile antico hat sich hier das ganze Jahrhundert hindurch erhalten und fand noch in den generalbaßlosen A-cappella-Messen des Missarum liber (Madrid 1703) von José de Torres y Martínez Bravo ihren Niederschlag. Juan Pablo Pujol und Seb. López de Velasco orientierten sich in ihren mehrchörigen Messen am Typus der römischen Polychorie.

Für die konzertierende Messe gingen die wesentlichen Impulse von Oberitalien aus. Bei dem Bologneser Komponisten Adriano Banchieri entwickeln sich die Messen von einem im Sinne des Tridentinums zurückhaltenden syllabisch-homorhythmischen Deklamationsstil hin zu einer Concertato-Technik, die sich bei Bewahrung kontrapunktischer Satzprinzipien um eine an der seconda prattica ausgerichtete textdarstellende, klanglich kontrastreiche Struktur bemüht, was in Bologna gleichzeitig in den vokal-instrumentalen Dialogen der Messen E. Portas und G. Giacobbis zu beobachten ist.

Wohl das früheste Beispiel einer konzertierenden Messe, die neben einem Vokalchor ein mehrstimmiges Imstrumentarium einbezieht, scheint eine Komposition Giovanni Capellos zu sein, die sich innerhalb seiner Motetti et dialoghi (Vdg. 1615) findet, erschienen am selben Ort und im selben Jahr der Publikation von Giovanni Gabrielis Symphoniae sacrae, wo in einer fünfstimmigen Kyrie-Vertonung die Oberstimme zunehmend solistisch konzertierend dem übrigen Satzverband gegenübertritt. Im Jahr darauf kam in Venedig Amadio Freddis Sammlung Messa, vespro et compieta a cinque voci col suo basso continuo aggiuntovi un violino, et corneto per le sinfonie, et per li ripieni heraus. Als spezifische Aufführungsform der Messen norditalienischer Komponisten erweist sich die alternative Besetzungsvariante im konzertierenden Stil, wie sie im Titel von Carlo Milanuzzis Messe a 3 concertate che si possono cantare a 7, & 11, aggiuntovi 4 v., e 4 stromenti à beneplacito (Vdg. 1629) zum Ausdruck kommt.

Eine progressive Weiterentwicklung des venezianischen konzertierenden Stils in der Nachfolge Croces, aber auch Monteverdis sowie der Bologneser Komponisten, verzeichnen die 1637 postum in Venedig erschienenen doppelchörigen Messe concertate Alessandro Grandis. Hier differenziert sich die konzertierende Struktur auf der Basis eines vielgliedrigen Formbaus und weist auf die Kantatenmesse des 18. Jh. voraus. Von Grandis Messen im stile concertato gingen starke Impulse auf die im übrigen deutlich von der römischen Tradition geprägte Gattungsentwicklung in Österreich und Süddeutschland aus.

Einflüsse beider Strömungen manifestieren sich zu Jahrhundertbeginn im Messenwerk des im Dienste der Fugger in Augsburg tätigen Organisten Gregor Aichinger, der in Venedig und Rom studierte. Der Innsbrucker Hofkapellmeister Joh. Stadlmayr, anfangs noch stark der römischen Palestrina-Nachfolge verpflichtet, wendete sich in seinen fünf doppelchörigen Messen von 1610 (Agb.), die bezeichnenderweise venezianische Vorlagen parodieren, einem wechselchörigen Concertato-Prinzip zu, das in der letzten der drei zwölfstimmigen Messen von 1616, aufgrund des Solo-Chor-Alternierens, den modernen konzertierenden Stil avisiert. Ab 1631 erhielten seine Messen im Titel grundsätzlich die Bezeichnung »concertata«, unabhängig davon, ob zu den Vokalchören (Soli und Ripieno) noch ein Instrumentalchor tritt. Ein anderes venezianisches Charakteristikum trifft man u. a. bei Christoph Sätzl und Ambrosius Reiner an, in deren Messen das Benedictus in der Regel nicht vertont wird. Dies erinnert, einer Äußerung I. Donatis zufolge (*Salmi boscarecci concertati*, Vdg. 1623, Vorrede), an eine venezianische Praxis der Zeit, Sanctus und Agnus Dei in verkürzter Form zu komponieren, um insbesondere instrumentaler Musik während der Eucharistiefeier Raum zu geben, eine Praxis, die auch an anderen Orten zur Anwendung kam, denn Bartolomeo Montalbano merkte zur Ausführung seiner 1629 in Palermo erschienenen Missa Qui est iste an, daß »*il Sanctus, et Agnus si sono fatti brevi per dar luoco à qualche Motetto ò Sinfonia*« (zit. nach G. Collisani 1988, S. 249).

Auch wenn der Dualismus zwischen stile antico und stile moderno in der österreichisch-süddeutschen Messenkomposition des 17. Jh. die Gattungsentwicklung mittrug, ist eine Dominanz der modernen konzertierenden Techniken letztlich unverkennbar. Dies gilt für Benedikt Lechler, der seit 1627 im Kloster Kremsmünster tätig war, wie für Chr. Strauß in Wien, für den in der polnischen Hofkapelle, dann in Graz und Wien wirkenden Venezianer Giovanni Valentini, dessen gesteigerter polychorischer Messenstil Techniken des geringstimmigen geistlichen Konzerts Viadanas kontrastierend integriert, und nicht zuletzt für die Wiener Hofkapellmeister der zweiten Jahrhunderthälfte, wie A. Bertali, G. F. Sances, Joh. H. Schmelzer und A. Draghi. Im fränkischen Raum vertrat insbesondere der Bamberger Hoforganist Georg Arnold mit seinen Messenpublikationen aus den Jahren 1656 (Innsbruck), 1665 und 1672 (jeweils Bamberg) den aktuellen Typus der messa concertata. Mehrere Strömungen der Zeit verkörperte in München Anton Holzner, von 1614 bis 1635 am dortigen Hof wirkend, dessen Messenwerk von der Lasso-Tradition, der römischen Palestrina-Nachfolge wie vom mehrchörig konzertierenden Stil geprägt ist. Und während zu Beginn des 17. Jh. in Salzburg St. Bernardi noch stark der römischen Messenpraxis verhaftet war, bemühte sich am Ende des Jahrhunderts Heinrich Ignaz Franz Biber um eine Verknüpfung polyphoner Strukturen mit konzertierenden Elementen und pflegte zugleich den repräsentativen mehrchörigen Stil, was sich in extremer Weise in der höchstwahrscheinlich von ihm verfaßten, lange Zeit Orazio Benevoli zugeschriebenen, 53stimmigen Missa Salisburgensis (1682?) widerspiegelt.

Sucht man nach gattungsbestimmenden Charakteristika der protestantischen Messe im 17. Jh., so wäre als äußeres Merkmal zunächst die Neigung zur einzig aus Kyrie und Gloria bestehenden Missa brevis zu nennen, die sich aufgrund der Trennung von Predigt- und Kommuniongottesdienst und des Ersatzes des Credo durch das Glaubenslied etablierte und im Verlauf des 17. und 18. Jh. vorherrschend wurde. Dadurch allein entstand jedoch durchaus noch kein spezifisch protestantischer Typus von Meßkomposition, da zu Beginn des 17. Jh. in protestantischen Repertoires nach wie vor Messen katholischer Komponisten Eingang fanden, entsprechend reduziert auf Kyrie und Gloria. Und die Verwendung katholischer Messen im protestantischen Gottesdienst, bisweilen aber auch ein interkonfessioneller Austausch - so übernahm z.B. die Wiener Hofkapelle Joh. Theiles Messen im stile antico in ihr Repertoire -, bleibt das ganze 17. Jh. über Praxis. Doch gibt es selbstverständlich darüber hinaus eigens für die protestantische Liturgie komponierte Kurzmessen: So sind beispielsweise acht der zehn Missae ad imitationem cantionum Orlandi et aliorum probatissimorum musicorum (Frankfurt a.d.O. 1611) von Bartholomäus Gesius Missae breves. Charakteristisch ist zugleich die stilistisch konservative Orientierung an älteren imitatorisch-polyphonen motettischen Techniken in diesen Messen. Dagegen findet man in Hieronymus Praetorius' Liber missarum (Hbg. 1616) vollständige Meßkompositionen mit betont intensivem zyklischen Zusammenschluß der Sätze, Meßzyklen, wie sie in Hamburg sowie im östlichen Teil Sachsens (Joh. Stolle, Jacob Schedlich, Christoph Demantius) zu dieser Zeit nach wie vor üblich waren. Eine andere lokale Eigenart bildete der aus Kyrie, Gloria und Sanctus bestehende dreiteilige Meßzyklus, den etwa die sächsischen Komponisten Stefan Otto, Andreas Hammerschmidt und Joh. G. Reuschel um die Jahrhundertmitte pflegten.

Früh schon begann, initiiert durch die beiden deutschen Messen in M. Praetorius' Polyhymnia caduceatrix (Wfbl. 1619), eine eigenständige Entwicklung der protestantischen Messe im Bereich des mehrchörig-konzertierenden Gattungstypus mit selbständigem Instrumentalpart. S. Scheidt und Th. Selle unternahmen eine Fortführung dieses Ansatzes, der schließlich in den unter dem Einfluß der italienischen Kirchenmusik der zweiten Jahrhunderthälfte entstandenen, alle musikalischen Mittel der Zeit zur großen Form vereinigenden Messen Joh. Rosenmüllers kulminierte. Bei Th. Selle findet man zugleich Ansätze zu einer monodischen Gestaltung des Ordinariums, entscheidende Impulse zur Ausbildung eines geringstimmig-konzertierenden Meßtypus in der protestantischen Kirchenmusik kamen aber aus dem österreichisch-süddeutschen Raum. Insbesondere entwickelte Andreas Rauch, Organist der drei evangelischen Landstände des Erzherzogtums Österreich, in seinen konzertanten Solomessen (Nbg. 1641 und in Newes Thymiaterium, Wien/Luzern 1651) einen ausdrucksstarken monodischen Stil. Als spezifisch protestantisch läßt sich die Form der Liedmesse bezeichnen, wobei es sich im engeren Sinne um die Verarbeitung deutscher Kyrie- und Glorialieder mit ihren Texten handelt, wie in H.

Schütz' Liedmesse aus den *Zwölf geistlichen Gesängen* (Dresden 1657) oder in Crato Bütners *Missa Germanica* (Erfurt 1677).

Nachdem seit den 1630er Jahren lateinische polyphone Messen in der lutherischen Tradition einen deutlichen Rückgang erlebten, entstand drei Jahrzehnte später ein erneuter, wenn auch nicht sehr lange währender, Aufschwung in der Komposition solcher Werke. Hammerschmidts große späte Messensammlung (Dresden 1663) enthält 16 lateinische Messen, die zum Teil in einem auffallend zurückgenommenen, Instrumente nur ad libitum einsetzenden, motettischen Stil geschrieben sind, mit behutsamem Dissonanzgebrauch, ohne jedoch auf musikalisch-rhetorische Mittel ganz zu verzichten, Mittel, die dagegen in den zahlenmäßig vorherrschenden, ein bisweilen sehr reichhaltiges Instrumentarium einbeziehenden, konzertierenden Messen des Drucks besonders ausdrucksstark eingesetzt sind. Zehn Jahre später (Ffm./Lpz. 1673) veröffentlichte Joh. Theile, der wohl gewichtigste protestantische Vermittler des Palestrinaschen Kontrapunkts nach Chr. Bernhard, seine *Pars prima missarum ... juxta veterum contrapuncti stylum.* Die neue Orientierung an der klassischen Vokalpolyphonie im späteren 17. Jh. hinterließ schließlich innerhalb der evangelischen Liedmesse deutliche Spuren. Rund 25 Messen, Choralmessen im strengen Stil (davon etwa die Hälfte heute verschollen), sind nachweisbar (Fr. Krummacher 1978, S. 328). Die meisten sind protestantische Kurzmessen, darunter Werke von Seb. Knüpfer, Chr. Bernhard, Joh. Theile, Fr. Wilh. Zachow und Joh. Ph. Krieger. Die überwiegend vier- bis fünfstimmigen A-cappella-Messen mit lateinischem Ordinariumstext im stile antico verarbeiten protestantische Choräle, nur die drei Choralmessen von Knüpfer binden konzertante Stilelemente und Instrumentalstimmen in den strengen Satz mit ein. Doch blieb dieser Typus, ungeachtet des hohen qualitativen Rangs gerade der Messen Knüpfers, eher eine periphere Gattungslinie innerhalb der protestantischen Messe des späteren 17. Jh.; von wenigen Ausnahmen – etwa bei G. Ph. Telemann – abgesehen, verlor er im 18. Jh. seine Bedeutung ganz.

PETER ACKERMANN

Exkurs: Orgelmesse
1. Begriff

Mit dem Begriff Orgelmesse im weiteren Sinne bezeichnet man verschiedene Arten von liturgischer Musik, die für den Meßgottesdienst bestimmt ist und von der Orgel bzw. mit Beteiligung der Orgel ausgeführt wird. Im engeren Sinne meint der Begriff die musikgeschichtlich bedeutendste dieser Arten von Orgelmessen, die sog. Alternatim-Orgelmesse.

2. Die Alternatim-Orgelmesse

2.1 Die Orgel in der Alternatim-Praxis

Die elementare Musizierform des Abwechselns zweier (oder mehrerer) gleichartig (oder verschiedenartig) besetzter Klanggruppen hat auch die Kirchenmusik von Anfang an ganz wesentlich geprägt (antiphonale, responsoriale Psalmodie). Besondere Verbreitung fand das abschnittsweise Wechseln von einstimmigem gregorianischen Choralgesang und mehrstimmiger (Vokal- oder Instrumental-) Musik; hauptsächlich hierfür hat sich der Begriff Alternatim-Praxis (lat. alternatim, wechselweise) eingebürgert. Kennzeichnend für Alternatim-Kompositionen ist, daß sie nur die mehrstimmig vorzutragenden Abschnitte enthalten.

Die etwa im 9. Jh. in die Kirche des Westens eingeführte Orgel wird bereits seit dem 11. Jh. in literarischen Zeugnissen in Verbindung mit wechselchörig angelegten Gesängen (Sequenz u.a.) erwähnt und hat, wie die musikalischen Quellen belegen, seit der Wende vom 14. zum 15. Jh. ihren festen Platz in der Alternatim-Praxis – im Meß- wie im Stundengottesdienst (Ordinarium und Proprium missae; Hymnen, Magnificat, Te Deum u.a.). (Gelegentlich ist auch das Alternieren von Orgelmusik und Vokalpolyphonie zu beobachten.) Das jahrhundertelang verbindliche Liturgiebuch Caeremoniale episcoporum (Rom 1600) von Clemens VIII. (1592-1605) spricht erstmals eine grundsätzliche Billigung des Alternatim-Orgelspiels aus, macht aber u.a. die (in der Praxis wohl wenig befolgte) Auflage, den Text der von der Orgel übernommenen und deshalb nicht gesungenen Abschnitte wenigstens sprechen zu lassen; außerdem sollte das Credo, einer der zentralen Texte der Kirche, der Alternatim-Praxis ganz entzogen und stets vollständig gesungen werden. Seit dem Ende des 19. Jh. ging die Praxis des Abwechselns von Orgelspiel und Gesang erheblich zurück und ist heute, abgesehen von vereinzelten Resten in den romanischen Ländern, verschwunden.

2.2 Die musikalischen Quellen der Alternatim-Orgelmesse

Die Überlieferung der Alternatim-Orgelmesse umfaßt zeitlich das 15. bis 19. Jh., räumlich die romanischen Länder, die Niederlande, Deutschland, Polen und England. Einige Meßsätze sind in italienischen und deutschen Handschriften des 15. Jh. erhalten, u.a. im Codex Faenza (I-FZc, 117, um 1400), der frühesten Quelle, und im Buxheimer Orgelbuch (D-Mbs, Mus.Ms.3752, ca. 1460/70). Im 16. Jh. über-

wiegen die Quellen aus Deutschland und Polen, darunter große handschriftliche
Sammlungen von Orgelmusik wie Hans Buchners Fundamentum organisandi (ca.
1520) und drei polnische Tabulaturen (Lublin-Tabulatur, Krakauer Tabulatur,
Tabulatur der Warschauer Musikgesellschaft); in den romanischen Ländern
erscheinen zu dieser Zeit die ersten gedruckten Orgelmessen (Tabulature pour le jeu
dorgues [sic], [P. 1531], ersch. bei Pierre Attaingnant; Girolamo Cavazzoni, Intabulatura d'organo, Vdg. zwischen 1543 und 1549; Claudio Merulo, Messe d'intavolatura d'organo, ebd. 1568, Andrea Gabrieli, Messe tre tabulate p[er] sonar d'organo, ebd. [1563])
bzw. Kyrie-Sätze (Antonio de Cabezón, Obras de musica para tecla, arpa y vihuela,
Madrid 1578). Der quantitative und zugleich qualitative Höhepunkt der Orgelmeßliteratur liegt im 17. Jh.: Neben vereinzelten Quellen im nicht-romanischen Bereich
gibt es eine große Anzahl von italienischen, französischen, spanischen und portugiesischen Handschriften sowie im Italien der ersten und im Frankreich der zweiten
Jahrhunderthälfte eine dichte Folge von Drucken (B. Bottazzi, Choro et organo, Vdg.
1614; G. Salvatore, Ricercari [...] et versi per rispondere nelle messe con l'organo al choro,
Neapel 1641; G. B. Fasolo, Annuale, Vdg. 1645 u.a.; G.-G. Nivers, 2. Livre d'orgue, P. 1667;
A. Raison, Livre d'orgue contenant cinq messes, P. [1688]; N. de Grigny, Premier Livre d'orgue, P. 1699 u.a.). Von überragender künstlerischer Bedeutung sind die drei Messen
in den Fiori musicali (Vdg. 1635) von Girolamo Frescobaldi und die Pièces d'orgue consistantes en deux messes (P. 1690) von François Couperin. Vom 18. Jh. an sind Orgelmeßkompositionen nur noch im romanischen Raum zu finden, vor allem in italienischen und spanischen Handschriften (Fr. Feroci, J. Elías u.a.; s. A. Mielke 1996) sowie
in französischen Drucken (G. Corrette, Messe du 8.e ton pour l'orgue, P. [1703]; G. Lasceux, Journal de pièces d'orgues, P. 1771, Nouvelle Suite de pièces d'orgue, P. [1783], Messes
des grands solennels, P. 1783, Nouvelle Suite de pièces d'orgue, P. um 1810, Messe, en si
mineur, P. o.J.; Benaut, Pièces d'orgue, P. ca. 1774-1776, u.a.); im 19.Jh. geht die Reihe
der überlieferten Quellen mit überwiegend französischen Handschriften und Drukken zu Ende (Jacques-Claude-Adolphe Miné, Livre d'orgue op. 26, P. nach 1822, vor
1854; A. P. Fr. Boëly, Messe du jour de noël, P. [1842]; Justin, L'Organiste à la messe, P.
[1870], u.a.).

2.3 Die Gestaltung der Alternatim-Orgelmesse

Die Orgelmesse ist wie die Vokalmesse entsprechend den fünf Teilen des
Ordinarium missae gegliedert: Die Ordinariumssätze erscheinen in den Quellen zu
vollständigen Messen angeordnet, als Satzpaare (Kyrie/Gloria, Sanctus/Agnus Dei)
oder als Einzelsätze. In den Messen können die Sätze für das Gloria und Credo feh-

len, da diese beiden Ordinariumsteile bei bestimmten liturgischen Gelegenheiten entfallen; seit dem 17. Jh. fehlt das Credo aufgrund des im *Caeremoniale episcoporum* ausgesprochenen Verbots einer Alternatim-Ausführung mit Orgel. Sehr viel häufiger als in der Vokalmesse treten in der Orgelmesse zu den Sätzen für das Ordinarium Sätze für das Proprium missae hinzu (Introitus, Zwischengesänge, Offertorium, Communio), Sätze für weitere Stellen der Meßliturgie (Elevation, Deo gratias u. a.) und Sätze ohne liturgische Funktion (Vorspiel, Nachspiel). In den romanischen Ländern gibt es seit dem 17. Jh. kaum eine Orgelmesse ohne zumindest eines dieser zusätzlichen Stücke, in Italien und Frankreich bevorzugt man Offertorium und Elevation. (In viel größerem Umfang sind die über das Ordinarium missae hinausgehenden Sätze – insbesondere die Propriumssätze – außerhalb von Orgelmessen überliefert, als Folgen mehrerer Introitus, Offertorien, Elevationen usw. oder als Einzelsätze.)

Die Ordinariumssätze der Alternatim-Orgelmesse (dasselbe gilt für Alternatim-Orgelsätze jeder Art) stellen Folgen zumeist kürzerer choralgebundener oder - freier Orgelstücke dar; diese Orgelstücke vertreten jeweils einen liturgischen Vers und werden daher als *Versett* bezeichnet (lat. *versus*; ital. *versetto*, auch *verso*; span./ portug. *verso*; frz. *verset*, auch *couplet*).

Die Verteilung der liturgischen Verse auf Orgel und Chor (*Alternatim-Disposition*) wird so geregelt, daß stets die Orgel beginnt; auf diese Weise wird dem Chor nach dem ersten Orgelversett der Einsatzton des ersten zu singenden Verses vorgegeben. Bei regelmäßiger Alternierung fallen der Orgel vom Ordinarium missae – legt man eine Einteilung in Verse zugrunde, wie sie die Editio Vaticana zeigt – Vers 1, 3, 5, 7 und 9 der neun Kyrie-Verse zu (Orgelverse kursiv: 1. »*Kyrie eleison*«, 2. »Kyrie eleison«, 3. »*Kyrie eleison*«, 4. »Christe eleison«, 5. »*Christe eleison*«, 6. »Christe eleison«, 7. »*Kyrie eleison*«, 8. »Kyrie eleison«, 9. »*Kyrie eleison*«), entsprechend Vers 1 und 3 der drei Agnus-Dei-Verse; da der erste Vers des Gloria und Credo nach alter liturgischer Vorschrift vom Zelebranten zu singen ist, fängt die Orgel hier erst mit Vers 2 an und erhält so alle geradzahligen der 18 Gloria- und 19 Credo-Verse; die drei Sanctus-Anrufungen in Vers 1 des Sanctus werden stets als selbständige Verse behandelt, so daß der Orgel Vers 1a (»*Sanctus*«), 1c (»*Sanctus Dominus Deus Sabaoth*«), 3 und 5 der fünf Sanctus-Verse zugeteilt werden.

Die zahllosen Abweichungen von diesem Grundtypus der Alternatim-Disposition erklären sich zumeist mit einer andersartigen Verseinteilung (Aufspaltung eines Verses in mehrere, Zusammenfassung mehrerer Verse zu einem). Die Abweichungen sind teilweise spezifisch für bestimmte Regionen: Viele der deutschen und polnischen Gloria-Sätze etwa zeigen eine Zusammenfassung der überwiegend sehr kurzen Verse 2-6 zu einem längeren (der Orgel zugeteilten) Vers. In Orgelmessen des 16. Jh., die über die Choralmesse IX (»Cum jubilo«) gearbeitet sind (Cavazzoni, Merulo u.a.), führt im Gloria der zu dieser Zeit noch gebräuchliche Marien-Tropus »Spiritus et alme« (Einschübe zwischen Vers 9/10, 10/11, 12/13, 14/15, 15/16 und in Vers 16) zu einer besonderen Disposition (ähnlich bereits im Buxheimer Orgelbuch, Gloria de Sancta Maria).

In der Alternatim-Orgelmusik hat – wie in der gesamten Orgelmusik – die Improvisation eine herausragende Bedeutung; quellenmäßig gut zu belegen ist sie vor allem für den Bereich der choralgebundenen Versetten, und zwar an Hand von Zeugnissen zum Orgelunterricht (Unterrichtsverträge, Fundamenta, Lehrbücher u.a.) sowie von handschriftlichen und gedruckten Choral-Sammlungen, die beim Stegreifspiel als Melodievorlage dienten. Die vom Organisten zu spielenden Verse sind in diesen Choralbüchern besonders gekennzeichnet, oder sie sind darin ausschließlich enthalten, wie in der seit Ende des 16. Jh. in zahlreichen Auflagen erschienenen Sammlung Canto fermo sopra messe, hinni et altre cose ecclesiastiche (hrsg. von G. Asola, Vdg. 1592); in manchen Spielvorlagen des 17. und 18. Jh. sind die Choralmelodien generalbaß- oder partimentoartig aufbereitet (rhythmisiert, beziffert), so in dem ebenfalls mehrfach aufgelegten L'organo suonarino von A. Banchieri (ebd. 1605).

Die auskomponierten und – häufig als Improvisationsmuster – aufgezeichneten choralgebundenen Versetten gehören dem Gesamtbereich der Choralbearbeitung an; sie zeigen hinsichtlich ihrer Satztechniken und Formen eine große Vielfalt, die von der einfachen Choralharmonisierung bis zur ausgedehnten Choralfantasie reicht. Gleiche Vielfalt prägt die um den Anfang des 17. Jh. auftretenden, fast ganz auf die romanischen Quellen beschränkten choralfreien Versetten. Ihre Grundtypen in den italienischen und iberischen Quellen sind zunächst die Fughetta und – in geringerem Ausmaß – die Toccata; im 18. und 19. Jh. kommen Versetten dazu, die als Präludium bzw. als Charakterstück einzuordnen sind. In der französischen (Alternatim-)Orgelmusik hat sich etwa von der Mitte des 17. Jh. an, in engstem Zusammenhang mit der spezifischen Disposition der französischen Orgel und ihren Möglichkeiten der Registrierung, ein Kanon von fest umrissenen Satz- bzw. Registrierungstypen herausgebildet (fond d'orgue, plein jeu, récit, dialogue u.a.), an dem noch die Komponisten des 19. Jh. festhalten.

Eine nicht unbedeutende Sonderform sind die Noël-Messen des 18. Jh. (frz. noël, Weihnachtslied); jedes Verset dieser Messen ist als Variationsfolge über die Melodie eines französischen (in Messen von Benaut auch englischen, deutschen, italienischen u.a.) Weihnachtsliedes gestaltet.

Die Verwendung von choralfreien Versetten ist grundsätzlich nicht an bestimmte liturgische Gelegenheiten gebunden; so lassen sich, wie Raison in seinem Livre d'orgue (1688) vorrechnet, aus jeder seiner fünf Messen (je 5 Kyrie-, 9 Gloria-, 3 Sanctus-, 1 Elevations-, 2 Agnus Dei-Versetten, 1 Deo gratias-Versett = 21) drei Magnificat-Sätze (je 7 Versetten) gewinnen. Seit dem späten 16. Jh. werden nach Tonarten geordnete Sammlungen choralfreier Versetten zusammengestellt, derer sich die Organisten für das Alternieren mit allen möglichen liturgischen Gesängen bedienen konnten; A. Valentes Versi spirituali (Neapel 1580) eignen sich laut Untertitel für »messe, vespere, et altri officii divini«.

Die in den choralgebundenen Orgelmessen und -meßsätzen bearbeiteten Melodien gehören in der Regel zum Repertoire des althergebrachten Gregorianischen Chorals. Die regional und zeitlich differierende Gruppierung der choralen Kyrie-, Gloria-, Sanctus- und Agnus-Dei-Gesänge zu vollständigen Ordinariumszyklen (das Credo hatte von jeher eine Sonderstellung) und die Zuordnung dieser Zyklen zu bestimmten Tagen des Kirchenjahres (Rubriken) spiegeln sich in den Orgelmeßkompositionen wider. Größere Beständigkeit und Verbreitung zeichnen vor allem die in der Editio Vaticana unter den Nummern IV »Cunctipotens genitor« (In festis duplicibus), IX »Cum jubilo« (In festis beatae Mariae virginis) und XI »Orbis factor« (In dominicis infra annum) zusammengestellten Zyklen aus. In Italien bilden sie den Kernbestand der für alternierende Orgel bearbeiteten Choralmessen (Rubriken: Degl'apostoli, Della Madonna, Della dominica o.ä.); in den italienischen Drucken von Cavazzoni (1543/49) bis Fasolo (1645) sind sie fast ausnahmslos zu finden. Bearbeitungen von Melodien der Messe IV kommen im Orgelmeßrepertoire aller Epochen und Regionen vor (mit Ausnahme von England); so fehlen sie in keiner einzigen der französischen Quellen (Rubrik: Double, Solennel, Annuel u.a.). Viele der Ordinariumsmelodien, die den Orgelmessen und -meßsätzen der deutschen und polnischen Tabulaturen zugrundeliegen, sind Teil eines auf den deutschen und osteuropäischen Raum begrenzten Choralbestandes; der Cantus firmus des Angelicum Sanctus im Buxheimer Orgelbuch etwa taucht sonst nur noch in Sanctus-Sätzen zweier polnischer Quellen auf (Lublin-Tabulatur, Krakauer Tabulatur). Einige französische Orgelmessen beziehen sich auf sog. messes musicales; die am häufigsten bearbeitete dieser im plain-chant musical (neukomponierter, chorallänlicher Gesang im Frankreich des 17. und 18. Jh.) geschriebenen Messen ist die sog. Messe royale aus Henri Du Monts Cinq Messes en plainchant (P. 1669). Für gänzlich choralfreie Orgelmessen ist der alternierende Choral aus der Abfolge der Tonarten der Sätze in Verbindung mit einer eventuell vorhandenen Rubrik weitgehend sicher zu erschließen: Wenn z.B. das Kyrie, Gloria, Sanctus und Agnus Dei einer anonymen Messa del doppio (I-PS,

B.226,8, S. 59, um 1750) im 1., 4., 8. und 6. Kirchenton stehen – bzw. in daraus abgeleiteten (und eventuell transponierten) Dur- und Molltonarten –, so ist die wechselweise zu singende Choralmesse höchstwahrscheinlich die Messe IV, die eine analoge Tonartenfolge und Rubrik aufweist; eine Orgelmesse, deren Sätze alle in derselben Tonart stehen – wie Couperins Messe »pour les convents« in G-Dur (Pièces d'orgues, P. 1690) –, soll sehr wahrscheinlich nicht mit einer der gregorianischen Messen alternieren, für die wechselnde Tonarten charakteristisch sind, sondern mit einer tonartlich einheitlichen Messe im plain-chant musical, etwa Du Monts Messe musicale du VIe ton.

Die Alternatim-Meßsätze sind Reihungen entweder ausschließlich choralgebundener Versetten (bis 1700) oder ausschließlich choralfreier (in Italien, Spanien und Portugal ab 1650, in Frankreich – seltener – ab 1700), oder es werden gebundene und freie Versetten gemischt. Ein allgemeines Gestaltungsprinzip ist die Hervorhebung des jeweils ersten und letzten Versetts eines Satzes gegenüber den inneren Versetten durch eine klangvollere, dichtere oder virtuosere Schreibweise (z.B. Orgelchoral – mit einmaliger und vollständiger Durchführung der Versmelodie – gegenüber Choralfughetten; Toccata gegenüber freien Fughetten), durch eine stärkere Registrierung usw. Bei einer Mischung choralgebundener und -freier Versetten ist das Anfangs- und Schlußversett (oder nur das Anfangsversett) gebunden, gelegentlich auch noch ein weiteres Versett (in französischen Messen der Gloria-Vers 12: »Qui tollis peccata mundi, suscipe deprecationem nostram«). In französischen Kyrie-Sätzen ist das zweite Versett (Vers 3) traditionell eine choralgebundene (seltener eine freie) Fughette, das dritte (Vers 5: »Christe eleison«) ein Récit.

Von den Sätzen für das Proprium missae ist hauptsächlich der in deutschen und polnischen Orgelmessen vorkommende Introitus für den Alternatim-Vortrag angelegt (choralgebundene Versetten), ebenso die Sequenz Dies irae in italienischen Requiem-Messen (choralfreie Versetten). Die in der Mehrzahl nicht in Versetten gegliederten, sondern durchkomponierten, choralfreien Sätze für die anderen Zwischengesänge (Graduale, Alleluia), das Offertorium und die Communio dienen gewöhnlich als Vor- oder Nachspiel bzw. als vollständiger Ersatz für den vokalen Vortrag; Offertorium- und Communio-Sätze haben außerdem die Funktion einer Begleitmusik zu längeren liturgischen Handlungen (Handwaschung, Inzens, Austeilung der Kommunion u.a.). In Italien und Frankreich sind die umfangreichen Sätze zum Offertorium (offertorio, offertoire) der musikalische Schwerpunkt vieler Orgelmessen: Die Sonata in den beiden Messen (um 1850) von Vincenzo Antonio Petrali (1832-1889) erreicht jeweils über 200 Takte; bei Lasceux, Benaut und anderen französischen Organisten des 18. Jh. sind Nachbildungen von Gattungen der

Orchestermusik beliebt (Sinfonien – z.T. mit programmatischen Zügen –, konzertante Sinfonien, Konzerte). Von den weder zum Ordinarium noch zum Proprium zählenden Sätzen der Orgelmesse sind das Vor- und Nachspiel zum Meßgottesdienst und die Elevation nicht unmittelbar auf gesungene bzw. gesprochene Teile der Meßliturgie bezogen und deshalb stets choralfrei; choralgebunden kann das »Domine salvum« sein, die Fürbitte für den König in der französischen Meßliturgie sowie das »Deo gratias« und das Amen, die Antwort auf den Entlassungsruf bzw. auf den Segen des Zelebranten.

3. Weitere Arten von Orgelmusik für den Meßgottesdienst

Neben der Alternatim-Orgelmesse sind viele weitere Arten von Orgelmusik für den Meßgottesdienst als Orgelmesse bezeichnet worden – entweder von den Komponisten selbst oder im Musikschrifttum und Musikleben; in Besetzung, Aufbau und Bezug auf die Liturgie des Meßgottesdienstes unterscheiden sich diese Orgelmessen beträchtlich voneinander. So umfaßt ein Zyklus von Alternatim-Orgelsätzen aus der ersten Hälfte des 16. Jh. (Th. Preston, *Easter day ad officio*) allein Propriumssätze. Andere Zyklen bestehen zwar auch oder ausschließlich aus Ordinariumssätzen, aber keinen alternierenden, sondern zusammenhängend komponierten Sätzen, die entweder als Vorspiel zu mehrstimmigen vokal-instrumentalen Sätzen dienen oder als Musik für die sog. *Stille Messe*, bei der Orgelspiel die gesungene Ausführung einiger oder aller Teile des Ordinarium und Proprium missae ganz ersetzt (z.B. Liszt, *Missa pro organo*, 1879, und *Requiem für die Orgel*, 1883; Z. Kodály, *Organoedia ad missam lectam*, 1966). Für Regers *Kyrie eleison, Gloria in excelsis* und *Benedictus* aus seinen *Zwölf Stücken für die Orgel* op. 59 (1901) ist eine liturgische Bestimmung zweifelhaft. Zum Bereich der Orgelmesse werden auch Choralvorspiele über protestantische Ordinariumslieder gerechnet. Die Bearbeitungen des Kyrie- und Gloria-Liedes »Kyrie, Gott Vater in Ewigkeit« (BWV 669-671, 672-674) und »Allein Gott in der Höh sei Ehr« (BWV 675, 676, 677) und weiterer Lieder im *Dritten Theil der Clavier Übung* (Lpz. 1739) gelten weithin als J. S. Bachs Orgelmesse. Derartige Messen, mit vollständigem Ordinarium, wurden auch im 20. Jh. geschrieben (z.B. Jan Bender, *Missa pro organo*, 1971; Hans Joachim Barth, *Orgelmesse*, 1972).

Der bedeutendste Zweig der nicht alternierenden Messe für Orgel ist die französische Meßsuite des späten 19. und 20. Jh. (Louis Vierne, Charles Tournemire, Jean Langlais, Olivier Messiaen, Gaston Litaize u.a.; s. R. A. Kotek 1974); sie setzt sich üblicherweise aus fünf Stücken zusammen, die schon seit dem 17. Jh. in die französische Alternatim-Orgelmesse eingereiht worden sind: *entrée* (Vorspiel), *offertoire*, élévation, communion, sortie (Nachspiel, auch postlude oder finale). 68 Suiten ähnlicher Art (ohne Elevation) enthält die von Erhard Quack und Rudolf Walter herausgegebene Sammlung Organum in missa cantata: Orgelstücke zum Hochamt für Sonn- und Festtage von zeitgenössischen Komponisten (3 Bde., Fr.i.Br. 1959-1964) mit Beiträgen von Langlais, Flor Peeters u.a.

Von Orgelmessen spricht man auch im Zusammenhang mit Musik, die gar keine (solistische) Orgelmusik ist: In diesen Messen begleitet die Orgel ein- oder mehrstimmigen Gesang (Choralbegleitung, Intavolierung von Messen, Orgelmesse des Caecilianismus u.a.), oder sie wird im Orchester als Generalbaßinstrument eingesetzt und tritt an bestimmten Stellen solistisch hervor (z.B. Haydn, Große und Kleine Orgelmesse, Hob. XXII:4, ca. 1768/69 und XX:7, ca. 1775; Mozart, Orgelsolo-Messe, KV 259, 1776). Saties Messe des pauvres (ca. 1893-1895) für zwei Orgeln (grand orgue, orgue du chœur) und einstimmigen Chor fehlt fast jeder Bezug zur Meßliturgie; da sie zudem einen stark parodistischen Einschlag hat, kann Satie kaum an ihre praktische liturgische Verwendung gedacht haben.

Schließlich bleibt noch Die niederländische Orgelmesse im Zeitalter des Josquin zu erwähnen, eine Studie von Arnold Schering (Lpz. 1912, Repr. 1971). Nach Scherings Ansicht wurde in der vokalpolyphonen Cantus-firmus-Messe bis etwa zur Mitte des 16. Jh. im wesentlichen nur der Tenor gesungen, alle übrigen Stimmen hingegen auf der Orgel gespielt – eine seinerzeit vieldiskutierte, inzwischen als widerlegt geltende These.

ANDREAS MIELKE

2. 18. Jahrhundert

Die Rückwendung zum alten Stil in der evangelischen Meßkomposition des ausgehenden 17. Jh. ist um 1700 als verstärkte Tendenz gleichfalls in der italienischen, zumal der aktuellen neapolitanischen Messe evident. Jedoch wird nun im 18. Jh. die Problematik der Messen »alla Palestrina« deutlich. Sie ist greifbar z.B. in den Werken Francesco Durantes, insofern als hier die kompositorischen Prinzipien der eigenen Zeit verdeckt werden, latent aber ihren Einfluß ausüben. Insbesondere widerstrebt die von der Baßprogression gesteuerte dur-moll-harmonische Tonalität der linearen, stimmenbezogenen Modalität der klassischen Vokalpolyphonie, so daß »alla Palestrina« komponierte Messen letztlich meist eine Koppelung von modernem, bisweilen dem Opernidiom nahestehendem Stil mit archaisierender Gelehrsamkeit verkörpern. Dies gilt genauso für den außeritalienischen Wirkungsbereich der neapolitanischen Messe. So wird beispielweise in den Missae in contrapuncto des Salzburger Kapellmeisters Joh. Ernst Eberlin, der hauptsächlich den konzertierenden Messenstil vertrat, der stile antico ebenfalls mehr im äußeren Satzbild manifest, als in der inneren Substanz der Werke. Und auch bei Antonio Caldara (seit 1716 in Wien), der in einigen seiner zahlreichen Messen antikisierende Praenestinismen verwendete, ist der stile antico mehr Kolorit als kirchenmusikalisches Ideal. Bei A. Scarlatti allerdings, von dessen 16 bekannten Messen nur fünf im modernen Stil komponiert sind, bestand zweifellos noch eine substantiellere Verbindung mit der altklassischen Polyphonie, was an seinen Messen ersichtlich wird, die, wie vor allem die beiden für die Cappella Sistina geschriebenen und Papst Clemens XI. gewidmeten Missa Clementina I/II (1705, 1716; Mss. in I-Rvat, Cappella Sistina) oder die Messa tutta in canone di diverse specie, auf intrikate Kanontechniken zurückgreifen.

Was den gattungsgeschichtlich von Italien beeinflußten österreichisch-süddeutschen Raum angeht, so begann mit Joh. K. Kerll im letzten Drittel des 17. Jh. eine bewußte Palestrina-Rezeption, die in der Messe ebenfalls zur Aufnahme von Kanontechniken und zyklischen Konstruktionen im Sinne der Messe des 16. Jh. führte. Am Münchener Hof kam außerdem der römische mehrchörige Stil zur Geltung, initiiert von dem in der Benevoli-Nachfolge stehenden Hofkapellmeister Ercole Bernabei (seit 1674), dessen Sohn Giuseppe Antonio das Amt nach dem Tod des Vaters von 1687 bis 1732 weiterführte, bei dem jedoch eine deutliche Reduktion der musikalischen Mittel in der Meßkomposition festzustellen ist. In Rom selbst bemühte sich um diese Zeit Girolamo Chiti um eine Abkehr vom reinen stile antico in der Messe, indem er die Verbindung durchimitierender mit akkordisch-deklamierenden Partien und mitunter virtuos geführten konzertierenden Abschnitten, teils instrumental unterstützt, anstrebte.

Den Angelpunkt in der kompositionsgeschichtlichen Auseinandersetzung mit den Idealen der klassischen Vokalpolyphonie bildete Joh. Jos. Fux, seit 1696 in Wien tätig (1715 Hofkapellmeister). Diese Auseinandersetzung, die die zeitgenössische Kompositionspraxis keineswegs ignorierte, kulminierte bei Fux in einem spezifisch sakralen *stylus mixtus*. Für die Messe bedeutet der stile misto eine Koppelung der drei Strukturprinzipien der Kirchenmusik des 17. Jh.: der vom stile antico getragenen A-cappella-Polyphonie, der klanglich differenzierten vokal-instrumentalen Concerto-Praxis und des monodischen, geringstimmig konzertierenden Satzes. Die Kombination der Stilkomponenten im Sinne des stile misto führte zur Ausbildung separater Sektionen in den Messesätzen, so daß polyphone Chorsätze (oft mit colla parte geführten Instrumenten), homophon-deklamierende Chorpartien über selbständigem, quasi symphonischem Orchestersatz (mitunter von Solo-Passagen konzertierend durchbrochen) und arienhaft-solistische Teile sich sukzessiv abschnittsweise über die Messe ausbreiteten. In diesem neuen Typus der Kantatenmesse mit seinen zahlreichen in sich geschlossenen Einzelsätzen bildeten sich bevorzugte Stellen für die einzelnen Strukturkomponenten heraus: Die Polyphonie hatte z.B. ihren Ort in den Schlußfugen des Kyrie, Gloria und Credo, der große homophone, orchestergetragene Chorstil etwa im Kyrie I und – hierzu kontrastbildend – das solistische Moment im »Christe« oder im häufig für Baßsolo geschriebenen »Quoniam«.

Entsprechend der Rangordnung der kirchlichen Feste entstand im katholischen Bereich eine liturgisch-musikalische Typisierung, die eine Einstufung von Messen gemäß ihres kompositorischen Anspruchs bezweckte. Den einen Pol bildete die Missa brevis: formal und in den kompositionstechnischen Mitteln zurückhaltend, mit zeitlicher Straffung der textreichen Sätze Gloria und Credo (häufig durch simultanen Vortrag verschiedener Textabschnitte) und mit reduzierter instrumentaler Begleitung, meist beschränkt auf das aus zwei Violinen, Baß und Orgelcontinuo bestehende sog. Kirchentrio; am anderen Pol stand die Missa longa oder Missa solemnis: als formal großangelegte Kantatenmesse mit reicherer klanglicher Ausstattung durch vollen vierstimmigen Streichersatz mit je zwei Oboen und Trompeten oder Hörnern (die Trompeten gegebenenfalls ergänzt durch Pauken) und bisweilen mit solistischer Violine, Oboe oder – im Falle der Orgel-Solomesse – mit konzertierender Orgel, vorzugsweise im »Et incarnatus est« des Credo und im Benedictus. Das gänzliche Ersetzen des Benedictus durch eine Orgelkomposition war in Mannheim üblich und bildete eine Tradition, die noch um 1800 in München in den Messen des kurfürstlichen Kapellmeisters Peter von Winter, der in der Regel das Benedictus nicht vertonte, zu erkennen ist.

Ein eigener, schon seit dem mittleren 17. Jh. nachweisbarer Typus ist die Credo-Messe: Meist unter Einbeziehung der Credo-Intonation werden die Credo-Rufe zwischen die einzelnen Glaubenssätze eingefügt, ein Verfahren, das in besonderer Weise die Messen KV 192 und 257 von W. A. Mozart prägt. In der ersten Hälfte des 19. Jh. wurde diese Technik dann bevorzugt in den Messen österreichischer Komponisten (Fr. Lachner, Jos. Eybler, Joh. B. Schiedermayr, I. Seyfried u.a.) weitergeführt, findet sich aber auch in der f-Moll-Messe für vierstimmigen Chor a cappella von M. Hauptmann (um 1820), einem an Bachscher Polyphonie wie klassischem Formdenken orientierten Werk eines protestantischen Komponisten. In der Credo-Messe, wie sie sich in der deutschen Meßtradition ausbreitete, liegt das kompositorische Bemühen um einheitsstiftende thematische Verbindlichkeit vor, dem der zyklische Zusammenhang der Sätze untereinander als formale Idee korrespondiert. Die – der liturgischen Realität näherstehende – Auffassung des Messensatzes als für sich bestehendes singuläres Gebilde war dagegen in der italienischen Tradition viel stärker verbreitet, zu sehen insbesondere an der in den Œuvres der verschiedenen Messenkomponisten häufig auftretenden Dominanz von Einzelsatz-Vertonungen gegenüber geschlossenen Ordinariumszyklen: einzelne Kyrie-, Gloria-Sätze usw., die in der kirchenmusikalischen Praxis variabel kombiniert werden konnten. Ein charakteristisches kompositorisches Spektrum, das alle Gattungsstränge umfaßt, bieten beispielsweise die Ordinariumsvertonungen des Padre Giovanni Battista Martini: Er schrieb überwiegend Kantatenmessen, daneben doppelchörige A-cappella-Messen, doppelchörige Missae breves, schlichtere Formen im Duo- und Triosatz mit Generalbaß sowie etliche einzelne Kyrie-, Gloria- und vor allem Credo-Vertonungen.

Die Traditionslinie des neapolitanischen Messenstils, die von A. Scarlatti und Fr. Durante aus über Komponisten wie L. Leo, G. B. Pergolesi bis hin zu G. Paisiello, der während der napoleonischen Ära Messen für Paris schrieb, und D. Cimarosa in den Beginn des 19. Jh. hinein verlief, gewann zunehmend internationale Züge und beeinflußte gleichermaßen die Zentren der katholischen Kirchenmusik in Deutschland (z. B. Dresden mit Joh. A. Hasse), in Österreich oder in Polen, wo sich neben der großangelegten Kantatenmesse als repräsentativer Gattung seit Anfang des 18. Jh. geringstimmige Messen mit kleinbesetzter Instrumentalbegleitung durchsetzten.

Die Synthese unterschiedlichster Traditionen wurde um die Jahrhundertmitte nochmals in charakteristischer Weise in J. S. Bachs h-Moll-Messe realisiert. Gleich seinen vier Missae breves aus den späten 1730er Jahren war auch der Ausgangspunkt für die h-Moll-Messe eine Kyrie und Gloria umfassende (für den katholischen Dresdner Hof bestimmte) ›protestantische‹ Messe. Die zyklische Erweiterung und Zusammenfassung, die Bach in seinen letzten Lebensjahren vornahm, indem er das bereits 1724 – ohne Osanna und Benedictus – entstandene Sanctus und die erst in jenen späten Jahren verfaßten übrigen Teile – Credo, Osanna, Benedictus, Agnus Dei (die letzten Teile ausschließlich im Parodieverfahren) – zu einer kompositorischen Einheit verband, korrespondiert den großen Spätwerk-Konzeptionen, der *Kunst der Fuge* wie dem *Musikalischen Opfer* und den *Goldberg-Variationen*. So vereinigt Bach in der Gestalt der h-Moll-Messe die Zyklusidee der späten Zeit mit dem überkommenen Gattungszweig der protestantischen Missa brevis, die zur großdimensionierten Kantatenmesse mit neapolitanischen Rückbezügen erweitert ist und außerdem – wiederum Spätstil-typisch – den stile antico (z. B. am Beginn des Credo oder im »Confiteor«) als gewichtige kompositorische Kategorie integriert.

Während die evangelischen Komponisten im Umkreis Bachs, u. a. Joh. H. Buttstett, G. Ph. Telemann, R. Keiser, Joh. D. Heinichen, Joh. Fr. Fasch, bei recht unterschiedlicher Haltung gegenüber den protestantischen Meßtraditionen einerseits und den modernen neapolitanischen Strömungen andererseits, die Gattung nach wie vor pflegten, verlor die Messe im weiteren Verlauf des 18. Jh., bedingt durch die allmähliche, nicht zuletzt vom Pietismus beschleunigte Aufgabe des lateinischen Ordinariums in der lutherischen Liturgie und durch die dominante Stellung der Kantate, generell an Bedeutung.

Progressive Tendenzen, die über die neapolitanischen Gattungsstränge hinauswiesen, entwickelten sich in der frühklassischen Periode zum einen im Rahmen der Mannheimer Kirchenmusik, wo Fr. X. Richter und I. Holzbauer, vom Fuxschen Messenstil ausgehend, zukunftsweisende Impulse für die Behandlung des Orchestersatzes in der konzertierenden Messe setzten. Zum anderen gingen von in Wien wirkenden Komponisten wie Joh. G. Albrechtsberger, G. Bonno, K. Ditters von Dittersdorf, Chr. Sonnleithner und J. Křs. Vaňhal seit ca. 1770 neue stilistische Tendenzen aus: Im Gloria und Credo wurde die Zahl der Einzelsätze in der Regel auf höchstens vier reduziert und zusammen mit der Gewinnung größerer tonaler Einheit eine stärkere formale Integrität erzielt, unterstützt durch die häufigere Einbindung solistischer Passagen in chorische Strukturen anstelle ausgedehnter opernhafter Arien. In Albrechtsbergers reifen Messen gelangen durch expressive harmonische Ausdrucksmittel wirkungsvolle textinterpretative Momente in die Vertonung des liturgischen Textes und bewirken eine symphonische Orchestersprache, die die eher konventionelle Form von innen heraus neu belebt.

Das dynamische Konzept des Sonatensatzes führte im reifen Messenstil der Wiener Klassik zu einer Auflösung des vielgliedrigen Prinzips der Kantatenmesse zugunsten einer symphonischen Verlaufsform. Diese Entwicklung läßt sich an den formgeschichtlichen Veränderungen, die Jos. Haydns frühere von seinen späteren Messen unterscheidet, beobachten. Entstanden die sieben zwischen 1749 und 1782 komponierten Messen – vier gehören dem brevis-, drei eher dem solemnis-Typus an – im Rahmen der stilistischen Vielfalt der Wiener Meßkomposition der Jahrhundertmitte, so sind die sechs großen Messen der Jahre 1796 bis 1802 ganz von Haydns kompositorischen Erfahrungen mit seinem symphonischen Spätwerk geprägt, indem zwischen dem Vokal- und dem Orchesterpart ein Gleichgewicht hinsichtlich der jeweiligen strukturellen Aufgaben im musikalischen Satz besteht. W. A. Mozarts Messen sind dagegen stärker der Tradition verhaftet. Die zwölf Messen, die in dem knappen Jahrzehnt (1772-1781) entstanden, in dem Mozart unter dem aufgeklärten, die Kirchenmusik in Salzburg erheblich restringierenden Fürsterzbischof Hieronymus Graf Colloredo diente, sind nicht nur von den kompositorischen Eindrücken der drei Italienreisen (zwischen 1769 und 1773) bestimmt, sondern fast durchweg dem symphonischer Entfaltung jeden Raum verwehrenden Missa-brevis-Typ verhaftet. Und auch die einzige (neben dem Requiem) während der Wiener Jahre geschriebene Messe, die unvollendet gebliebene Messe in c-Moll KV 427 (417a), stellt zwar eine großdimensionierte Missa solemnis dar, bleibt aber innerhalb des formalen Rahmens der Kantatenmesse, mit bemerkenswerten Anklängen an das Stileantico-Ideal.

Am Wiener klassischen Stil in der Kirchenmusik, besonders am Vorbild der späten Messen Haydns, orientierten sich bis weit ins 19. Jh. hinein eine ganze Reihe von Komponisten (Joh. N. Hummel, Jos. Eybler, Jos. Weigl, I. Ritter von Seyfried, I. Assmayr, M. Stadler, Joh. B. Gänsbacher, S. Sechter u. a.), wobei durchaus eigenständige Lösungen gesucht wurden, wie etwa in der späten Missa in D von Fr. X. Süßmayr.

Während die Rücknahme der musikalischen Mittel in struktureller und besetzungsmäßiger Hinsicht im frühen 18. Jh. den Typus der Missa brevis begründete, führte ein weiterer Schritt in diese Richtung zur österreichisch-süddeutschen Landmesse (Missa ruralis) mit ihrer Beschränkung des musikalischen Satzes auf ein Stimmengerüst von ein bis zwei Soli (vokal oder vokal/instrumental) und Generalbaß, das akzessorisch erweiterbar war und damit vor allem bescheideneren aufführungspraktischen Gegebenheiten Rechnung trug. Vorbilder hatte dieses Modell in den variablen Besetzungsgepflogenheiten einiger italienischer Messen des 17. Jahrhunderts. Eingeführt wurde der Terminus Missa ruralis von Valentin Rathgeber, der in seinen Messen op. 12 (Agb. 1733) diesen Werktypus von dem der kompositorisch reicher ausgestatteten Missae civiles unterschied. Missae rurales fanden im Anschluß an Rathgeber im österreichisch-süddeutschen Raum sehr schnell Verbreitung, vor allem durch Marianus Königsperger, Georg Joachim Josef Hahn und besonders durch den umfangreichen Beitrag Joh. A. Kobrichs zu diesem Gattungstypus, sowie, an der Wende zum 19. Jh., durch Joh. M. Dreyer. Im Sinne einer vereinfachenden Rezeption und zugleich Verbreitung des Stils der großen Messen Haydns und Mozarts findet man die Landmesse dann zu Beginn des 19. Jh. zum Beispiel im kirchenmusikalischen Werk A. Diabellis. Und als Folge seiner Neuorientierung am Ideal der klassischen Vokalpolyphonie und den damit verknüpften strukturellen Vereinfachungstendenzen, wandte sich Joh. C. Aiblinger in den 1830er und 1840er Jahren verstärkt der Landmesse zu. Der Ruralmesse verwandt ist die Franziskanermesse, mit charakteristischen Merkmalen wie Textkürzungen, Geringstimmigkeit, schlichter Harmonik und Melodik und parallelen Terzführungen in zweistimmigen Solo-Partien.

Zielte die Ruralmesse auf Einfachheit in der Ausführung, so zeichnen sich die besonders in der zweiten Hälfte des 18. Jh. verbreiteten Pastoralmessen durch ein spezifisch ländliches Klangkolorit aus. Vor allem in tschechischen Messen dieses Typus wurden Advents- und Weihnachtslieder zitiert oder direkt übernommen, so daß der volkssprachige Anteil in diesen Messen zunehmend wuchs. Zu den formal großangelegten Pastoralmessen aus dem 19. Jh. zählt C. Kreutzers Messe in D-Dur; eine der populärsten blieb bis in die Gegenwart Karl Kempters (1819-1871) Pastoralmesse in G-Dur op. 26.

Im Zuge aufklärerischer Einflüsse auf die katholische Liturgie in der zweiten Hälfte des 18. Jh. gewann schließlich die deutsche Singmesse an Bedeutung. Die bekannteste und am häufigsten gesungene der meist schlichten mehrstimmigen Bearbeitungen der ursprünglich einstimmigen liedhaften Ordinariumszyklen auf deutsche Textdichtungen war M. Haydns Singmesse »Hier liegt vor deiner Majestät«, neben Abbé Voglers Deutscher Kirchenmusik (1778) und der mehr dem gehobenen Stil der lateinischen Messe verpflichteten Deutschen Messe von I. Holzbauer (entstanden 1779/80). Im 19. Jh. findet sich dieser Typus etwa in Fr. Schuberts später Deutscher Messe (»Wohin soll ich mich wenden«, D 872) und weiterhin in einer langen Folge vergleichbarer Kompositionen, die bis ins 20. Jh. reicht (Jos. Haas, Speyrer Domfestmesse, 1930).

3. 19. Jahrhundert

Neben dem Wiener klassischen Messenstil vermittelt das umfangreiche Messenœuvre Luigi Cherubinis zwischen dem 18. und dem 19. Jahrhundert. 13 Messen und nahezu 30 einzelne Ordinariumsteile, überwiegend Kyrie-Sätze, lassen sich nachweisen. Sie entstanden, beginnend mit frühesten Jugendwerken, in einer Zeitspanne von rund sechzig Jahren. In ihnen vollzieht sich eine Entwicklung vom oberitalienischen Messenstil des späteren 18. Jh. hin zu einer klassizistischen, an der strengen Kontrapunktik des Fuxschen Palestrina-Ideals ausgerichteten und von einem klangfarblich nuancierten Orchesterpart getragenen Gestaltungsweise. Wie mit klanglichen Mitteln außergewöhnliche Effekte gerade in der italienischen Meßkomposition des frühen 19. Jh. erzielt wurden, zeigt u.a. die d-Moll-Messe (1810 Dresden) von Fr. Morlacchi: Das Agnus Dei der bis zu dieser Stelle instrumental reich ausgestatteten Missa solemnis wird, in scharf kontrastierender Weise eine Schlußwirkung erzielend, rein a cappella ausgeführt.

Die 1818 und 1819 komponierten Messen in Es-Dur und G-Dur von Morlacchis Dresdner Kollegen und Konkurrenten C. M. von Weber führten den Wiener Typus der symphonischen Orchestermesse weiter, was grundsätzlich auch für Schuberts vier frühe, zwischen 1813 und 1816 geschriebene Messen gilt. Auf diesem Weg gelangt Schubert in seinen beiden späteren Messen in As-Dur (1819-1822) und Es-

Dur (1828) zu einer subtilen symphonischen Variantentechnik, die er in einem ausdrucksstarken musikalischen Spannungsfeld mit alten polyphonen, fugierenden, kanonischen und doppelchörigen Verfahrensweisen konfrontiert – beredte Spuren der beginnenden kirchenmusikalischen Restaurationsbewegung in seinen reifen liturgischen Werken.

In direkter, produktiver Konkurrenz zu Haydns späten Messen entstand Beethovens C-Dur-Messe op. 86 1807 zum Namenstag der Fürstin Esterházy, zu jenem Anlaß nämlich, für den die zwischen 1796 und 1802 von Haydn komponierten Messen alljährlich bestimmt waren. Die Missa solemnis (1819–1823) aber bedeutete, trotz der außergewöhnlichen Dimensionen des Werks, eine – wenigstens partielle – Abkehr von der symphonischen Messe in der Haydn-Nachfolge, insofern hier motivisch-thematische Arbeit mit ihrem vorwärtsdrängenden Impetus, Charakteristikum des mittleren Beethoven, nicht mehr die tragende kompositorische Kategorie darstellt. Statt dessen tritt, Spätstil-typisch, die Verknüpfung disparater Momente in den Vordergrund: Eine avancierte Tonsprache steht neben stile antico-Traditionalismen, absolut-musikalisches Denken neben musikalisch-rhetorischen Darstellungsweisen, Reduktion des Ausdrucks im Sinne liturgischer Strenge neben gesteigert expressivem Subjektivismus.

Der singuläre Charakter der Missa solemnis wird letztlich darin deutlich, daß sich bei den in der Nachfolge der Wiener klassischen Tradition stehenden Komponisten das Interesse, im Anschluß an die späten Haydn-Messen, primär auf die thematischen Prozesse richtet. Im Sinne solcher symphonisch-integrativer Aspekte rekapituliert beispielsweise Joh. B. Schiedermayr im Agnus Dei seiner D-Dur-Messe op. 101 (1834 Linz) thematisches Material der vorangegangenen Sätze. Dabei reichte der Einflußbereich des symphonischen Messenstils, wie auch der Wirkungskreis der italienischen Kirchenmusik des ausgehenden 18. Jh., sehr weit. Beide Strömungen bildeten z. B. die Grundlage für die Entwicklung der Meßkomposition in den lateinamerikanischen Ländern um 1800. Dies zeigt sich etwa in den Messen des katalanischen Komponisten José de Campderros, der von 1793 bis zu seinem Tod 1802 den Kathedralchor in Santiago de Chile leitete, wie in denen des mexikanischen Komponisten Francisco Delgado.

Parallel zur internationalen Ausbreitung des spätneapolitanischen und des klassischen symphonischen Messenstils, kirchengeschichtlich gesehen als Auseinandersetzung mit den Auswirkungen von Aufklärung, Französischer Revolution und Säkularisation, kam es in den frühen Jahrzehnten des 19. Jh. zu einer Neubesinnung in Fragen der liturgisch gebundenen Kirchenmusik. Die kompositorische Abkehr von den Form- und Stilprinzipien der Wiener Klassik wird in der Meßverto-

nung der Zeit in unterschiedlicher Intensität deutlich. In München wandte sich
Joh. C. Aiblinger, dessen Missa solemnis g-Moll aus dem Jahre 1825 noch klar in der
Tradition der reifen Messen Mozarts und Haydns steht, seit den späten 1820er Jahren immer stärker vom symphonischen Messenstil ab und entwickelte nach seiner
römischen Studienreise 1833 ein neues, der klassischen Vokalpolyphonie der Palestrinazeit nachempfundenes A-cappella-Ideal. Zusammen mit Aiblinger bemühte
sich der Münchner Hoforganist Jos. C. Ett in Auseinandersetzung mit der vokalpolyphonen Vergangenheit um kirchenmusikalische Reformen, auch wenn Etts Messen keineswegs die Verbindung zum aktuellen Zeitstil aufgaben.

Jene Ansätze, die schließlich die kirchenmusikalische Restaurationsbewegung
des Caecilianismus einleiteten, wurden im weiteren Verlauf des 19. Jh. vor allem von
Regensburg aus fortgeführt. Das in der kompositorischen Praxis gültige, im Grunde
antinomische Prinzip des Caecilianismus, Palestrinastil und liturgisch motivierte
technische Einfachheit zu verbinden, brachte in der Messenkomposition nicht
immer überzeugende Lösungen. Hervorzuheben sind jedoch neben Werken von
Joh. G. Mettenleiter und Fr. X. Witt besonders die Messen von Michael Haller, die in
zahlreichen stilistischen Kriterien mit der Technik Palestrinas kongruieren, gerade
aber auf den Ebenen der Metrik, motivischen Arbeit und Tonalität ihren historischen Standort nicht leugnen können.

Daneben trifft man im Umkreis des Caecilianismus auf Komponisten, die den
Reformbemühungen zwar positiv, jedoch mit kritischem Blick gegenüberstanden.
Von bloß historisierenden Nachahmungen frei hielt sich in seinen Messen Jos.
Rheinberger, der vielmehr bestrebt war, aus den kontrapunktischen Techniken
Bachs und Palestrinas, aber auch aus den polychoralen Strukturen des 16. und 17. Jh.
– wie in seiner doppelchörigen A-cappella-Messe in Es-Dur op. 109 (1879) – produktiven, zukunftsweisenden Gewinn zu ziehen. Dies trifft in noch stärkerem Maße auf
Liszt zu. Seine Sympathie für das caecilianistische Reformprojekt und sein Interesse
an der Vokalpolyphonie des 16. Jh. gaben seinem kirchenmusikalischen Werk
Impulse, die künstlerisch autonome Lösungen keineswegs einschränkten. In Liszts
Missa choralis für Chor und Orgel (1865) sind Stilkriterien der Musik Palestrinas
musikalisches Material, mit dem kompositorisch gearbeitet wird. Und in seiner
Graner Festmesse (1855) – wie die Ungarische Krönungsmesse (1867) eine große Orchestermesse mit dramatischen Strukturelementen – bildet das Credo einen äußersten
Punkt des symphonischen Verfahrens in der Meßkomposition: Mit seiner Verschachtelung von Sonatenhauptsatzform und Sonatenzyklus, analog zur h-Moll-Klaviersonate, nähert sich der Satz den Formkonzeptionen einiger Symphonischer
Dichtungen.

Auch innerhalb der Entwicklung der Brucknerschen Ordinariumsvertonungen treffen symphonischer Messenstil und musikalische Orientierung an der klassischen Vokalpolyphonie zusammen. Bruckners Jugendwerke enthalten drei Messen für unterschiedliche Besetzungsformen: die *Windhaager Messe* für Alt, zwei Hörner und Orgel (1842), die *Kronstorfer Messe* (ohne Gloria) für vierstimmigen gemischten Chor (1844) und eine Choralmesse (ohne Kyrie und Gloria) in gleicher Besetzung für den Gründonnerstag (1844). An die Tradition der großen klassischen Orchestermessen knüpft er mit der Missa solemnis in b-Moll (1854) an. Schließlich entstanden zwischen 1864 und 1868 die drei bedeutenden, von Bruckner selbst als allein vollgültig anerkannten Messen in d-Moll (1864), e-Moll (1866) und f-Moll (1867/68). Während in der d- und in der f-Moll-Messe der symphonische Gestus Bruckners die tragende Stilkategorie darstellt, ist die e-Moll-Messe, für achtstimmigen Chor und Bläser komponiert, im Satzbild vom Palestrina-Ideal der Zeit geprägt.

In der evangelischen Kirchenmusik des 19. Jh. hatte die caecilianistische Reformbewegung Parallelerscheinungen, die stilistische Einflüsse auf die protestantische Meßkomposition ausübten, wenn auch keinesfalls derart fundamental wie in der katholischen liturgischen Musik. Zumindest schrieben namhafte evangelische Komponisten (u.a. Fr. Schneider, Nicolai, Reissiger und Schumann) Messen, die für die Verwendung in katholischen Kirchen bestimmt waren. Ein spezifisch protestantischer Gattungstypus wie im 17. Jh. entwickelte sich dabei nicht. Eher tendierten die Messen evangelischer Komponisten zur Aufführung im außerliturgischen Rahmen des geistlichen Konzerts. Spohrs *Messe für fünf Solostimmen und zwei fünfstimmige Chöre c-Moll* (1821) war sogar den »deutschen Gesangvereinen« gewidmet. Dagegen steht Brahms' 1856 begonnene und offensichtlich Fragment gebliebene *Missa canonica* kompositorisch in Zusammenhang mit seiner Beschäftigung mit der Musik Palestrinas.

Während zahlreiche italienische Opernkomponisten (Rossini, Bellini, Donizetti, Pacini, Mercadante u.a.) in ihren Messen meist den spätneapolitanischen Stil der Zeit um 1800 aufgriffen und weiterführten, dabei auch ganz unkonventionelle Lösungswege suchten, wie Rossini in seiner späten *Petite messe solennelle* (1864), gab es in Italien ebenfalls eine den caecilianistischen Reformen vergleichbare, dennoch eigenständige Bewegung, die am Ende des 19. und in der ersten Hälfte des 20. Jh. in der Meßkomposition neben anderen durch L. Perosi, M. E. Bossi und R. Casimiri vertreten wurde, allerdings schon ein Jahrhundert zuvor in Pietro Raimondi, einem exzellenten Kontrapunktiker, einen Vorläufer hatte. Ein Ausnahmewerk innerhalb der italienischen Meßvertonungen des späteren 19. Jh. ist Alfredo Catalanis Messe

(1872), die Komposition eines achtzehnjährigen angehenden Opernkomponisten, die in ihrer reichen, differenzierten Harmonik, durchzogen von kontrapunktischen Strukturen und sehr farbig instrumentiert, Distanz zum opernhaften Gestus hält, ähnlich wie Amilcare Ponchiellis zehn Jahre später entstandene Messa solenne für drei Männerstimmen, Chor und Orchester.

Zwischen kirchenmusikalischen Reformintentionen, Musiktheater und symphonischem Denken bewegt sich das Werk Gounods. Seine Messen, vor allem die seinerzeit hochgelobte Messe solennelle (1855) zu Ehren der hl. Caecilia, zeigen die kompositionsgeschichtlich produktive Integration seiner kompositionstechnischen Erfahrungen mit der Vokalpolyphonie des 16. Jh. innerhalb einer harmonisch fortgeschrittenen Musiksprache. Dagegen werden in der anderthalb Jahrzehnte später komponierten A-Dur-Messe von César Franck (1. Fassung 1860/61; 2. Fassung 1872) wieder Reminiszenzen an die Wiener klassische Messe und an Cherubinis Messen erkennbar. (Die in der Literatur immer wieder behauptete Existenz einer Messe solennelle für Solobaß und Orgel hat Wolfgang Hochstein – Aspekte der vokalen Kirchenmusik von César Franck, in: Musica sacra 110, 1990, 419-436 – als irrtümlich nachgewiesen.)

Zu den ersten bedeutenden zyklischen Meßvertonungen in der Musikgeschichte der USA zählen zwei um ca. 1805 komponierte Werke von Benjamin Carr. Einer sehr schlichten Mass in Two Parts steht eine musikalisch reicher ausgestattete Mass in Three Parts für Soli, Chor und Orgel gegenüber, die neben den Ordinariumssätzen noch Hymnen und Responsorien im Falsobordonestil umfaßt. Zu den herausragenden amerikanischen liturgischen Kompositionen des 19. Jh., gewichtig schon in ihren äußeren Dimensionen, gehört John Knowles Paines D-Dur-Messe op. 10 (1866). Fünf Fugen, die wie das großangelegte »Et vitam venturi« und die Osanna-Doppelfuge polyphone Höhepunkte des Werks bilden, deuten auf eine Auseinandersetzung mit Bach, während Chorstil und Techniken der thematischen Entwicklung auf Brahms verweisen. Eine offenkundige Orientierung am Stil der späten Messen Haydns läßt dagegen die Messe in c-Moll (1869) von George Elbridge Whiting erkennen. Und Amy Beachs Messe in Es-Dur op. 5 (1890) zeigt, insbesondere im Sanctus, prägende Einflüsse der Melodik Verdis, wie überhaupt des musikdramatischen Stils der romantischen italienischen Oper.

4. 20. Jahrhundert

Die Geschichte der katholischen Kirchenmusik des 20. Jh. wurde eingeleitet durch das Motu proprio Inter pastoralis officii (1903) von Papst Pius X. Es öffnete, unter dem Vorbehalt unerläßlicher liturgischer Dignität, die Kirchenmusik dem zeitgenössischen Komponieren und ermöglichte damit einen entscheidenden Schritt über den Caecilianismus hinaus, ein Impuls, der internationale Auswirkungen hatte, wie z. B. die außerordentliche Zunahme an Meßkompositionen in den USA kurz nach der Jahrhundertwende zeigt. Dies bedeutete weiterhin, daß gerade österreichische und süddeutsche Komponisten in der ersten Jahrhunderthälfte sich nun der vom Caecilianismus weitgehend übergangenen geistlichen Musik Bruckners als neuem kompositorischen Leitbild zuwandten. Jos. Renner jun., Jos. Messner, Jos. V. von Wöss u. a. schrieben neben Orchestermessen auch orgelgestützte und – analog zu Bruckners e-Moll-Messe – bläserbegleitete Meßkompositionen. In der jüngsten Vergangenheit stellte Wolfgang Stockmeier eine kompositorische Verknüpfung mit der Kirchenmusik Bruckners her. Für sein *Credo für fünfzehn Bläser* (1986) wählt er die Besetzung der Brucknerschen e-Moll-Messe und nimmt auch thematisch Bezug auf dieses Werk. Eine über Bruckner hinausgehende Annäherung an Wagner erreichte im zweiten und dritten Jahrzehnt dieses Jahrhunderts der Regensburger Komponist Peter Griesbacher mit der Übernahme leitmotivischer Strukturen in der Messe. Und noch ein anderes Phänomen verweist auf die kirchenmusikalische Rezeption der neudeutschen Musik: Es ist der Typus der Plenarmesse, der, wie im Requiem, Propriumsgesänge in die Vertonung der Ordinariumsteile miteinbezieht, als spezielle Form der Gattung Messe aber mit dem ausgehenden 16. Jh. an Bedeutung verloren hatte. Im Sinne eines liturgischen Gesamtkunstwerkes erlebte die Plenarmesse nun zu Beginn des 20. Jh. eine Wiederentdeckung, z. B. in der *Weihnachtsmesse* (1914) von K. M. Pembaur, die ebenso mit ihren klanglich-symphonischen Mitteln am Wagnerschen Musikdrama anknüpft. Vergleichbare Werke, wenn auch mit stärkerem Bezug zum choralischen Melos, schrieben neben anderen Jos. Lechthaler, Max Springer und Alfons Schlögl.

Parallel zu dieser Entwicklung fand nach dem Ersten Weltkrieg eine Rückbesinnung auf an der Gregorianik ausgerichtete Gestaltungsweisen statt, die sich u. a. in Jos. Haas' kantabel diatonischem A-cappella-Stil der *Deutschen Singmesse* (1924) ausdrückt und schließlich in noch entschiedenerer Zurücknahme Eingang fand in seine in liedhaftem Ton und strophischer Formung komponierten einstimmigen Volkssingmessen (*Speyrer Domfestmesse*, 1930; *Christ-König-Messe*, 1935 u. a.). H. Lemacher übernahm zudem altklassisch-polyphone Modelle (Parodieverfahren, Doppelchörigkeit, Ostinati, Cantus-firmus-Techniken) in seinem sehr umfangreichen Messen-Œuvre. Ein protestantisches Pendant zu den Volkssingmessen von Haas bildet ein Frühwerk W. Fortners, seine 1935 auf der Grundlage evangelischer Kirchenlieder geschriebene *Deutsche Liedmesse*, eine H. Distlers *Deutscher Choralmesse* musikalisch in mancherlei Hinsicht nahestehende Komposition.

Ebenfalls in einem äußerst zurückhaltenden, überwiegend syllabischen Vokalstil ist die doppelchörige A-cappella-Messe von Fr. Martin (1921/29) komponiert. In zwei weiteren zu Beginn der 1920er Jahre entstandenen und in der Besetzung ähnlich disponierten A-cappella-Messen, der Deutschen Messe für achtstimmigen Chor von A. Mendelssohn und der Messe in g-Moll für vier Solostimmen und Doppelchor von R. Vaughan Williams, bemühten sich die Autoren, unter Rückbezug auf die jeweiligen nationalen barocken Traditionen, kirchenmusikalische Erneuerungsbewegungen aktiv mitzugestalten. Eine schöpferische Annäherung an die frühbarocke italienische Musik versuchte G. F. Ghedini in seinen beiden Messen der Jahre 1930 und 1932.

Einen anderen Weg wählte L. Janáček in seiner 1926 komponierten Glagolská mše in altslawischer Sprache (vgl. S. 20 f.). Nach Janáčeks eigener Darstellung (1927) sollte die Messe eine bewußte Abkehr von allen Traditionen der Meßvertonung beinhalten: von Bach, der Wiener Klassik – einschließlich Beethovens – und von der caecilianistischen Palestrina-Restauration, wie sie auch Janáčeks Lehrer P. Křížkovský vertrat.

Doch blieben in den folgenden Jahrzehnten vorklassische, bis in die frühe Renaissance zurückreichende Modelle weiterhin einflußreich: etwa in E. Peppings Messen-Œuvre, das Ende der 1920er Jahre mit der Deutschen Choralmesse und der Kleinen Messe für 3 Stimmen eröffnet wurde, in Fr. Poulencs G-Dur-Messe (1937), in Joh. N. Davids Missa choralis (de angelis) (1953), in J. Langlais' Missa Salve Regina (1954) wie in Z. Kodálys Missa brevis, 1942 als Orgelmesse komponiert, 1944 für Chor und Orgel und später dann (um 1950) für Chor, Orgel ad libitum und Orchester umgearbeitet. Dieses Werk integriert zahlreiche, mitunter recht gegensätzliche stilistische Komponenten der europäischen Kirchenmusik seit dem Mittelalter. Außerdem umfaßt Kodálys Messenwerk ein frühes Fragment und die späte Magyar mise (1966).

Angesichts des bevorstehenden Kriegsendes in Italien schrieb Alfredo Casella 1944 seine Missa solemnis pro pace, die im selben Jahr (1948) veröffentlicht wurde, in dem Ernst Peppings Missa Dona nobis pacem entstand und in dem Stravinskijs zwischen 1944 und 1948 komponierte Messe erschien. Stravinskijs Mass ist ein Werk mit klarer liturgischer Bestimmung. Ihr Zentrum ist der rein chorische Credo-Satz, dessen Gebets-Charakter in strenger, wortbezogener Deklamation zum Ausdruck kommt. Von diesem, aber auch von den dem Chor vorbehaltenen Außensätzen, heben sich Gloria und Sanctus als von solistisch-melismatischer Figuration geprägte Lobgesänge ab.

Eine Rezeption zwölftönig-reihenbestimmter Verfahren in der Meßkomposition macht sich ab den späten 1950er Jahren verstärkt bemerkbar. Man findet sie insbesondere in E. Křeneks Missa duodecim tonorum für gemischten Chor und Orgel (1957/58) sowie in A. Heillers Missa super modos duodecimales für gemischten Chor und sieben Instrumente (1960) und in seiner Kleinen Messe über Zwölftonmodelle (1962). Ein herausragendes Werk stellt in diesem kompositionsgeschichtlichen Zusammenhang G. Klebes Gebet einer armen Seele (1966) dar, eine auf der Basis freier zwölftöniger Reihentechniken geformte lateinische Messe.

Wenige Jahre zuvor schloß P. Hindemith seine Messe für gemischten Chor (1963) als ein bedeutendes geistliches Spätwerk ab. Der Rückbezug des Agnus-Dei-Themas auf das Thema des Kyrie bewirkt zyklische Geschlossenheit und liturgische Einheit zugleich. Bisweilen erreichen die Einzelstimmen ein Äußerstes an polyphoner Autonomie, wie beispielsweise im »Amen« des Gloria, das in einem komplexen vierfachen Kontrapunkt geschrieben ist. Textverständlichkeit, als liturgisches Kriterium, wird trotz aller Polyphonie angestrebt und Wortinterpretation, durchaus mit traditionellen tonsymbolischen Mitteln, bewußt intendiert.

In diesen Jahren wurden durch das II. Vatikanische Konzil (1962-1965) neue kirchenmusikalische Impulse gesetzt, die den kompositorischen Rahmen für die liturgisch-musikalische Praxis erheblich vergrößerten. Als Folge der neuen Richtlinien ist z. B. in den USA ein deutliches Anwachsen der Zahl der Meßvertonungen zu beobachten. Eine spezifische Form der nicht-liturgischen Plenarmesse allerdings ist Bernsteins in den 1970er Jahren äußerst kontrovers diskutierte Mass: ein, wie es im Untertitel heißt, »Theatre Piece for Singers, Players and Dancers«, das eine stilistische Spannweite aufweist, die von traditionellen liturgisch-kirchenmusikalischen Strukturen bis zu Folk-, Pop- und Rock-Elementen reicht. In seiner Missa brevis (1988), die zurückgeht auf die Bühnenmusik zu The Lark (Lillian Hellman nach Jean Anouilh, 1955), vertont Bernstein, das Credo ausgenommen, das Ordinarium missae in einem antikisierenden, vom Schlagzeug begleiteten Vokalsatz.

Eine stilistische Bandbreite anderer Art zeigt Ron Nelsons (*1929) Mass of Saint La Salle (1980). Das in variabler Besetzung ausführbare Werk hat vier Sätze (ohne Credo), die als Hommage an Gesualdo, Perotin, Landini und Guillaume de Machaut komponiert sind. Dagegen werden in Paul Chiharas (*1938) fünf Jahre zuvor entstandener Missa carminum für zwei gemischte Chöre (ebenfalls ohne Credo) gregorianische Choralmelodien mit Folksongs verknüpft. In G. C. Menottis Messe von 1979 steht im Zentrum, anstelle des auch hier fehlenden Credo, die Motette »O pulchritudo«, ein von klassischer Vokalpolyphonie spürbar beeinflußter Satz. Über den liturgischen Rahmen hinaus geht die von ausgesprochen musikdramatischen Zügen geprägte Mass für Soli, Chor und Orchester (1986) von Thomas Pasatieri (*1945). Und als eine Komposition, die nicht allein dramatische Elemente enthält, sondern zudem ganz von den räumlichen und spirituellen Dimensionen des liturgischen Ortes getragen zu sein scheint – dabei ohne historisierende Rückwärtsgewandtheit an die frühbarocke klangraumgestaltende Polychorie erinnernd –, entstand zu Beginn der 1990er Jahre Volker David Kirchners (*1942) für den Mainzer Dom bestimmte und 1994 dort uraufgeführte Missa Moguntina.

PETER ACKERMANN

VI. Requiem
1. Allgemeines

Das Requiem, auch Totenmesse oder Missa pro defunctis genannt, ist einer der ältesten Teile der katholischen Liturgie. Als Totengottesdienst wird das Requiem gehalten am Tag des Todes, des Begräbnisses, an weiteren Gedenktagen (3., 7., 9., 30., 40. Tag nach dem Tod u.a.) sowie an Jahrestagen. Aller Verstorbenen gemeinsam wird gedacht am 2. November, dem Allerseelentag. Die Messe hat ihren Namen von den Anfangsworten des Introitus: »Requiem (aeternam dona eis requiem, Domine)«. Nach römischem Ritus (bis zum 2. Vatikanischen Konzil) enthält die Totenmesse neun musikalische Teile: 1. Introitus (»Requiem«), 2. Kyrie, 3. Graduale (»Requiem«), 4. Tractus (»Absolve, Domine«), 5. Sequenz (»Dies irae, dies illa«), 6. Offertorium (»Domine Jesu Christe«), 7. Sanctus, 8. Agnus, 9. Communio (»Lux aeterna«). Die Vertonung aller musikalischen Teile für diesen besonderen Anlaß, d.h. der Ordinariums- und Propriumstexte, macht die Totenmesse zu einer Plenarmesse. Die vollständig vertonte Messe oder Plenarmesse war vor allem eine Erscheinung des 15./16.Jh. – die bis heute als solche vertonte Totenmesse ist darin eine Ausnahme. Seit dem 2. Vatikanum sind weitere Texte für die Propriumsteile möglich (z.B. Graduale »Si ambulem«, Tractus »De profundis«), Alleluia und Alleluia-Verse für das Graduale wurden eingefügt, die Sequenz weggelassen.

Nach römischem Ritus folgt nach Schluß der Messe bei Beerdigungsmessen die »Absolutio super tumulum« mit den Responsorien »Absolve« und »Libera me Domine de morte aeterna«. Zum Beerdigungsritus gehört die Antiphon »In Paradisum ducant angeli«. Häufig wurden wegen der Länge der Messe nicht alle Teile vertont, oft jedoch das zusätzliche Responsorium »Libera me« oder andere Sätze aus der Totenliturgie (Totenoffizium, Begräbnisliturgie).

2. Geschichte, Theologie, Texte

Die Totenmesse war seit dem frühen Christentum Mittelpunkt der christlichen Liturgie um den Tod. Die Messe für die Verstorbenen gehört zu den ältesten Votivmessen. Die Messe ist Gedächtnis des Todes Christi und seine Vergegenwärtigung in der Eucharistie – die Totenmesse ist dem Gedächtnis des Verstorbenen gewidmet, der im Gottesdienst durch Namensnennung zur Eucharistie in die Gegenwart geholt und in die Gemeinschaft der Lebenden und Toten einbezogen wird. Die Namensnennung wurde zum ›lebenswichtigen‹ Teil der Messfeier – weshalb die zu nennenden Namen der Verstorbenen in libri vitae eingetragen wurden.

Die sog. Memoria, die Liturgie und das Gedächtniswesen für die Toten, gewann während des Mittelalters zentrale Bedeutung im praktischen Leben der Gläubigen. Die Weiterentwicklung der eschatologischen Lehre der Kirche (»Geburt des Fegefeuers«, Le Goff) in Verbindung mit der großen Bedeutung der Memoria führte im Spätmittelalter zu Mißbrauchserscheinungen (u. a. im Ablaßwesen, ›Schachtelmessen‹), die als bedeutender Faktor am Entstehen der Reformation beteiligt waren.

Die Totenmesse und die damit verbundene theologische Haltung wurden in der Reformationszeit zum Gegenstand theologischer Auseinandersetzung. In den protestantischen Gebieten Europas entstanden in der Folgezeit andere Formen von Trauer- und Begräbnismusik. Die Komposition von Requiemsmessen beschränkte sich auf katholische Gebiete – Italien, Spanien und die spanischen Niederlande, Frankreich, die katholischen Stände des römischen Reichs, Polen. Im Rahmen der Reformbemühungen der katholischen Kirche wurde durch das Trienter Konzil die bis zum 2. Vatikanischen Konzil gültige Textordnung bestimmt – 1570 erschien eine Ausgabe des Missale, die den römischen Ritus als allgemein verbindlich festschrieb. Die Sequenz »Dies irae« der Totenmesse war eine der vier Sequenzen, die von der Liturgiereform des Trienter Konzils beibehalten wurden.

Das ambivalente Verhältnis der christlichen Theologie zu Tod und Trauer wird in den Texten der Totenmesse besonders deutlich.

Einerseits ist für eine christliche Tradition der Tod Erlösung vom irdischen unvollkommenen Leben, aus dem irdischen Gefängnis des Körpers, und endgültige Befreiung der Seele für ihre Begegnung mit Gott (daher Anlaß zur Freude), andererseits ist die allgemein menschliche Trauer um die Toten immer auch gegenwärtig und zeigt sich in der zentralen Bedeutung der Trauerzeit um Christus in der Karwoche. Die Liturgie der Karwoche zeigt zahlreiche Parallelen mit der Totenliturgie; die christliche Hoffnung ging auf eine Fortsetzung der Parallelisierung in der Auferstehung zu Ostern (Texte aus 1. Kor.: Adam-Christus). Mehr als alle anderen Messen (obwohl dieser Gedanke in jeder Messe enthalten ist) waren Totenmesse und Totenliturgie Ausdruck der theologischen Parallelsetzung des Todes der Menschen bzw. des Einzelnen mit dem Tod Christi und der Hoffnung auf zukünftige Auferstehung in seiner Nachfolge. Eine große Zahl der vor dem Trienter Konzil noch nicht vereinheitlichten Texte zeigt diese Hoffnung – Klage und Trauer sind darin wenig vertreten.

Die Texte der Totenmesse spiegeln gleichzeitig einen allmählichen Wandel der Vorstellungen vom Zustand nach dem Tode wider. In Gebrauch sind zunächst seit dem frühen Christentum neben Texten der Auferstehungshoffnung (1.Kor.15; Makk. 2,12; Joh. 5. 6. 11, 21-27. 14. 15; 1.Thess. 4,13-18) vor allem Texte, die den Zustand der ewigen Ruhe beschreiben. Erst im späteren Mittelalter wird der Gedanke der Sündenbuße nach dem Tod einflußreicher. Mit und nach dem Konzil von Trient, durch das die Fegefeuerlehre dogmatisch verfestigt wurde, gewann diese eine immer wichtigere Rolle – und mit ihr die Einbindung der Sequenz »Dies irae« in die Totenmesse. Das Dies irae – in Vertonungen späterer Jahrhunderte oft besonders dramatischer Ausdruck der Höllenangst – hatte bis ins hohe Mittelalter keine herausragende Bedeutung: außer der Sequenz »Dies irae« waren weitere Texte als Sequenzen für die Totenliturgie in Gebrauch, z.B. »O pie rex«, »Erue Domine Audi fellus«, »De profundis exclamantes«, »Ut flos« – diese hielten sich vereinzelt bis ins spätere 16. Jh., sogar in Italien (mehrstimmige Vertonung Sequenz »Ut flos« von M. Varotto 1563). Erst mit dem Konzil von Trient erfolgte eine Festlegung des Missales auf die Sequenz »Dies irae«. Eine systematische Untersuchung der Texte der Totenliturgie unter dem mentalitätsgeschichtlichen Aspekt der Veränderungen des Todesverständnisses wurde bisher nur für das Totenoffizium vorgenommen (K. Ottosen 1996).

Vor Einführung des Missale 1570 gab es viele verschiedene Texte und Melodien, die örtlich teilweise noch lange in Gebrauch blieben. Die Vielfalt der Texte entstammte einerseits örtlichen Unterschieden, andererseits der Notwendigkeit, für die verschiedensten Gelegenheiten passende Formulare zur Verfügung zu haben. In spätmittelalterlichen Missalia sind bis zu ca. 30 verschiedene Formulare mit wechselnden Texten für die Totenmesse zu belegen (verschiedene Formulare für Männer, Frauen, Kinder, Geistliche, Nichtgeistliche, Bischöfe, Könige, Ordens- oder Confraternitasangehörige, für mehrere Tote etc; falls nur ein alternatives Formular überliefert ist, gilt dies meist für Bischöfe bzw. für die Osterzeit; oft an besonderer Stelle: Allerseelen). Dabei wechseln besonders häufig die Texte zu Graduale und Tractus, öfter die der Communio, selten des Introitus und des Offertoriums. Die Sequenz wird meist gesondert überliefert und ist vor 1570 oft nicht in die Formulare der

Totenmesse integriert – auch in den mehrstimmigen Vertonungen häufig nicht enthalten und/oder als Einzelsatz überliefert. Erst mit der zunehmenden Verbreitung des römischen Ritus ab 1570 wird die Sequenz im Rahmen der Meßformulare mit genannt. Wegen der Verschiedenheit der Formulare im gleichen ›Geltungsbereich‹ einer Diözese oder eines Ordens sind nur schwer feste Zuordnungen eines bestimmten Textes zu nur einer Region vorzunehmen. Waren im Hochmittelalter noch sehr viele Texte in Gebrauch, so konzentriert sich die Auswahl um 1500 auf deutlich weniger Texte, die zudem z. T. in ihrer liturgischen Funktion austauschbar waren (z. B. Tractus/Communio »Absolve«, Introitus/Graduale »Si enim« usw.).

Neben dem römischen Ritus, der vor allem in Italien verbreitet war, sind drei größere Räume mit einigermaßen klar abgrenzbaren Texttraditionen nachzuweisen, die sich auch in mehrstimmigen Kompositionen wiederfinden (allerdings wegen der Seltenheit der Kompositionen oft nur in Spuren): Spanien; Niederlande, Burgund, Frankreich, England; Deutsches Reich, Polen, Ungarn. Bei der Betrachtung der Texte sind politische Verbindungen zwischen Orten/weltlichen Territorien und Diözesen zu berücksichtigen, z. B. folgt die Liturgie fürstlicher Höfe nicht zwingend der Liturgie der jeweiligen Diözese.

Die Melodien der Requiemsmessen waren ebenfalls örtlich verschieden. Eine Untersuchung der Melodievarianten der Melodien der am häufigsten in den mehrstimmigen Requiemsmessen verwendeten Texte (Introitus »Requiem«, Offertorium, »Domine Jesu Christe«) wäre möglich, ist jedoch wegen der Vielzahl und Uneinheitlichkeit der handschriftlichen und der Seltenheit der gedruckten Quellen (Gradualia) bisher nicht unternommen.

3. Mehrstimmigkeit vor 1600

Die Geschichte der Requiemsvertonungen ist durch die besondere Nähe zur Liturgie bestimmt. Die starke Verbundenheit der Requiemsmesse mit der Totenliturgie ist begründet in der liturgischen Einheit des zugrundeliegenden Ritus – diese zeigt sich auch in den Quellen der mehrstimmigen Requiemsvertonungen. Dabei stehen die Kompositionen in verschiedenen ›Spannungsfeldern‹, die vor allem durch die Funktion in der Totenliturgie bedingt sind.

Außer der ambivalenten Haltung der Kirche zu Tod und Trauer ist wohl auch die ambivalente Haltung der mittelalterlichen Kirche zur Wirkung von Musik einflußreich geworden: Musik wurde als Engels- oder Teufelsmusik, auch als Instrument der Verführung verstanden, ihr wurden demzufolge auch – besonders im liturgischen Gebrauch – ›Verhaltensmaßregeln‹ auferlegt (z. B. Klage nicht zu exzessiv). Der Appell zur Zurückhaltung hat in den mehrstimmigen Vertonungen Spuren hinterlassen: Vermeidung zu großer melodischer Sprünge, Bevorzugung einfacher Rhythmen und (im allgemeinen) unkomplizierterer Satzart – in zeitgenössischen literarischen Quellen des 15. und des 16. Jh. wird der homophone Satz als besonders angemessen empfohlen (u. a. in Déploration de Ockeghem von Guillaume Crétin) und läßt sich in vielen Kompositionen auch nachweisen (Brumel, Joh. Prioris, Clemens non Papa u. a.). Vergleichbar sind die besonders feierlichen Momente der Messe – z. B. die Elevation der Hostie, deren Feierlichkeit durch homophone Satzart der Elevationsmotetten hervorgehoben wird. Analog dazu ist öfter das Agnus bzw. die Communio der Totenmesse in längeren Notenwerten bzw. im Note-gegen-Note-Satz vertont (allerdings meist auch, der Gattungstradition der Vertonung des Introitusverses folgend, das »Te decet hymnus«).

Sind zwar im Tod alle Menschen gleich (vgl. spätmittelalterliche Totentanzdarstellungen), so ist doch im Gedenken des Todes auch die letzte Gelegenheit, das Besondere eines Menschen (auch in seinem weltlichen Stand) zu würdigen. Die starke Individualisierung des Todes zeigt sich in der deutlichen Zunahme prunkvoller Totenfeiern im Laufe des Spätmittelalters vor allem für weltliche, aber auch geistliche Fürsten. Die ablehnende Haltung der Kirche gegenüber der Darstellung irdischen Ruhms konnte diesem Bedürfnis nur bedingt entgegentreten. So stehen Totenfeiern mit besonders prächtiger Musik (als welche die Mehrstimmigkeit lange verstanden wurde) dem kirchlichen Appell zu Einfachheit gegenüber. Von der Musik wurde damit einerseits wiederum Zurückhaltung, andererseits besondere Feierlichkeit/Prachtentfaltung verlangt.

Daher ist einerseits – im Gegensatz zu sonstigen festlichen Gelegenheiten – auch bei fürstlichen Totenfeiern lange die Einstimmigkeit des Zentrums der Liturgie, der Messe, erhalten geblieben, andererseits ist die Verwendung außergewöhnlicher Kompositionsmittel gerade auch in der Frühzeit der mehrstimmigen Requiemsvertonungen nachzuweisen. Dieser Widerspruch zeigt sich auch in den handschriftlichen Quellen, die einerseits ausgeprägten Einzelwerkcharakter einzelner Stücke (Ockeghem, Antoine de Févin [ca. 1470-1512], Pierre de La Rue [ca. 1460-1518], Jean Richafort [ca. 1480-ca. 1547]) zeigen, andererseits die Überlieferung in Einzelsätzen und ›Mehrfachnutzung‹, Zusammenstellung von Einzelsätzen usw. liturgischer Gebrauchsmusik, vor allem in italienischen und spanischen Quellen. Der Bedarf an liturgischer Gebrauchsmusik war durch das sprunghafte Wachsen der Zahl der Totenmessen im 15. Jh. auch für einfachere Stände enorm groß.

Berichte zu Begräbnisfeierlichkeiten hochgestellter Persönlichkeiten legen es nahe, daß dem einstimmigen Vortrag der Requiemsmesse ein höherer Grad an Feierlichkeit und Dignität, vor allem auch theologischer ›Gültigkeit‹, des einstimmig gesungenen Wortes im Gottesdienst zugesprochen wurde und deshalb die Mehrstimmigkeit offenbar lange Zeit gemieden wurde. Oft war unter Meßstiftungen mit mehreren Messen die einzige nicht mehrstimmige Messe die Totenmesse (vgl. Meßstiftung Philipps des Guten für die Ordenskapelle vom Goldenem Vlies Dijon 1432, Maria von Burgund 1482 für Brügge OLV).

Hinzu kommt wohl eine konservative Haltung des mit dem Tod verbundenen Ritus. Modus und Satzcharakter der einzelnen Sätze werden bei der Totenmesse oft von der zugrundeliegenden Form der gregorianischen Vorlage bestimmt, als Folge der starken Anlehnung an den Cantus firmus, auch in den Ordinariumssätzen. Die Anbindung der mehrstimmigen Vertonung an die einstimmige Vorlage muß daher wohl als besonders wichtig und bedeutsam angenommen werden, d. h., daß die Einstimmigkeit, die liturgisch gültige Melodie durch Festhalten im Cantus firmus weiter wirksam blieb. Das lange Festhalten an einstimmigen Intonationen am Beginn der Sätze weist in die gleiche Richtung.

Die Orgel als festliches Instrument war für die Verwendung im Totengottesdienst lange ausgeschlossen, z. B. in Paris, Notre Dame (C. Wright 1989, S. 160). Allerdings scheint dies nicht überall der Fall gewesen zu sein (vgl. D-Mbs, Mus.Ms.C, - Abb. Requiemsmesse mit Orgel; A-Wn, 19186: »*Weis und Manier das Ambt vor die Abgestorbenen zu schlagen*«). Die Vorschriften des *Caeremoniale Episcoporum* 1600 spiegeln die kirchliche Tendenz zur ›liturgisch korrekten‹, konservativen Behandlung der Requiemsmessen in der ausdrücklichen Bestimmung, daß in Requiemsmessen bzw. Totenoffizien weder Mehrstimmigkeit noch Orgel Verwendung finden sollten.

Es ist wahrscheinlich, daß Teile der Totenliturgie und Requiemsmessen mehrstimmig zuerst vor allem im Rahmen von Stiftungen (Anniversarien) für regelmäßige Gedenkgottesdienste an großen Kathedralen und in Städten von Bruderschaften, deren Zweck die gegenseitige Fürsorge nach dem Tod war, gesungen wurden (Antwerpen, Brügge, Brüssel). Davon ist nichts erhalten; wahrscheinlich wurde die Mehrstimmigkeit teilweise auch improvisiert. Im spätmittelalterlichen Stiftungswesen war es üblich, daß auch andere Messen (z. B. Marienmessen) im Gedenkgottesdienst genutzt wurden und damit in gewissem Sinn die Funktion der Toten- bzw. Gedächtnismesse übernahmen. Ein Beispiel einer solchen ›Umfunktionierung‹ ist vielleicht mit einer unvollständigen anonymen Messe (Gloria, Credo, Sanctus, 4st., überliefert in GB-Ob, Add.C. 87*, ca. 1450-1460) erhalten: ein Cantus firmus »*Requiem aeternam*« liegt allen Sätzen zugrunde und deutet auf die Nutzung im Memorialzusammenhang hin.

Die Vielzahl der Anlässe und Verschiedenheit der persönlichen bzw. örtlichen Verhältnisse der Feier der Totenmesse im Memorialwesen läßt verallgemeinernde Feststellungen kaum zu; sicherlich kam es zu vielfältigen Mischformen von Ein- und Mehrstimmigkeit.

Frühe Belege der Mehrstimmigkeit innerhalb der Totenliturgie sind Einzelsätze aus Totenmesse und Begräbnisliturgie (I-Fn, Panchiaticchi 27: Introitus »Requiem«, Sequenz »Dies irae«; Teile Begräbnisliturgie: »Dies illa« um 1500) und Überlieferung von Einzelvertonungen pro defunctis, z.b. des Responsoriums »Libera me« (z.B. F-AM, 162, um 1500, in altertümlicher Notation auf frühere Entstehungszeit deutend) oder des Totenoffiziums. Zahlreiche Besonderheiten des Ritus, Zusammenhang mit Begräbnis oder Totenoffizium, als Gedenk- oder Allerseelenmesse führten zu verschiedenen Textzusammenhängen der Totenmesse, die sich ebenso in der Überlieferung der Stücke - z.T. in besonderen Chorbüchern, die nur den Vertonungen der Totenliturgie gewidmet waren (z.B. P-Cm, 34; E-V, Ms. s.s. Liber Officium Defunctorum; E-GRcr, Liber Defunctorum, MEX-Pc, 2) - zeigen.

a. Frankreich/Burgund

Die ersten mehrstimmigen Vertonungen mehrerer Sätze der Totenmesse sind aus höfischem Zusammenhang überliefert.

Eine der frühesten mehrstimmigen Totenmessen, von der wir wissen, ist das Requiem (»de novo compilata«, kopiert 1470/71) von G. Dufay, das dieser in seinem Testament zur Aufführung nach seinem Begräbnis bestimmte. Belegt ist die Aufführung des Requiems Dufays zu den Kapitelsitzungen des Ordens vom Goldenen Vlies - die memoria war für den Orden ein zentrales Anliegen. Möglicherweise ist die Messe Dufays auch für diesen Zusammenhang entstanden; sie ist nicht mehr erhalten.

Das früheste erhaltene mehrstimmige Requiem stammt von Ockeghem (I-Rvat, Ms.Chigi C.VIII,234). Es spiegelt die liturgische Praxis abwechselnder Ein- und Mehrstimmigkeit wider (nur Vertonung der Sätze Introitus, Kyrie, Graduale »Si ambulem«, Tractus »Sicut cervus«, Offertorium; Fitch 1997 u. 2001 nimmt unvollständige Erhaltung an). Vermutet wird ein Entstehungsdatum etwa zur gleichen Zeit wie Dufays Requiem. Fauxbourdontechnik, Dreistimmigkeit sowie die hohe Lage (mit c.f. im Diskant) haben zu einer Frühdatierung geführt (R. Wexler 1985: Für die Beerdigung Louis XI. von Frankreich 1461). Das Offertorium ist rhythmisch sehr komplex und mit verschiedensten Mensuren notiert - darin der Missa prolationum Ockeghems verwandt. Diese besondere kompositorische Betonung läßt an die große Bedeutung des Opfergangs in der spätmittelalterlichen Messe denken - möglicherweise ist die besondere ›Kunst‹ als musikalisches Opfer zu deuten. Spezielle Stiftungen für Aufführungen von Offertorium und Sequenz (B. Haggh 1992) belegen die Sonderrolle des Offertoriums im spätmittelalterlichen Memorialwesen.

Ein etwa gleichzeitiger literarischer Beleg mehrstimmiger Musik zur Totenliturgie ist die *Complainte sur la mort de Jacques Milet* (1466), in der Simon Greban eine Totenmesse mit Musik von Dufay, Binchois, Ockeghem und Johannes Fedé [Jean Sohier, ca. 1415-ca. 1477] imaginiert. Die Nennung mehrerer Musiker spiegelt die auch aus den Handschriften bekannte Zusammenstellung von Einzelsätzen verschiedener Komponisten.

Vielleicht noch im 15. Jh., wahrscheinlich jedoch im frühen 16. Jh. entstanden sind im französisch-burgundischem Umkreis die Totenmessen von Antoine de Fevin (4st., vor 1511, mit Graduale »*Si ambulem*«, Tractus »*Sicut cervus*«, auch unter dem Namen Divitis überliefert) und Joh. Prioris (4st., vielleicht zum Tode der französischen Königin Anne de Bretagne 1514, mit »*Si ambulem*«), beide in Stimmenzahl für einzelne Sätze sowie mit Lage des Cantus firmus im Diskant Ockeghem ähnlich, wohl nach seinem Vorbild (Gradualvers »*Virga tua*« 2st., Tractus »*Sicut cervus*« 2st., Tractusvers »*Sitivit*« 3st.). Pierre de La Rues Requiem (4-5st., »*Sicut cervus*«, in zahlreichen repräsentativen Quellen vom Münchener Hof) steht fast durchgehend in extrem tiefer Lage und kommt durch die gezielte Verwendung einer hohen Stimmlage im Tractus und vor allem in der Communio zu einer besonderen textdarstellenden Wirkung (Licht – Lux aeterna). Richafort (6st., I-MOd, 10, 1520-1530, RISM 1532[6]) verwendet Kanontechnik und Melodiezitate, die nicht der Totenmesse entstammen, was beides in der Geschichte des Requiems im 16. Jh. selten ist (Kanontechnik auch im Requiem von ?Appenzeller, E-MO, 765). Die Verwendung eines Josquin-Zitates (»*C'est douleur non pareille*«) in Verbindung mit der Verarbeitung des Textes »*Circumdederunt me*« wie in Josquins Gedenkmotette für Ockeghem »*Nymphes, nappés*« läßt eine Komposition zum Tode Josquins 1521 vermuten. Auffällig ist ebenfalls die Vermehrung der Stimmenzahl (6st.), die erst gegen Ende des Jahrhunderts (V. Ruffo, T. L. de Victoria) Parallelen findet. Wohl etwas später entstanden ist das Requiem Claudin de Sermisys (Quelle wie Prioris, Richafort: RISM 1532[6], mit »*Si ambulem*«, »*Sicut cervus*«). Bei den als Requiem bezeichneten Stücken von Obrecht (A-LIs, 529, ca. 1490; RISM 1504[1]: *Mille quingentis/Requiem*) und Josquin (RISM 1508[1]: *Nymphes des bois/Requiem*) handelt es sich um Gedenkmotetten mit Cantus firmus »Requiem«.

Nach der Mitte des Jahrhunderts wurden von französischen Komponisten nur noch wenige Totenmessen komponiert: Pierre Clereau (4st., 1554 mit Motetten: »*Scio enim*«, »*Libera me*«), Simon de Bonefont (Bonefond, Bonnefond; fl. ca. 1550) (5st.,

1556), Pierre Certon (4st., 1558, mit Graduale »Si ambulem«, kein Dies irae, kein Tractus); nur literarisch überliefert: Jacques Mauduit (5st., angeblich zum Tode Ronsards 1585, überlieferter Einzelsatz »Requiem« stammt aus dem Begräbnisritus).
Weitere textverwandte Totenmessen aus burgundisch/französischen Handschriften oder aus den Niederlanden: Anon. E-MO, 765, (4st., ca. 1540, Hof Maria von Burgund; B. Appenzeller?, 4st., »Si ambulem«, »Sicut cervus«; als Besonderheit: Kanon im Sanctus), Manchicourt (5st., »Si ambulem«, vor 1544; E-MO, 772: Autograph 1560), Anon. NL-L, 1440 (4st., »Si ambulem«, 1559), Anon. I-MOd, 12 (5st., »Si ambulem«, ca. 1550).
Wohl in den Niederlanden entstanden, aber mit nach römischem Ritus abweichendem Text, noch vor dem Konzil von Trient: Jacobus Clemens non papa (4st., mit einer der frühesten Vertonungen des Tractus »Absolve«).

b. Italien

Antoine Brumels Requiem ist ein sehr frühes Beispiel der Vertonung nach dem römischem Ritus, daher vielleicht während seiner Zeit in Ferrara 1505-1510 entstanden (nach Text möglich auch in Genf). Das Offertorium, das sonst meist in den Messen enthalten ist, vertont Brumel nicht, jedoch ein Dies irae. Die Satztechnik von Brumels Requiem weicht durch ihre stark homophone Prägung deutlich von seinen anderen Messen ab; das Dies irae ist, liturgischer Gebrauchsmusik nahe, alternatim gesetzt. Wohl etwa gleichzeitig entstanden ist ein Requiem von einem sonst unbekannten Komponisten Enguarandus Iuvenis (I-Tn, I.24, um 1500, 4st.) ebenfalls mit Dies irae, ohne Offertorium, darin Brumels Requiem verwandt, allerdings in Stil der Sätze und Aufbau des alternatim-Dies irae deutlich von Brumel unterschieden.

Die Tradition setzt sich in Italien fort mit Charles d'Argentil (I-Rvat, CG XII-3,1543; 4st.), mit Dies irae einstimmig bis auf den Schlußvers »Pie Jesu, Libera me« - diese Besonderheit findet sich auch bei C. Morales, 5st., worin sich vielleicht die besondere Zurückhaltung Roms gegenüber Mehrstimmigkeit in der Totenmesse spiegelt (beide Komponisten waren eng mit dem päpstlichen Hof verbunden). Alle Versikel des Dies irae vertont Anon. I-PCd, 5, »F.R.F« (4st., mit Tractus »Absolve«, c. 1550, für Piacenza).

Im Gefolge der gegenreformatorischen Bemühungen erhielt die Messenproduktion wieder größere Bedeutung, und die Zahl neu komponierter Totenmessen stieg an; insbesondere zeigt sich eine ›Massenproduktion‹ (z.T. auch mehrere Totenmessen eines Komponisten) im letzten Drittel des 16. Jh. in Italien: Michele Varotto 1563 (5st., Sequenz »Ut flos«); nur noch in literarischen Quellen belegt eine Totenmesse von Antonio Barges (Bargues; fl. 1547-1565; I-TVd, Ms. 21, 1563; zerstört). Wohl vom Hof in Mantua stammt eine Messe, deren Offertorium in der handschriftlichen Überlieferung Jaches de Wert zugeschrieben wird, die anderen Sätze vielleicht von Guglielmo Gonzaga (1538-1589) selbst (I-Mc, SB 164, 1587; 4st., Graduale »Requiem«, »Dies irae«, dort auch ein »Libera me« von G. Gastoldi); aus dem gleichen Umkreis bzw. Brescia Giovanni Contino 1573. Von Palestrina sind zwei Totenmessen bekannt (5st.: Druck 1591, Autograph erhalten: I-Rsg, Cod. 59 mit »Libera me« 3-4st.; 4st.: E-AL, 1, und E-Boc, 10, mit verschiedener Überlieferung der Sätze: Graduale »Requiem« statt Tractus »Absolve«, s. R. Snow 1990). Weitere Kompositionen stammen von: Paolo Isnardi (1536-1596, 4st., 1573), V. Ruffo (6st., 1574, Dies irae), C. Porta (4st.: I-Ms, N 34; 5st.: Druck 1578 – beide mit Dies irae und »Libera«), G. M. Asola (4st.: 1574/1576; 3st.: c.1600; Officium defunctorum 4st.: 1586), Giovanni Cavaccio (Cavacchio, Cavaggio, Cavazzio; ca. 1556-1626, 4st.: 1580; 5st.: 1593), P. Pontio (5st., 1585), F. Anerio (4st.), G. Belli (5st.: 1586, 8st.: 1595, 4st.: 1599), C. Tudino (5st., 1589 Neapel), L. Balbi (5st., 1595), G. Moro (da Viadana) (8st., 1599), O. Vecchi (8st., 1590/1627), L. G. Viadana (3st.: 1598; 4st.: 1600 mit Totenoffizium; 5st.: 1604), G. Fr. Anerio (4-6st., B.c. Dies irae, mit »Libera me«, 1614) und von anonymen Komponisten (I-Mc, 153, sp. 16. Jh., 4st., Grad. »Requiem«; I-Md, 24, 5st., Vincenzo Pellegrini?).

Die Vertonung des Dies irae wurde zum Ende des Jahrhunderts häufiger – die musikalische Dramatisierung des Dies irae erfolgte allerdings zunächst noch nicht; obwohl in den frühen Requiemsvertonungen auch ›dramatische‹, tonmalerische Mittel eingesetzt wurden, wurde das Dies irae, der Gattungstradition der Sequenzvertonung folgend (und ähnlich der Tradition der Hymnusvertonungen) oft alternatim und/oder in den mehrstimmigen Teilen sehr an den Cantus firmus gebunden syllabisch vertont, d.h. streng liturgisch, der liturgischen Gebrauchsmusik nahe, und nicht, den textlichen Möglichkeiten entsprechend, z.B. als Ausdruck der Angst vor dem Fegefeuer.

c. Spanien

In Spanien beginnt die Tradition mit einer Totenmesse des portugiesischen Komponisten Pedro de Escobar, wohl am Hof der ›katholischen Könige‹ entstanden, möglicherweise zum Tod des Prinzen Juan 1497 (Knighton 1983), eine der wenigen Vertonungen aller Sätze (außer Dies irae; E-TZ, 3, fr. 16. Jh.; 4st., nach spanischem usus Graduale »Requiem«, Tractus »Sicut cervus«, Communio »Absolve«). Ebenfalls um 1500 aus dem Umkreis des Hofes stammen Einzelsätze zur Totenliturgie von Fr. de Peñalosa, Francisco de la Torre (fl. 1483-1504) und Juan de Anchieta. Die spanische Tradition wird fortgesetzt durch ein Requiem von Juan Garcia de

Basurto (ca. 1477-1547; E-TZ, 5; wohl zwischen 1520 und 1530 zusammengestellt, 4st., mit Sätzen von Basurto, Brumel, Ockeghem und P. de Pastrana), das den Usus der Mehrfachverwendung reflektiert und die Nähe zur Gebrauchsmusik zeigt. Ähnliche Zusammenstellungen sind auch für andere Messen belegt.

Vor der Mitte des Jahrhunderts entstanden Totenmessen von: Pujol (Identität unbekannt, nicht Juan Pujol), Pedro Cubells (beide Quellen: E-Boc, 28, vor 1550). Ab der Mitte des Jahrhunderts in Spanien sehr weit verbreitet wurden die Totenmessen von C. Morales (5st.: Druck Rom 1544; 4st.: spanische Handschriften 2. Hälfte des 16. Jh. z. B. E-V, Ms. s.s., 1581 mit verschiedenen Tractus: »De profundis«, »Sicut cervus«, Tractus »Dicit Dominus, Si ambulavero?«, s. Russell 1978/1980; Totenoffizium 4st.) und Francisco Guerrero (4st., Druck 1. Ausgabe 1566 nach spanischen Usus mit Tractus »Dicit dominus«, Druck 2. Ausgabe 1582 nach dem Tridentinum dem römischen Formular angepaßt, beide Ausgaben mit zusätzlichen Motetten). Weitere Werke spanischer und portugiesischer Komponisten bzw. nach spanischem Usus: J. Vazquez (4st., Agenda defunctorum, Totenoffizium mit Requiem, Druck 1556), Antonio Gallego (4st., E-V, 5, Quelle: 3. Viertel des 16. Jh.), Anon. E-H, 88 (4st., 2. Hälfte des 16. Jh., Tractus »Absolve«), J. Maillard (4st., E-Bc, 682, Graduale »Requiem«, Offertorium »Domine convertere«), Anon. E-Zp, 17 (4st., Graduale/Tractus »De profundis«), J. Brudieu (4st.), Juan de Lienas (? identisch mit Juan Hernández, Kapellmeister Mexico, 1570), (5st., Mexico City, Carmen Codex); M. Mendès (4st.); Messe von Bernal (4st., ?José Bernal Gonçález) sowie zahlreiche Einzelsätze zur Totenliturgie in P-Cug, Ms. 34 (4st., spätes 16. Jh.) u. a. von A. Carreira d. Ä., Fernão Gomes Correia (Coimbra, fl. 1515-1532), Andre Mutinho. Von T. L. de Victoria stammen zwei der bedeutendsten Totenmessen (4st.: 1583; 6st. mit Totenoffizium 1603).

In Spanien, Portugal und Lateinamerika wurde die Komposition von Totenmessen im Stil des 16. Jh. noch lange fortgeführt; aus dem frühen 17. Jh. stammen Werke z. B. von Juan Esquivel Barahona (ca. 1563 – nach 1613; 5st.: 1608, 4st.: 1613), Juan Pujol (1573-1626, 4st., vor 1614) und E. de Brito (4-6st.).

d. Deutschland

Nur wenig ist erhalten aus der 1. Hälfte des 16. Jh.: A. von Bruck, Dies irae, 4st. (D-Mbs, 47). Textvarianten u.a. einer anonymen Messe in D-Mbs, 65, deuten auf Entstehung im deutschsprachigen Raum (ca. 1520; 4st., Graduale »Requiem«, Communio »Pro quorum«). Weiter sind überliefert Einzelsätze, z.B. Introitus »Requiem« von Thomas Stoltzer, »Libera me« von Matthias Eckel (beide in D-LEu, Ms. 49/50), »Libera me« von S. Cellarius (D-Z, 73).

Eine ›deutsche‹ Tradition konnte sich ansatzweise erst in der Zeit der Gegenreformation entwickeln. In den katholischen Territorien des Reiches und am habsburgischen Hof sind einige Messen mit ähnlicher Satzfolge entstanden: in Kombination mit dem Graduale »Si ambulem« wird das Dies irae vertont, auch noch nach dem Konzil von Trient. Frühes Beispiel ist die Totenmesse von Jacobus de Kerle (4st., 1562 Graduale »Si ambulem«, Dies irae 3-4st., mit »Libera me«). Wohl entstanden am bzw. für den Hof in München: O. di Lasso (4st.: 1578, Graduale »Si ambulem«, 5st.: 1589 Tractus »Absolve«, D-Mbs, 2750, mit Dies irae), Anon. D-Mbs, 79 (4st., ?Joachim Doernerus, »Si ambulem«), Anon. D-As, 23 (4st., »Si ambulem«, Dies irae); am kaiserlichen Hof in Wien bzw. Innsbruck, Prag: J. Vaet (5st., D-B, Ms. mus. 40025, spätes 16. Jh.; Tractus »Sicut cervus« 2-4st.), Jean de Chaynée (4st., A-Gu, 89, »Si ambulem«, Dies irae, A-Wn, 19428, 17. Jh., mit »Sicut cervus«, jedoch ohne »Si ambulem«/»Dies irae«), Philippe de Monte (5st., A-Wn, 15948, letztes Drittel 16. Jh., »Si ambulem«). Spätere Komponisten im süddeutschen Raum sind Blasius Amon (4st., 1588 Graduale »Requiem«, Communio »Absolve«), Jakobus Flori (5st., D-Rp, C 90, vor 1619, Kloster Irsee), Gr. Aichinger (4-5st. mit B.c., D-As, 21; 1613).

Eine vergleichende Analyse der Requiem-Vertonungen kann vor dem Tridentinum nur bedingt vorgenommen werden, da die verwendeten Texte unterschiedlich sind und die Texte einerseits verschiedene Bilder benutzen, andererseits auch verschiedenen Textgattungen bzw. Gattungen des einstimmigen Gesangs entstammen. So ergibt sich die Geschichte des frühen mehrstimmigen Requiems als eine Geschichte von z. T. nicht vergleichbaren Kompositionen; es zeigt sich eine Gattung, deren Einheit hauptsächlich durch die Funktion (als Totenmesse) bestimmt wird, deren kompositorische Probleme aber auch durch die große Verschiedenheit der funktionellen Anforderungen gestellt werden (fürstliche Beerdigung/vielfache Totenmessen im Memorialwesen - Einzelwerk bzw. -Zyklus/Gebrauchsmusik; Individualität/Allgemeinheit; Zurückhaltung/besonderer Ausdruck). Einige der frühen Ansätze legen jeweils einen anderen Schwerpunkt in diesen Spannungsfeldern und blieben vielleicht deshalb vereinzelte Lösungen. Allenfalls gegen Ende des 16. Jh. ist die Menge von Kompositionen mit gleichem Text bzw. Satzfolge für vergleichende Analysen - besonders in Italien - ausreichend. Hier zeigen sich dann zwar Gemeinsamkeiten (starker Bezug auf cantus firmus, rhythmisch zurückhaltender Satz), und es entsteht eine gewisse Gattungsnorm - diese wird allerdings durch die Beibehaltung der cantus firmus-Technik von zunehmender Konservativität geprägt. Die liturgische Bindung wurde formbestimmend und hatte sich damit gegenüber den ›dramatischen‹ Möglichkeiten des Themas durchgesetzt. Die andere Seite - ansatzweise zu Beginn des 16. Jh. vorhanden - sollte sich erst im 17. Jh. entwickeln. G. F.

Anerios Requiem 1614 zeigt bereits die gegenläufige Tendenz und beginnt mit der
Dramatisierung des Dies irae durch stärker textausdeutende Mittel.

4. Motetten zur Totenliturgie

Für persönliche Klage war wegen der Vermeidung des Ausdrucks starker
Trauer und der angemessenen Zurückhaltung (auch der Person) in der offiziellen
Totenliturgie wenig Raum. Möglicherweise haben aber ›freiere‹ Motetten, die allerdings wohl auch im Zusammenhang mit der Messe aufgeführt wurden und oft
auch liturgische Texte vertonen, diese Funktion übernommen (Belege von Aufführungen von Motetten innerhalb oder – öfter – am Ende von Requiemsmessen; dafür
spricht auch die Überlieferung solcher Motetten mit Requiemsmessen, z.B. Josquins »Absolve quaesumus« am Ende der Totenmesse Fevins in E-Tc, Obra y Fabrica
23). Der Zusammenhang der seit der Mitte des 15. Jh. immer zahlreicher werdenden
Gedenkmotetten mit der persönlichen Trauer ist deutlich – einerseits durch ›persönlicheren‹, nicht so sehr an die liturgische Gattung gebundenen, musikalischen
Ausdruck in der Motette, andererseits durch die starke Personengebundenheit dieser Vertonungen, oft gleichzeitig Ausdruck der Trauer (Déploration, Naenia) und
musikalisches Gedenken, musikalischer Grabstein (Epitaphium), im Sinne der mittelalterlichen Memoria (und in Anlehnung an die Nennung des Namens des Verstorbenen während der Messe) persönliches Gebet für und reale Vergegenwärtigung
des Toten durch die Nennung des Namens im Text oder durch musikalisches Zitat
bzw. Bezug auf den Verstorbenen (Gemeinschaft der Lebenden und Toten, s. Oexle
in: Memoria 1984. Für Belege von verborgener Namensnennung durch Zahlen s.
Elders 1987).

Die Zahl der Trauer- und Gedenkmotetten vor dem Jahre 1600 ist weit höher als
die von Requiemsmessen; die Tradition der Mehrstimmigkeit im Zusammenhang
mit der Totenliturgie bzw. dem Memorialwesen begann auch mit Trauermotetten,
die als cantus firmus den Introitus der Requiemsmesse verwenden, z.B. Anon. I AO,
1439/40 Romanorum rex inclite/Requiem (Joh. de Sarto?). Eine besondere Tradition
wird die Komposition von Trauermotetten auf Musikerkollegen; frühes Beispiel:
Ockeghem auf Binchois 1461. Der Schritt zur Komposition von Messen für den eigenen Tod oder für den von Musiker-Kollegen (Richafort) ist klein. Mehrstimmige
komplette Vertonungen des Totenoffiziums sind hingegen relativ selten, bzw. z.T.
nur Einzelsätze daraus überliefert, die oft als motetti pro defunctis nachgewiesen sind.
Häufig vertonte Texte des Totenoffiziums sind »Ne recorderis«, »Manus tuae fecerunt
me«, »Peccantem me« und das Invitatorium Regem cui.

Vollständige Vertonungen stammen u.a. von C. Morales (4st., E-VPsm, Ms. s.s.), Juan Muro (ca. 1535-1591, 4st., E-CU, Ms. 2), J. Vazquez (4st.), G. M. Asola (4st.: 1586), G. Moro (8st., 1599), L. G. Viadana (4st., 1600), T. L. de Victoria (6st., 1603), J. Gines Perez (4-5st., E-MO, Ms. 753), G. Gastoldi (4st., 1607) und Francisco de Garro (y de Yanguas, ca. 1556-1623, 8st., 1609).

URSULA REICHERT

5. Das Requiem bis um 1800
a. Iberische Halbinsel und Italien

Die vokale Polyphonie der vorausgegangenen Epoche setzt sich noch in manchen Werken der folgenden Jahrzehnte fort. Auch die enge Anlehnung an die gregorianische Melodie prägt den motivischen Bestand, so in der Missa pro defunctis 4 vocum von T. L. de Victoria. Seine zweite Requiem-Komposition von 1603 ist sechsstimmig, in den Proportionen ausladender und umfaßt außer einer Motette auch das reich gegliederte Responsorium »Libera me«. Es zeigt sich darin, daß die Bestimmungen des von Papst Pius V. 1570 genehmigten Missale schon sehr bald nicht strikt befolgt wurden: Die Regel wird bis ins 20. Jh. hinein sein, daß gewisse Teile (besonders häufig Tractus und Communio) unvertont bleiben bzw. zusätzliche Teile (das Responsorium »Libera me«, die Antiphon »In paradisum« und verschiedene motettische Einlagen) komponiert werden.

Vom Portugiesen Duarte Lobo sind zwei Requiem-Kompositionen überliefert (gedruckt 1621 und 1639), während von einem dritten Officium defunctorum (Lissabon 1603) kein Exemplar erhalten ist. Die acht-bzw. sechsstimmigen Zyklen ähneln einander im Aufbau, jedoch enthält das spätere Werk auch eine unvollständige Sequenz und ein Schluß-Responsorium Memento mei. Von den Zeitgenossen sind noch Fernão de Magalhães und Manuel Mendès mit Requiem-Kompositionen zu nennen, vor allem aber Frei M. Cardoso mit einer klangschönen, übermäßige Intervalle reichlich verwendenden Missa pro defunctis für sechs Stimmen.

Unter den kirchenmusikalischen Werken des Katalanen Juan Cererols findet sich eine sieben- und eine vierstimmige Requiem-Vertonung. Im ersteren Werk wird der Klang in zwei abgestufte Chöre aufgeteilt, die tänzerische Sequenz ertönt im Alternatim-Vortrag mit dem Choral.

Die genannte Alternatim-Praxis ist kein Einzelfall, gilt vielmehr auch für die Missa pro defunctis von G. Fr. Anerio (1614), deren ungeradzahlige Sequenzstrophen choraliter, die geradzahligen mehrstimmig erklingen (also umgekehrt als etwa bei Brumel). Nicht erhalten ist das Requiem Monteverdis, von dessen Aufführung im

Mai 1621 Giulio Strozzi berichtet (L. Schrade, *Monteverdi, Creator of Modern Music*, 1950, S. 320). Offenbar haben wir es bei diesem Werk, das von G. B. Grillo und Fr. Usper mitkomponiert wurde, mit dem frühesten Requiem zu tun, das instrumentale Einlagen enthält. Die Sequenz im Requiem von Maurizio Cazzati (1663) weist motivische Beziehungen zwischen den einzelnen Strophen auf und strebt also, auch dies kein Einzelfall, symmetrische Relationen an. Francesco Cavalli bestimmte seine 1675 entstandene achtstimmige *Missa pro defunctis* fürs eigene Begräbnis. Ebenso wie er war auch Antonio Lotti in erster Linie Opernkomponist. Sein vierstimmiges Requiem bildet ein Beispiel dafür, daß die dramatischen Möglichkeiten der Gattung und besonders der kontrast- und bilderreichen Sequenz von den Bühnenkomponisten schon früh erkannt und auch in der Folgezeit wirkungsvoll ausgenutzt wurden. Unter den weiteren italienischen Opernkomponisten ragen A. Scarlatti, D. Cimarosa und G. Paisiello mit Requiem-Vertonungen hervor.

b. Frankreich

Entsprechend dem zentralistisch gegliederten Staatswesen in Frankreich kommt hier einigen Werken eine offizielle, repräsentative Rolle zu. (Die weitaus häufigere Vertonung gilt freilich dem Te Deum, nicht dem Requiem.) Die fünfstimmige *Missa pro defunctis* a cappella von Eustache Du Caurroy (1549-1609) wurde nicht nur 1610 bei der Begräbnisfeier für den ermordeten Henri IV., sondern auch später bei Totenzeremonien für Könige immer wieder aufgeführt. Das Werk gehorcht dem Pariser Ritus, enthält also das Graduale »Si ambulem« und läßt die Sequenz weg (der übliche Tractus-Text »Sicut cervus« bleibt allerdings unvertont). Auch das 1656 veröffentlichte Requiem von Charles d'Helfer spart die Sequenz aus und hält sich an einen historisierenden a cappella-Stil. Den Variantenreichtum des französischen Requiems belegen die drei Werke von Marc-Antoine Charpentier: Das Werk in d-Moll umfaßt zwischen Sanctus und Benedictus ein »Pie Jesu«-Duett zweier Soprane sowie am Schluß ein vom Gesamtchor vorgetragenes »De profundis«; die Vertonung in g-Moll enthält die vollständige Sequenz. Wie im Schaffen von Michel-Richard Delalande zu beobachten, wandten sich die französischen Komponisten häufig auch der Vertonung einzelner Requiem-Teile zu, so auch der sonst ausgesparten Sequenz. Die um 1700 entstandene Totenmesse von Jean Gilles (mit der Motette »Diligam te«) blieb das meistgespielte Werk des Komponisten. Das vielgerühmte Requiem wurde beim eigenen Begräbnis von Gilles unter Campras Leitung aufgeführt, sodann 1764 bei den Exequien für Rameau und im Mai 1774 anläßlich einer Gedächtnisfeier für Ludwig XV. in der Versailler Parochialkirche. Das Prinzip des Konzertierens prägt die *Messe de Requiem* von André Campra, wobei das um 1720 entstandene Werk zeittypisch von weltlich gestimmten, tanzhaften Partien durchsetzt ist. Wohl die längste Requiem-Vertonung der Zeit stellt die Missa pro defunctis von François-Joseph Gossec dar; das 1760 in der Pariser Jakobinerkirche aufgeführte und 1780 als Grande messe des morts veröffentlichte Werk erlangte durch das »Tuba mirum« mit seinen räumlich getrennt aufgestellten Orchestergruppen Berühmtheit (und beeinflußte darin Berlioz' Requiem).

c. Deutschland

Im betreffenden Zeitraum spielt der protestantische nord- und mitteldeutsche Raum so gut wie keine Rolle in der Geschichte der (katholischen) Requiem-Vertonung. Die süddeutschen, österreichischen und böhmischen Meister pflegen die Sequenz vollständig zu vertonen; mit großer Regelmäßigkeit wird auch der Abschnitt »Quam olim Abrahae« des Offertoriums fugiert ausgearbeitet. Die Missa pro defunctis von Chr. Strauß, die 1631 gedruckt wurde, gehört zu den frühesten Belegen der Gattung im 17. Jahrhundert. Sie wird von einer »Symphonia ad imitationem campanae« eingeleitet. Ausnahmsweise ohne die Sequenz, dafür aber um zwei eingeschobene Sonaten bereichert, ist ein Requiem von Kaiser Leopold I., das 1673 anläßlich des Todes der Kaiserin entstand. Die ausdrucksstarke, konzertant angelegte Missa pro defunctis von Joh. K. Kerll beschäftigt fünf Vokalsolisten, einen vier- bzw. fünfstimmigen Chor sowie ein Violenensemble; bei Textstellen wie »Quantus tremor«, »Tuba mirum« und »Mors stupebit« zeichnet ein Gambenchor den Inhalt nach. Ähnlich angelegt ist das undatierte fünfstimmige Requiem von Heinrich Ignaz Franz Biber, das bei »Quantus tremor« tremolierende Violinen verwendet und sich im Sanctus durch eigenwillige Rhythmen und Harmonik (wohl eine süddeutsche Variante des »stylus phantasticus«) auszeichnet.

Jan Dismas Zelenka hat mehrere Requiem-Vertonungen hinterlassen. Von den drei Requiem von Gregor Joseph Werner enthält dasjenige in g-Moll zwei Zusätze, die belegen, daß das Reglement von 1570 auch im süddeutsch-österreichischen Bereich frei ausgelegt wurde.

Unter den zahllosen Totenmessen der Zeit seien die Werke von Joh. Chr. Bach, A. C. Adlgasser, Fr. X. Richter, Joh. Jos. Fux, Joh. A. Hasse und M. Haydn genannt. Die Geschichte der Gattung im fraglichen Zeitraum wird abgeschlossen von Mozarts im Todesjahr 1791 in Angriff genommenen Requiem in d-Moll. Mozarts Kompositionsschüler Fr. X. Süßmayr hat nach eigener Angabe die fehlenden Abschnitte Sanctus, Benedictus und Agnus dei »ganz neu verfertigt«, was zu widerlegen bei allem angebrachten Zweifel bislang nicht gelungen ist (Chr. Wolff, Mozarts Requiem, Kassel 1991, S. 145). Der exzeptionelle Charakter des Werkes besteht in dessen schöpferischer Vergegenwärtigung des stilo antico, nicht minder in manchen harmonischen Kühnheiten, die auf die Romantik vorausweisen. Zur Prager Mozart-Totenfeier 1791 komponierte Fr. A. Rösler (Rosetti) ein eigenes, verlorengegangenes Requiem.

6. 19. Jahrhundert
a. Allgemeine Merkmale

Die repräsentativen Requiem-Vertonungen streifen die Bindung an die Liturgie immer mehr ab und stellen sich in den Dienst säkularer Heldenverehrung (Berlioz, Verdi). Mitunter rechnen sie nicht einmal mit einer Aufführung im Kirchenraum (Dvořák). Solche Werke sind durch das Motu proprio von Papst Pius X. (1903) nachträglich auch offiziell aus dem sakralen Raum verdrängt worden. Daneben entstehen freilich unzählige Requiem-Vertonungen für den täglichen Gebrauch ohne ästhetische Ansprüche. Bereichert wird die Gattung durch das zunehmende Interesse protestantischer Musiker, wodurch fruchtbare Sonderentwicklungen einer nationalsprachlichen Literarisierung (Schumann) wie auch einer persönlich geformten Religiosität (Brahms) eröffnet werden. Noch mehr als im 17. und 18. Jh. fällt schließlich auf, daß sich Opernkomponisten der Gattung zuwenden und deren dramaturgische Möglichkeiten ausschöpfen.

b. Italien und Frankreich

Daß die klassizistische Stilhaltung eines Komponisten bei der Behandlung der Sequenz Probleme bereiten kann, zeigt sich in Cherubinis erstem Requiem in c-Moll, einer offiziellen Auftragsarbeit, die zum Gedächtnis an Louis XVI. im Januar 1816 erklang. Der theatralische Tamtam-Schlag bei »Dies irae« sowie die drastischen rhetorischen Mittel bei »Confutatis maledictis« drohen die persönliche Sprache zu sprengen. Beethoven gestand dennoch, diese Komposition zum Vorbild nehmen zu wollen, wenn er einmal ein Requiem schreiben würde (Ignaz Ritter von Seyfried, Ludwig van Beethoven's Studien; Anhang, Wien 1832, S. 22). Infolge einer kirchlichen Beanstandung gestaltete Cherubini sein zweites Werk in d-Moll bescheidener und beschäftigte ausschließlich Männerstimmen.

Unter den kirchenmusikalischen Werken von Giuseppe Gazzaniga findet sich ein handschriftlich gebliebenes Requiem. Die Messa di requiem von Donizetti entstand 1835 im Andenken an Bellini; die Theatralik der Musik tritt etwa im Duett »Judex ergo« von Tenor und Bariton zutage, dessen opernhafte Melodielinien in eine regelrechte Stretta einmünden.

Wie kein anderes Werk der Gattung spiegelt die Grande messe des morts von Berlioz Geist und Ungeist des 19. Jahrhunderts. Im Dienste der Verklärung des Kolonialkrieges in Algerien, wurde das Werk, das teilweise auf eine Messe solennelle von 1824 zurückgeht, im Dezember 1837 im Invalidendom mit Pomp aufgeführt; trotz der schlichten Faktur entfaltet es eine suggestive Massenwirkung dank der quadrophonen Anlage, der unvermittelten Kontraste und der hypnotisierenden Motivwiederholungen. Die Drastik der Gegensätze von effekthascherischem Klangzauber und innigem Gebet findet ihresgleichen nur in der zeitgenössischen Grand Opéra.

Die Wirkung von Berlioz' Werk macht sich in manchen Kompositionen der Folgezeit bemerkbar, so in der 1864 entstandenen Messa di requiem von Giovanni Pacini, vor allem aber in Verdis monumentaler Komposition (1868-1873), in welcher die unbekümmerte Extrovertiertheit von Berlioz eine technisch wie menschlich reifere Stufe erreicht. In den Solonummern entbehrt die siebenteilige Komposition nicht bühnenhafter Züge, weshalb Hans von Bülow sie als Verdis »neueste Oper im Kirchengewande« apostrophierte (Ausgewählte Schriften, Lpz. 1896, S. 341). Dennoch ist es erstaunlich, zu welchem Erspüren metaphysischer Regionen Verdi, ein »non credente«, etwa in der Strophe »Mors stupebit« fähig war.

Das Werk von Saint-Saëns (1878) überzeugt durch musikalische Substanz, weniger die eklektische Messa di requiem von Giovanni Bottesini aus dem Jahr 1880. Unter den Requiem-Vertonungen weiterer Opernkomponisten (Ch. Gounod, L. Perosi u. a.) ist der Introitus-Satz Puccinis von Interesse, der im Andenken an Verdi entstand. Die »gelehrte« Harmonik in Giovanni Sgambatis Requiem weist über den italienischen Musikraum hinaus. Am Ende des Jahrhunderts steht, nach mehreren Zwischenfassungen, die endgültige Gestalt von Faurés Werk aus dem Jahr 1900. Ohne einen konkreten Anlaß geschrieben, ohne die Sequenz, dafür mit der verklärenden Antiphon »In paradisum« als Schlußsatz, schuf die siebensätzige Komposition mit ihrer furchtlosen, ja apollinischen Auffassung vom Tod einen eigenen Requiem-Typus.

c. Deutschland und Österreich

Die unzähligen Werke, die z.T. im Geiste des Cäcilianismus auf deutsch-österreichischem Boden entstanden sind (Fr. X. Witt, R. J. N. Führer, M. Haller, I. Mitterer u. a.), können nicht über die religiöse Aushöhlung und ästhetische Verflachung hinwegtäuschen, welche die Gattung auch im deutschsprachigen Raum kennzeichnet. Zu den nennenswerten Ausnahmen gehören die Werke von J. L. Eybler (1803), A. Reicha (1802-1806), Schuberts Fragment von 1816, ein Requiem des jungen Bruckner (1849) und das 1852 komponierte, von liturgischen Rücksichten freie Requiem des Nichtkatholiken Schumann. Italienisch in Tonfall und melodischer Erfindung der Solopartien, dramatisch im Einsatz des gemischten Chores, beeindruckte das Requiem d-Moll Franz von Suppés (1855) schon die Zeitgenossen. Nach dem für Männersolisten und -chor geschriebenen Requiem von Liszt (1867/68) und dem orthodoxen Kontrapunkt mit neudeutscher Harmonik amalgamierenden Werk in h-Moll von dem Protestanten Felix Draeseke (der im Offertorium sogar den Choral »Jesus, meine Zuversicht« ertönen läßt) folgt das monumentale Requiem Dvořáks, das auf eine liturgische Verwendbarkeit von vornherein verzichtet und dessen Geschlossenheit auf der Allgegenwart eines Motivs, auf dem Vorherrschen dunkler Farben und auf einer lyrischen Gesamthaltung beruht.

7. 20. Jahrhundert

Seit dem ersten Weltkrieg haben sich die »Requiem« betitelten Musikwerke noch weiter von liturgischen Rücksichten gelöst. Manche der bekanntesten, etwa von Hindemith, Britten und Zimmermann, haben mit Requiem-Vertonungen nichts gemein, stellen vielmehr eine Auseinandersetzung mit dem Tod durch das Medium eines Dichters (W. Whitman, W. Owen) oder mit Hilfe von Klang-Collagen in der Art der Musique concrète dar, andere Werke, wie Robert Wittingers Verwendung der Texte von Lautréamont, stehen radikal außerhalb der kirchlichen, ja jeder religiösen Tradition. In den liturgisch verwendbaren Kompositionen wiederum wird der klangliche Aufwand reduziert und besteht zuweilen nur in einem a cappella-Chor.

Das lateinische Requiem von Max Reger (1914), ein Fragment, steht mit seinem üppigen Klanggewand noch in der spätromantischen Tradition, ebenso die gleich monumentalen Werke von I. G. Henschel und J. Reiter. Zeittypischer ist die Messa di requiem von Ildebrando Pizzetti (1922). Mit seiner Introvertiertheit ist das 1937-1938 komponierte Requiem von Joseph-Guy Ropartz wie auch das Werk von Maurice Duruflé (1947) dem Fauréschen Gattungstypus verwandt. Die in manchen Werken zu beobachtende Tendenz, die gregorianischen Melodien in den Vordergrund treten zu lassen, macht sich im Requiem chorale von Joh. N. David (1956) geltend. Wohl trägt die unvollendete Missa pro defunctis des Polen Roman Maciejewski eine für das düstere Jahrhundert bezeichnende Widmung: »To the victims of the wars of all time, victims of tyrants, of human ignorance, victims of broken divine laws«, dennoch will sich ihre eklektische Musiksprache nicht recht in die Moderne einfügen. Sparsam in den Mitteln ist das 1974-1975 komponierte Requiem von A. Schnittke; gewisse Teile wie der Introitus sind geradezu minimalistisch konzipiert.

Das moderne Repertoire bereicherten ferner der Schwede Hans Eklund (1927-1999), der Finne Joonas Kokkonen (*1921), der Österreicher Erich Urbanner (*1936), der Deutsche Volker David Kirchner (*1942), der Franzose Marc Eychenne (*1933) und andere. Was Umfang und stilistische Breite betrifft, werden diese Werke vom *Polnischen Requiem* K. Pendereckis (1980-1984) übertroffen. Eine Klangkomposition mit Vokalisen und Clustern bildet das Requiem des Russen Vjačeslav Artëmov (*1940), wohl der bedeutendste Beitrag zur Gattung aus der ehemaligen Sowjetunion. Eine Art musikalischer Postmoderne stellt das a cappella-Requiem des Engländers Humphrey Clucas (*1941) (1988) dar.

Ob die liturgische Neuordnung nach dem 2. Vatikanischen Konzil, derzufolge die Sequenz eliminiert und das Alleluja am Schluß des Graduale wieder eingefügt wurde, den künftigen Requiem-Vertonungen zugute kommt, bleibt fraglich. Eine Übersicht über die Geschichte des Requiems hat abschließend auch jene Werke einzubeziehen, deren liturgische Tauglichkeit zweifelhaft erscheint oder ganz fehlt. Eine klare Trennungslinie zu ziehen dürfte problematisch sein, da einige Werke schon des 19. Jh. liturgisch nicht praktikabel sind und weil spätere Werke bald Texte weglassen und bald zusätzliche Texte enthalten. In Pendereckis Requiem etwa fehlen einerseits Offertorium und Sanctus, andererseits schließt das Werk mit einem polnischsprachigen Kirchenlied. Eindeutig nicht zur Gattung gehören im 19. Jh. das *Deutsche Requiem* D 621 von Schubert und das gleichnamige Werk von Brahms, Schumanns *Requiem für Mignon* und die Requiem-Kompositionen von P. Cornelius bzw. M. Reger nach Hebbels Gedicht »*Seele, vergiß sie nicht*«, im 20. Jh. die »Requiem«-Kompositionen etwa von Fr. Delius 1914-1916, G. Finzi 1924, W. Wehrli 1929, H. N. Howells 1936, Hindemith 1946 (»*A Requiem for Those We Love*« nach Texten von W. Whitman), N. Rosseau 1959, Britten 1961 (*War Requiem*), D. B. Kabalevskij 1962/63, Ligeti 1963-1965, I. Stravinskij 1965/66 (»*Requiem Canticles*«, nach Worten des Komponisten »*the first mini- or pocket-Requiem*«), Zimmermann, S. Bussotti, Henze, Wittinger (Maldoror-Requiem, 1984/1986) und andere.

TIBOR KNEIF

Literaturverzeichnis

QUELLEN zu II.

Die folgende Liste nennt Handschriften, die griechische Ordinariumsstücke enthalten (nach Atkinson 1982), alphabetisch geordnet nach ihrem Aufbewahrungsort. Die Angaben betreffen 1. den Inhalt (D = »Doxa« / Gloria, P = »Pisteuo« / Credo, A = »Agios« / Sanctus, O = »O amnos tu theu« / Agnus Dei), 2. den Handschriftentyp, 3. die Datierung und 4. die Provenienz. Teile ohne musikalische Notation sind durch * markiert.

A-KR, 309: D*, Tropar, 12. Jh., Kremsmünster
- A-Wn, 1888: D / P / A / O, Sakramentar, um 960, Mainz.

B-Br, 21536-40: O, Martyrologium, 13. Jh., Nordfrankreich.

CH-SGs, 17: P*, griech.-lat. Psalter, 9. Jh., St. Gallen
- CH-SGs, 338: D/P, Graduale, 10. Jh., St. Gallen ▪ CH-SGs, 340: D/P, Graduale, 10. Jh., St. Gallen ▪ CH-SGs, 376: D/P/O, Graduale, frühes 11. Jh., St. Gallen ▪ CH-SGs, 378: D/P/O, Tropar, 1034-1070, St. Gallen ▪ CH-SGs, 380: D/P/O, Tropar, um 1054, St. Gallen ▪ CH-SGs, 381: D/P/A/O, Tropar, 10. Jh., St. Gallen ▪ CH-SGs, 382: D/P, Tropar, frühes 11. Jh., St. Gallen ▪ CH-SGs, 484: D/P/A/O, Tropar, 10. Jh., St. Gallen ▪ CH-Zz, Rh.97: P, Graduale/Tropar, 11./12. Jh., St. Gallen (?) ▪ CH-Zz, Rh.132: D, Miszellenslg., 11. Jh., Rheinau.

D-B, theol. 4° 11: D/P/A/O, Tropar, 1024-1027, St. Gallen (?) für Minden ▪ D-B, Hamilton 552: D*, Psalter, 9. Jh., Mailand ▪ D-BAs, Bibl.44 (A.I.14): D/P*, Psalter, 909, St. Gallen ▪ D-BAs, Lit.6: D, Graduale, spätes 10. Jh., St. Emmeram (Regensburg?) ▪ D-BAs, Lit.53: P*, Pontificale, 11. Jh., Bamberg ▪ D-DÜl, D 2: D/P/A/O, Sakramentar, 10. Jh., Corvey/Essen ▪ D-Kl, theol. Q 15: O, Graduale/Tropar, um 1420, St. Emmeram (Regensburg) ▪ D-Mbs, Clm.6425: P, Lektionar, 11. Jh., Freising ▪ D-Mbs, Clm.14083: D/P/A/O, Cantatorium, 1031-1037, St. Emmeram (Regensburg) ▪ D-Mbs, Clm.14322: D/P/A/O, Cantatorium, 1040-1050, St. Emmeram (Regensburg) ▪ D-Mbs, Clm.19440: D/P/A/O, dt./lat. Glossen, 11./12. Jh., Tegernsee ▪ D-W, Weißenburg 15: D/P*, Pontifikale, 11. Jh., Besançon ▪ D-W, Weißenburg 86: D*, grammatikalische Texte, mittleres 8. Jh., Tours.

F-APT, 17 (5): A, Tropar, mittleres 11. Jh., Apt ▪ F-APT, 18 (4): D, Tropar, frühes 11. Jh., Apt (?) ▪ F-LA, 118: D*, Sakramentar, 10. Jh., St. Denis ▪ F-LA, 263: D, Prosar, 12. Jh., Laon ▪ F-MOf, H.306: D/P/A/O*, Miszellenslg., 10. Jh., Bourgogne ▪ F-Pa, 1169: D/P, Prosar/Tropar, 10./11. Jh., Autun ▪ F-Psg, 2410: A*, Miszellenslg., 11. Jh., England ▪ F-Pn, lat.779: A, Tropar, zweite Hälfte des 11. Jh., Arles/Limoges (?) ▪ F-Pn, lat.909: A/O, Tropar, 1000-1034, St. Martial ▪ F-Pn, lat.1118: D/A, Tropar, 987-996, Auch (?) ▪ F-Pn, lat.1119: A/O, Tropar, um 1030, St. Martial ▪ F-Pn, lat.1120: A/O, Tropar, 994-1031, St. Martial ▪ F-Pn, lat.1121: A, Tropar, 1000-1031, St. Martial ▪ F-Pn, lat.1834: A/O, Tropar-Fragment, um 1000, St. Martial ▪ F-Pn, lat.2290: D/P/A/O*, Sakramentar, um 867, St. Amand ▪ F-Pn, lat.2291: D/P, Sakramentar, um 871, St. Amand ▪ F-Pn, lat.4883A: D/P*, Miszellenslg., 10./11. Jh., St. Martial ▪ F-Pn, lat.9434: D, Graduale/Sakramentar, 11. Jh., Tours ▪ F-Pn, lat.9436: D/P, Missale, mittleres 11. Jh., St. Denis ▪ F-Pn, lat.9449: D/P/A/O, Cantatorium/Tropar, um 1060, Nevers ▪ F-Pn, lat.12048: P*, Sakramentar, 8. Jh., Gellone ▪ F-Pn, n.a.lat.1871: A/O, Tropar, zweite Hälfte des 11. Jh., Aurillac/Moissac (?) ▪ F-Pn, Cabinet des médailles, Diptychon (Chabouillet Nr.3264): D/A/O, 10./11. Jh., Autun ▪ F-TOm, 193: D, Sakramentar, 12./13. Jh., St. Martin.

GB-Ccc, 473: D, Tropar, 996-1006, Winchester ▪ GB-Ccc, 163: P, Pontificale, 11. Jh., Winchester ▪ GB-Cu, Gg.5.35: D/P*, Miszellenslg., 11. Jh., Canterbury ▪ GB-Lbl, Add.19768, D/P/A/O, Tropar/Cantatorium, um 960, Mainz ▪ GB-Lbl, Cotton Galba A.XVIII: A*, Psalter, um 930, Italien (?), mit engl. Ergänzungen ▪ GB-Lbl, Cotton Titus D.XVIII: A*, Miszellenslg., 13. Jh., England ▪ GB-Lbl, Harley 5642: D/A*, Grammatik (Dositheus), 9./10. Jh., St. Gallen (?) ▪ GB-Lbl, Royal 2.A.xx: D/A/O*: Miszellenslg., 8.-11. Jh., England ▪ GB-Ob, 775: D, Tropar, mittleres 11. Jh., Winchester ▪ GB-Ob, Selden Supra 27: D/P/A/O, Prosar/Tropar, frühes 11. Jh., Heidenheim.

I-MOd, O.I.7: A, Graduale/Tropar, 11./12. Jh., Forlimpopoli ▪ I-Ra, 123: A, Graduale, 1039, Bologna ▪ I-Rvat, Reg.lat.215: D/P, Miszellenslg., um 877, Fleury ▪ I-Rvat, Reg.lat.316: P*, Sakramentar, um 750, Chelles ▪ I-VEcap, CVII (100): A, Tropar, 11. Jh., Mantua.

NL-DHmw, 6: P/A/O*, Eusebius, Historia ecclesiastica, 10./11. Jh., Metz.

RUS-SPsc, Q.v.I, no.41: D/A*, Sakramentar, um 863, St. Amand.

S-Sk, A 136: D/P*, Sakramentar, um 875, St. Amand.

LITERATUR

1. Zu I. WAGNER (¹1895) ▪ F. PROBST, Die abendländische Messe vom fünften bis zum achten Jh., Münster 1896 ▪ A. FRANZ, Die Messe im dt. Mittelalter, Freiburg 1902 ▪ M. SIGL, Zur Gesch. des Ordinarium Missae in der dt. Choralüberlieferung, 2 Bde., Rgsbg. 1911 (= Veröff. der greg. Akademie zu Freiburg in der Schweiz 5) ▪ A. FORTESCUE, The Mass: a Study of the Roman Liturgy, L. 1912 ▪ P. WAGNER, Gesch. der Messe, Bd. 1: Gesch. der Messe bis 1000, Lpz. 1913

■ A. BAUMSTARK, Missale Romanum, seine Entwicklung, ihre wichtigsten Urkunden und Probleme, Eindhoven 1929 ■ G. NICKL, Der Anteil des Volkes an der Meßliturgie im Frankenreich von Chlodwig bis auf Karl den Großen, Innsbruck 1930 ■ L. EISENHOFER, Hdb. der kath. Liturgik, 2 Bde., Fr.i.Br. 1932/33 ■ R.-J. HESBERT, Antiphonale missarum sextuplex, Brs. 1935 ■ C. OTT (Hrsg.), Offertoriale sive versus offertorium, P./Tournai/Rom 1935; rev. Solesmes ²1985 ■ D. JOHNER, Wort und Ton im Choral, Lpz. 1940, ²1953 ■ J. FROGER, Les Chants de la messe aux VIIIe et IXe siècles, in: Revue Grégorienne 26, 1947, 161-172, 218-228; 27, 1948, 56-62, 98-107; 28, 1949, 58-65, 94-102; als Sonderdruck: Tournai 1950 ■ J. A. JUNGMANN, Missarum Sollemnia. Eine genetische Erklärung der röm. Messe, 2 Bde., Wien 1948, ⁵1962 ■ T. KLAUSER, Abendländische Liturgiegesch., Bonn 1949 ■ B. BOTTE/C. MOHRMANN, L'Ordinaire de la messe, P. 1953 ■ D. CATTA, Aux origines du Kyriale, in: Revue Grégorienne 34, 1955, 175-182 ■ L. SCHRADE, News on the Chant Cycles of the Ordinarium Missae, in: JAMS 8, 1955, 66-69 ■ M. J. BURNE, Mass Cycles in Early Graduals. A Study of the Ordinary of the Mass Cycles in Medieval and Renaissance Graduals in Libraries in the United States, Ann Arbor/Mich. 1956 ■ W. APEL, Gregorian Chant, Bloomington 1958, ³1966 ■ A. BRUNNER, Wesen, Funktion und Ort der Musik im Gottesdienst [1960], Z. ²1968 ■ F. HABERL, Die Instructio de Musica Sacra et Sacra Liturgia der Heiligen Ritenkongregation und die Feier der Missa in cantu, in: Musica Sacra 80, 1960, 33-40 ■ S. J. P. VAN DIJK/H. J. WALKER, The Origins of the Modern Roman Liturgy. The Liturgy of the Papal Court and the Franciscan Order in the Thirteenth Century, L. 1960 ■ O. SÖHNGEN, Theologische Grundlagen der KM., in: Leiturgia Bd. 4, Kassel 1961, 1-267 ■ M. BLINDOW, Messe, in: Theologische Realenzyklopädie 22, 1962, 613-616 ■ T. BOGLER, Ite, missa est, in: Liturgisches Jb. 12, 1962, 54-57 ■ H. HUSMANN, Zur Stellung des Meßpropriums der österr. Augustiner-Chorherren, in: Fs. E. Schenk, hrsg. von O. Wessely, Graz 1962, 261-275 (= Studien zur Mw. 25) ■ K. VON FISCHER, Neue Quellen zum einst. Ordinariumszyklus des 14. und 15. Jh. aus Italien, in: Fs. Ch. van den Borren, Atpn. 1964, 60-68 ■ J. GELINEAU, Musik im Gottesdienst, Rgsbg. 1965 ■ H. HUSMANN, Zur Gesch. der Meßliturgie von Sitten und über ihren Zusammenhang mit den Liturgien von Einsiedeln, Lausanne und Genf, in: AfMw 22, 1965, 217-242 ■ K. GAMBER, Missa Romensis. Beitr. zur frühen röm. Liturgie und zu den Anfängen des Missale Romanum, Rgsbg. 1970 (= Studia patristica et liturgica 3) ■ E. J. LENGELING, Die neue Ordnung der Eucharistiefeier. Allgemeine Einf. in das röm. Meßbuch, Münster 1970 (= Lebendiger Gottesdienst 17/18) ■ A. DUMAS, Les Sources du Missel romain, in: Notitiae 7, 1971, 37-42, 74-77, 94-95, 134-136, 276-280, 409-410 ■ K. G. FELLERER (Hrsg.), Gesch. der katholischen KM., 2 Bde., Kassel 1972, 1976 ■ A. A. HÄUSSLING, Mönchskonvent und Eucharistiefeier. Eine Studie über die Messe in der abendländischen Klosterliturgie des frühen MA. und zur Gesch. der Meßhäufigkeit, Münster 1973 (= Liturgiewiss. Quellen und Forschungen 58) ■ F. HABERL, Das Kyriale Romanum. Liturgische und mus. Aspekte, Rgsbg. 1975 (= Schriftenreihe des ACV 10) ■ K. FINKEL, Mus. Aufführungspraxis besonderer Mess-Stiftungen und Feierlichkeiten im fürstbischöfl. Dom zu Speyer, in: KmJb 58/59, 1974/75, 47-56 ■ J. H. EMMINGHAUS, Die Messe. Wesen – Gestalt – Vollzug, Klosterneuburg 1976 (= Schriften des Pius Parsch-Instituts Klosterneuburg 1) ■ F. HABERL, Das Graduale Romanum. Liturgische und mus. Aspekte, Bd. 1: Die antiphonalen Gesänge Introitus und Communio, Rgsbg. 1976 (= Schriftenreihe des ACV 11) ■ O. NUSSBAUM, Die Messe als Einheit von Wortgottesdienst und Eucharistiefeier, in: Liturgisches Jb. 27, 1977, 136-171 ■ A. ROUET, La Messe dans l'histoire, P. 1979 ■ H. MUSCH (Hrsg.), Musik im Gottesdienst, 2 Bde., Rgsbg. ²1983, ³1986 ■ J. HERMANS, Die Feier der Eucharistie. Erklärung und spirituelle Erschließung, ebd. 1984 (ndl. Originalausg. 1979) ■ P. JEFFERY, The Introduction of Psalmody into the Roman Mass by Pope Celestine I (422-432), in: Arch. für Liturgiewiss. 26, 1984, 147-165 ■ J. DYER, Psalmody and the Roman Mass, in: Studies in Music from the University of Western Ohio 10, 1985, 1-24 ■ D. HILEY, Ordinary of Mass Chants in English, North French and Sicilian Mss., in: Journal of the Plainsong and Mediaeval Music Society 9, 1986, 1-128 ■ A. EKENBERG, Cur cantatur? Die Funktionen des liturgischen Gsg. nach den Autoren der Karolingerzeit, Stockholm 1987 (= Bibliotheca theologiae practicae. Kyrkovetenskapliga studier 41) ■ H. B. MEYER u. a. (Hrsg.), Gottesdienst der Kirche. Hdb. der Liturgiewiss., Tl. 3: Gestalt des Gottesdienstes, Rgsbg. 1987 ■ P. F. BRADSHAW, The Search for the Origins of Christian Worship: Sources and Methods for the Study of Early Liturgy, N.Y. 1992 ■ D. HILEY, Western Plainchant, Oxd. 1993 ■ K. SCHLAGER, What the Dove Could not yet Sing: Alleluia Melodies after 1100, in: G. M. Hair/R. E. Smith (Hrsg.), Songs of the Dove and the Nightingale. Sacred and Secular Music c. 900-c. 1600, Sidney 1994, 90-101 (= Australian Studies in History, Philosophy & Social Studies of Music 3) ■ J. W. McKINNON, Properization: The Roman Mass, in: Kgr.Ber. IMS Study Group Cantus Planus, Eger 1993, Bd. 1, Budapest 1995, 15-22 ■ K. SCHLAGER, Beharren im Wandel. Aus der Gesch. des greg. Chorals, in: Km. Erbe und Liturgie, hrsg. von K. Schlager/H. Unverricht, Tutzing 1995, 37-49 (= Eichstätter Abhandlungen zur Mw. 10).

2. Zu II. Missa in octava S. Dionysii Areopagitae et sociorum martyrum, P. 1658 ■ GERBERT, De Cantu (1774) ■ A. J. H. VINCENT, Note sur la messe grecque, in: Revue archéologique 4, P. 1864, 268ff. ■ G. SCHERRER, Verzeichnis der Hss. der Stiftsbibl. St. Gallen, 1875 ■ W. CHAPPELL, On the Use of the Greek Language, Written Phonetically, in the Early Service Books of the Church in England, in: Archeologia 46, L. 1881 ■ A. HEI-

SENBERG, Documents grecs pour servir à l'histoire de la quatrième croisade, in: Revue de l'orient latin 1, 1893, 540-555 ▪ H. OMONT, La Messe grecque de St. Denys au moyen-âge, in: Études d'histoire de moyen-âge, P. 1896, 177f. ▪ C. DAUX, Deux livres choraux monastiques des 10e et 11e siècles, P. 1899 ▪ DERS., Tropaire-prosier de l'Abbaye St. Martin de Montauriol, P. 1901 ▪ U. GAISSER, Brani greci nella liturgia latina, in: Rassegna gregoriana 1, 1902, H. 7-9 ▪ A. BAUMSTARK, Liturgia S. Gregorii Magni, eine griech. Übs. der röm. Messe, in: Oriens Christianus 4, 1904, 1-27 ▪ H. M. BANNISTER, Un antico »Credo« greco e latino con neumi, in: Rassegna gregoriana 4, 1905 ▪ A. GASTOUÉ, A proposito di un antico »Credo« greco e latino, in: dass. 4, 1905, 254 ▪ J. B. REBOURS, Traité de Psaltique, P. 1906 ▪ H. MÜLLER, Reliquiae graecae, in: KmJb 21, 1908, 147f. ▪ J. B. DARANATZ, A propos de la messe grecque de Saint Denys, in: Revue historique de Béarn et des pays Bretons 1, 1910, 69f. ▪ WAGNER (1911) ▪ A. HEISENBERG, Neue Quellen zur Gesch. des lat. Kaisertums und der Kirchenunion, in: Sitzungsber. der Bayrischen Akad. der Wiss., phil.-hist. Klasse 2, 12, Mn. 1913, 46-52 ▪ E. BISHOP, Liturgica historica, Oxd. 1918, 43 ▪ A. FLEISCHER, Die germ. Neumen, Ffm. 1923 (II. Das Griech. Glaubensbekenntnis) ▪ H. LECLERCQ, in: Dictionnaire d'archéologie et de littérature chrétienne, Bd. 6/2, 1925, Sp. 158ff. ▪ DERS., Messe grecque de St. Denis, in: dass., Bd. 4, 1925, Sp. 639f. ▪ P. WAGNER, Morgen- und Abendland in der My., in: Stimme der Zeit 114, 1927, 131-145 ▪ O. URSPRUNG, Alte griech. Einflüsse und neuer gräzisistischer Einschlag in der ma. Musik, in: ZfMw 12, 1930, 193-219 ▪ V. GARDTHAUSEN, Die griech. Schrift des MA. im Westen Europas, in: Byz.-neugriech. Jb. 8, 1931, 114-135 ▪ B. CAPELLE, Alcuin et le symbole de la messe, in: Recherches de théologie ancienne et médiévale 6, 1934, 249ff. ▪ H. W. CODRINGTON, The Liturgy of St. Peter, München 1936 ▪ L. BROU, L'Alleluia gréco-latin »Dies sanctificatus«, in: Revue grégorienne 1938, 1939 ▪ J. HANDSCHIN, Das Zeremonienwerk Kaiser Konstantins und die sangbare Dichtung, Basel 1942 ▪ C. NORDENFOLK, in: Acta Archeologica 18, 1947, 162ff. und Fig. 20 ▪ E. WELLESZ, Eastern Elements in Western Chant, Oxd. 1947 ▪ A. SIEGMUND, Die Überlieferung der griech. christl. Lit. in der lat. Kirche bis zum 12. Jh., Mn. 1949 ▪ J. HANDSCHIN, Eine alte Neumenschrift, in: AmI 22, 1950, 69-97 ▪ M. HUGLO, La Mélodie grecque du Gloria in excelsis, in: Revue grégorienne 1950 ▪ DERS., La Tradition occidentale des mélodies byzantines du Sanctus, in: Fs. D. Johner, hrsg. von F. Tack, K. 1950, 40-46 ▪ B. BISCHOFF, Das griech. Element in der abendländischen Bildung des MA., in: Byz. Zs. 44, 1951, 27-55 ▪ M. HUGLO, Origine de la mélodie du Credo »authentique« de la Vaticane, in: Revue grégorienne 30, 1951, 68-78 ▪ E. JAMMERS, Die Essener Neumen-Hs. der Landes- und Stadtbibl. Düsseldorf, Ratingen 1952 ▪ A. BAUMSTARK, Liturgie comparée, Chevetogne 1953 ▪ A. STRITTMALTER, Missa Grecorum. The Oldest Latin Version Known of the Byzantine Liturgy, in:

Traditio 1, N.Y. 1953, 79-137 ▪ O. URSPRUNG, Um die Frage der Echtheit der Missa graeca, in: Mf 6, 1953, 289-296 (mit weiterer Lit.) ▪ K. LEVY, The Byzantine Sanctus and Its Modal Tradition in East and West, in: AnnMl 6, 1958-1963, 7-67 ▪ FR. ZAGIBA, Der Cantus Romanus in lat., griech. und slawischer Kultsprache in der Karolingischen Ostmark, in: KmJb 44, 1960, 1-13 ▪ FR. ZAGIBA, in: MGG (1961) ▪ M. HUGLO, Les Chants de la ›Missa greca‹ de St. Denis, in: Fs. E. Wellesz, hrsg. von J. Westrup, Oxd. 1966, 74-83 ▪ J. DESHUSSES, Chronologie des grands sacramentaires de Saint-Amand, in: Revue bénédictine 87, 1977, 230-237 ▪ DERS., Encore les sacramentaires de Saint-Amand, in: dass. 89, 1979, 310-313 ▪ W. BERSCHIN, Griech.-lat. MA. von Hieronymus zu Nikolaus von Kues, Bern/Mn. 1980 ▪ CH. M. ATKINSON, O amnos tu theu: The Greek Agnus Dei in the Roman Liturgy from the Eighth to the Eleventh Century, in: KmJb 65, 1981, 7-30 ▪ DERS., Zur Entstehung und Überlieferung der ›missa graeca‹, in: AfMw 39, 1982, 113-145 ▪ W. BERSCHIN, Biographie und Epochenstil im lat. MA., Bd. 1: Von der Passio Perpetua zu den Dialogi Gregors d.Gr., Stg. 1986 (= Quellen und Untersuchungen zur lat. Philologie des MA. 8) ▪ M. LAPIDGE, The School of Theodore and Hadrian, in: Anglo-Saxon England 15, 1986, 45-72 ▪ K. LEVY, Charlemagne's Archetype of Gregorian Chant, in: JAMS 40, 1987, 1-30 ▪ M. W. HERREN/SH. A. BROWN (Hrsg.), The Sacred Nectar of the Greeks: The Study of Greek in the Latin West in the Early Middle Ages, L. 1988 (= King's College London Medieval Studies 3) ▪ B. KACZYNSKI, Greek in the Carolingian Age: The St. Gall Manuscripts, Cambridge/Mass. 1988 (= Speculum Anniversary Monographs 13) ▪ CH. M. ATKINSON, The Doxa, the Pisteuo, and the ellinici fratres: Some Anomalies in the Transmission of the Chants of the ›Missa graeca‹, In: Journal of Musicology 7, 1989, 81-106 ▪ A. W. ROBERTSON, The Service-Books of the Royal Abbey of Saint-Denis: Images of Ritual and Music in the Middle Ages, Oxd. 1991 ▪ CH. M. ATKINSON, Further Thoughts on the Origin of the Missa graeca, in: Fs. H. Hucke, hrsg. von P. Cahn/A.-K. Heimer, Hdh. 1993, 75-94.

3. Zu III. I. PRODAN, Je li glagolica pravo svih Hrvata? (Ist die Glagoliza das Recht aller Kroaten?), Zadar 1904 ▪ L. JELIĆ, Fontes historici liturgiae glagolito-romanae a XIII ad XIX saeculum, Veglae/Krk 1906 ▪ J. VAJS, Etwas über den liturgischen Gesang der Glagoliten der vor- und nachtridentinischen Epoche, in: Archiv für slavische Philologie 30, 1909, 227-233; 31, 1910, 430-442 ▪ I. RADIĆ, Staroslavensko crkveno pjevanje u biskupiji krčkoj (Der altslawische Kirchengs. im Bistum Krk), in: Sveta Cecilija 8, 1914, 35f. ▪ J. VAJS, Pěnije Rimskoga misala po izdaniju vatikanskomu (Der Gsg. des röm. Missale nach der vatikanischen Ausg.), Rom 1914 ▪ I. RADIĆ, Crkveno pjevanje u župama sa staroslavenskim liturgijskim jezikom (Der Kirchengsg. in den Pfarreien in altslawischer Kultsprache), in: Sveta Cecilija 9, 1915, 58f. ▪ B. SOKOL, Pučko crkveno pjevanje na otoku Krku (Der volkstümliche

Kirchengsg. auf der Insel Krk), in: dass. 11, 1917, 1-5, 37-40, 77-82, 116-119 ▪ J. VAJS, Nekoliko bilježaka o izdanju glag. misala latinicom (Einige Bemerkungen zur Ausg. des glagolit. Missale in lat. Schrift), in: dass. 18, 1924, 173-176
▪ I. MATETIĆ, Crkveno pjevanje na otoku Krku (Der Kirchengsg. auf der Insel Krk), in: dass. 25, 1931, 205f.
▪ J. VAJS, Liturgické mešní zpěvy staroslovanské na svátky svatých patronů českých (Altslawische liturg. Meßgesänge für die Feste der hl. Patronen Böhmens), Prag 1933
▪ A. GASTOUÉ, Pjevanje u slavenskim crkvama (Der Gsg. in den slawischen Kirchen), in: Ćirilometodski vjesnik 2, 1934, 45f. ▪ DR. KNIEWALD, Zagrebački liturgijski kodeksi XI-XV stoljeća (Zagreber liturg. Codices des 11.-15. Jh.), in: Croatia sacra. Arhiv za crkvenu povijest Hrvata 10, 1940, 1-128 ▪ B. ŠIROLA, Crkveno pjevanje u glagoljaškoj liturgijskoj sredini (Der Kirchengsg. in der liturgischen Umgebung der glagolit. Priester), in: Croatia sacra 20/21, 1943, 333-336 ▪ Vj. ŠTEFANIĆ, Staroslavenska Akademija u Krku 1902-1927 (Die Altslawische Akad. in Krk 1902-1927), in: Croatia sacra 22/23, 1944, 1-56 ▪ J. VAJS, Najstariji hrvatskoglagoljski misal s bibliografskim opisima svih hrvatskoglag. misala (Das älteste kroatisch-glagolit. Missale mit bibliogr. Beschreibungen aller kroatisch-glagolit. Missalia), Zagreb 1948
▪ K. GAMBER, Das glagolit. Sakramentar der Slavenapostel Cyrill und Method und seine lat. Vorlage, in: Ostkirchliche Studien 6, Wzbg. 1957, 165-173 ▪ ST. SMRŽÍK, The Glagolitic or Roman-Slavonic Liturgy, Cleveland/Rom 1959 ▪ V. HGANEC, Istraživanje glagoljaškog pjevanja na otocima Krku, Rabu i Pagu (Untersuchungen zum glagolit. Gsg. auf den Inseln Krk, Rab und Pag), in: Ljetopis Jugoslavenske akademije znanosti i umjetnosti 63, 1959, 479-482 ▪ DERS., Proučavanje glagoljskog pjevanja na otoku Krku 1955 god (Untersuchung des glagolit. Gsg. auf der Insel Krk im Jahre 1955), in: dass., 441-445 ▪ E. KOSCHMIEDER, Stand und Aufgaben der Erforschung der liturg. Musik der Glagoliten in Jugoslawien, in: Slovo 9/10, 1960, 184-192 ▪ FR. ZAGIBA, Art. Messe, C. Die Messe in slawischer Sprache. I. Nach westlichem Ritus, in: MGG (1961) ▪ V. ŠTEFANIĆ, Tisuću i sto godina od moravske misije (1100 Jahre seit der Mährenmission), in: Slovo 13, 1963, 5-42 ▪ FR. ZAGIBA, Der hist. Umkreis der Kiever Sakramentarfragmente, in: dass. 14, 1964, 59-77 ▪ M. PANTELIĆ, Prvotisak glagoljskog misala iz 1483 prema misalu kneza Novaka iz 1368 (Der Erstdruck des glagolit. Missales von 1483 im Vergleich mit dem Missale des Fürsten Novak von 1368), in: Radovi staroslavenskog instituta 6, 1967, 5-108
▪ C. RIHTMAN, O poreklu staroslovanskega obrednega petja na otoku Krku (Über die Herkunft des altslawischen rituellen Gsg. auf der Insel Krk), in: Muzikološki zbornik 4, Ljubljana 1968, 34-49 ▪ Vj. ŠTEFANIĆ, Glagoljski rukopisi Jugoslavenske Akademije (Die glagolit. Hss. der Jugoslawischen Akad.), Zagreb 1969 (Auflistung der Missalia auf S. 57-90) ▪ M. BOLONIĆ, Otok Krk kolijevka glagoljice (Die Insel Krk - Wiege der Glagoliza), Zagreb 1970 (Kap. 10: Crkveno pjevanje na Krku, 75-93) ▪ V. HGANEC, Odnosi glagoljskog crkvenog i svjetovnog pjevanja u kvarnerskom području (Beziehungen zwischen Kirchen- und weltlichem Gsg. im Quarnero), in: Krčki zbornik 3, 1971, 145-152 ▪ J. BEZIĆ, Razvoj glagoljaškog pjevanja na zadarskom području (Die Entwicklung des glagolit. Gesangs im Gebiet von Zadar), Zadar 1973 ▪ J. FUČAK, Šest stoljeća hrvatskoga lekcionara u sklopu jedanaest stoljeća hrvatskoga glagoljaštva (Sechs Jahrhunderte kroatisches Lektionar), Zagreb 1975 ▪ V. ŠTEFANIĆ, Nazivi glagoljskog pisma (Benennungen der glagolit. Schrift), in: Slovo 25/26, 1976, 17-76 ▪ A. NAZOR, Zagreb riznica glagoljice. Katalog izložbe (Zagreb, Schatzkammer der Glagoliza. Ausstellungskat.), Zagreb 1978 ▪ J. MARTINIĆ, Glagolit. Gesänge Mitteldalmatiens, 2 Tle., Rgsbg. 1981
▪ S. STEPANOV, Glagoljaško pjevanje u Poljicima kod Splita (Der glagolit. Gsg. in Poljica bei Split), Zagreb 1983 (= Spomenici glagoljaškog pjevanja 1) ▪ G. DOLINER, Rukopisna zbirka crkvenih napjeva Franje Kuhača (Der hs. Slg. von Kirchengsg. des Fr. Kuhač), in: Zbornik radova sa znanstvenog skupa ... 150. objletnice rođenja Franje Ksavera Kuhača, Zagreb 1984, 233-263 ▪ M. PANTELIĆ, O Kijevskim i Sinajskim listićima (Über die Kiewer und sinaitischen Blätter), in: Slovo 35, 1985, 5-56 ▪ J. TARNANIDIS, Auf Sinai entdeckte Quellen als Ausgangspunkt für ein neues Verständnis der cyrillo-methodianischen Mission, in: Mitt. der Ges. für Salzburger Landeskunde 126, 1986, 11-21 ▪ J. SCHAEKEN, Die Kiever Blätter, Adm. 1987 (dazu A. Minčeva, in: Palaeobulgarica 13, 1989, 112-116) ▪ L. WALDMÜLLER, Die Synoden in Dalmatien, Kroatien und Ungarn von der Völkerwanderung bis zum Ende der Arpaden (1311), Paderborn/Mn. 1987 ▪ A. J. SOLDO, Antun Dragutin Parčić i njegov glagoljski misal (A. Dr. Parčić und sein glagolit. Missale), in: Slovo 39/40, 1990, 167-186 ▪ A. BOZANIĆ, Biskup Mahnić, pastir i javni djelatnik u Hrvata (Bischof Mahnić, Pastor und öffentlich Wirkender in Kroatien), Zagreb/Krk 1991 ▪ P. RUNJE, Izdavač i nakladnici glagoljskog misala Pavla Modrušanina iz godine 1528 (Hrsg. und Verleger des glagolit. Missale von Paul Modrušanin aus dem Jahr 1528), in: Slovo 41-43, 1993, 227-240 ▪ J. L. TANDARIĆ, Hrvatskoglagoljska liturgijska književnost (Das kroatisch-glagolit. liturgische Schrifttum), Zagreb 1993.

4. Zu IV.
a. Allgemeine und Überblicksdarstellungen G. EISENRING, Zur Gesch. des mehrst. Proprium Missae bis um 1560, Düsseldorf 1913 ▪ P. WAGNER, Gesch. der Messe, Bd. 1: Bis 1600, Lpz. 1913; Repr. Wdbn. 1963 ▪ W. LIPPHARDT, Die Gesch. des mehrst. Proprium Missae, Hdbg. 1950 ▪ J. A. JUNGMANN, Missarum sollemnia. Eine genetische Erklärung der röm. Messe, 2 Bde., Fr.i.Br. 1952 ▪ THR. GEORGIADES, Musik und Sprache: Das Werden der abendländischen Musik dargestellt an

der Vertonung der Messe, Bln. u. a. 1954 ▪ P. GÜLKE, Et incarnatus est. Beobachtungen zur Entwicklung des Wort-Ton-Verhältnisses in der Meßkomposition des 15. Jh., in: L. Finscher/U. Günther (Hrsg.), Musik und Text in der Mehrst. des 14. und 15. Jh., Kassel u. a. 1984, 351-381 (= Göttinger mw. Arbeiten 10) ▪ H. HUCKE, Die Messe als Kunstwerk, in: C. Dahlhaus u. a. (Hrsg.), Funkkolleg Musikgeschichte, Studienbegleitbrief 3, Weinheim u. a. 1987, 54-92 ▪ L. FINSCHER, Die Messe als mus. Kunstwerk, in: Ders. (Hrsg.), Die Musik des 15. und 16. Jh., Laaber 1989, 193-275 (= NHdb 3,1) ▪ R. STROHM, The Rise of European Music, 1380-1500, Cambridge 1993 ▪ H. LEUCHTMANN/S. MAUSER (Hrsg.), Messe u. Motette, Laaber 1998 (= Hdb. d. mus. Gattungen 9) ▪ TH. GÖLLNER et al.: Mass. The Polyphonic Mass to 1600, in: NG², 66–77

b. Einzeluntersuchungen R. VON FICKER, Die Kolorierungstechnik der Trienter Messen, in: StMw 7, 1920, 5-47 ▪ DERS., Die frühen Messenkompositionen der Trienter Codices, in: dass. 11, 1924, 3-58 ▪ J. SCHMIDT-GÖRG, Vier Messen aus dem XVI. Jh. über die Motette ›Panis quem ego dabo‹ des Lupus Hellinck, in: KmJb 25, 1930, 77-93 ▪ W. SCHULZE, Die mehrst. Messe im frühprotestantischen Gottesdienst, Wlfbl. 1940 ▪ M. F. BUKOFZER, ›Caput‹: A Liturgico-Musical Study, in: Ders., Studies in Medieval and Renaissance Music, L. 1950, 217-310 ▪ R. B. LENAERTS, The 16th-Century Parody Mass in the Netherlands, in: MQ 36, 1950, 410-421 ▪ A. KRINGS, Die Bearbeitung der greg. Melodien in der Meßkomposition von Ockeghem bis Josquin des Prez, in: KmJb 35, 1951, 36-53 ▪ H. ANGLÈS, Una nueva versión del Credo de Tournai, in: RBM 8, 1954, 84-96 ▪ F. FELDMANN, Untersuchungen zum Wort-Ton-Verhältnis in den Gloria-Credo-Sätzen von Dufay bis Josquin, in: MD 8, 1954, 141-171 ▪ R. JACKSON, Musical Interrelations between Fourteenth-Century Mass Movements, in: AMl 29, 1957, 54-64 ▪ F. STOCK, Studien zum Wort-Ton-Verhältnis in den Credosätzen der Niederländer zwischen Josquin und Lasso, in: KmJb 41, 1957, 20-63 ▪ H. BECK, Probleme der venezianischen Meßkomposition im 16. Jh., in: KgrBer. Wien 1956, Graz/K. 1958, 35-40 ▪ E. H. SPARKS, Cantus Firmus in Mass and Motet, 1420 1520, Berkeley/Los Angeles 1963 ▪ R. HOPPIN, Reflections on the Origin of the Cyclic Mass, in: Fs. Ch. van den Borren, Atpn. 1964, 85-92 ▪ S. HERMELINK, Jägermesse. Beitrag zu einer Begriffsbestimmung, in: Mf 18, 1965, 29-33 ▪ A. HUGHES, Mass Pairs in the Old Hall and other English Manuscripts, in: RBM 19, 1965, 15-27 ▪ PH. GOSSETT, Techniques of Unification in Early Cyclic Masses and Mass Pairs, in: JAMS 19, 1966, 205-231 ▪ L. LOCKWOOD, On ›Parody‹ as Term and Concept in 16th-Century Music, in: Fs. G. Reese, hrsg. von J. LaRue, N.Y. 1966, 560-575 ▪ J. COHEN, The Six Anonymous ›L'homme armé‹-Masses in Naples, Biblioteca Nazionale, MS VI E 40, o.O. 1968 (= MSD 21) ▪ M. LÜTOLF, Die mehrstimmigen Ordinarium Missae-Sätze vom ausgehenden 11. bis zur Wende des 13. zum 14. Jahrhundert, 2 Bde., Bern 1970 ▪ J. T. IGOE, Performance Practices in the Polyphonic Mass of the Early Fifteenth Century, Diss. Univ. of North Carolina, Chapel Hill 1971 ▪ N. S. JOSEPHSON, The ›Missa de Beata Virgine‹ of the 16th Century, Diss. Berkeley 1971 ▪ G. CHEW, The Early Cyclic Mass as an Expression of Royal and Papal Supremacy, in: ML 53, 1972, 254-269 ▪ L. LOCKWOOD, Aspects of the ›L'homme armé‹ Tradition, in: PRMA 100, 1973/74, 97-122 ▪ D. CRAWFORD, Secular Songs in Mid-Fifteenth-Century Continental Masses, in: The Epic in Medieval Society, Tbg. 1977, 113-125 ▪ R. HOPPIN, More Pairs of Mass Movements in the Old Hall Manuscript, in: RB 32/33, 1978/79, 23-34 ▪ H. KÜMMERLING, Die Bestimmung mehrst. Vertonungen des Ordinarium Missae mittels des Cantus firmus als Accidens praedicabile, in: A. Zimmermann (Hrsg.), Soziale Ordnungen im Selbstverständnis des MA., 2. Halbbd., Bln./N.Y. 1980, 586-600 (= Miscellanea Mediaevalia 12,2) ▪ H. LEUCHTMANN, Drei bisher unbekannte Parodiemessen von Morales, Lechner und Lasso. Neufunde in einer Neresheimer Hs. von 1578, in: Musik in Bayern 20, 1980, 15-37 ▪ D. GILLER, The Naples ›L'Homme Armé‹ Masses and Caron: A Study in Musical Relationship, in: Current Musicology 32, 1981, 7-28 ▪ A. E. PLANCHANRT, Fifteenth-Century Masses. Notes on Performance and Chronology, in: Studies in Music 10, 1981, 3-29 ▪ C. SANTARELLI, Messe fiamminghe sulla chanson Fors seulement, in: Rivista Internazionale di Musica Sacra 4, 1981, 420-439 ▪ F. LL. HARRISON, Two Liturgical Manuscripts of Dutch Origin in the Bodlein Library, Oxford, and Music for the Ordinary of the Mass in Late Medieval Netherlands, in: TVNM 32, 1982, 76-95 ▪ K. E. NELSON, The Canonic Technique in the Mass Movement and Motet, c. 1360 – c. 1430, Diss. Univ. of Adelaide 1982 ▪ G. R. K. CURTIS, Stylistic Layers in the English Mass Repertory, c. 1400-1450, in: PRMA 109, 1982/83, 23-38 ▪ A. E. PLANCHART, Parts with and without Words. The Evidence for Multiple Texts in Fifteenth-Century Masses, in: St. Boorman (Hrsg.), Studies in the Performance of Late Medieval Music, Cambridge 1983, 227-251 ▪ N. J. SANDON, Paired and Grouped Works for the Latin Rite by Tudor Composers, in: MR 44, 1983, 8-12 ▪ R. STROHM, Quellenkritische Untersuchungen an der Missa Caput, in: L. Finscher (Hrsg.), Datierung und Filiation von Musikhss. der Josquin Zeit, Wbdn 1983, 153-176 (= Quellenstud. zur Musik der Renaissance 2; gleichzeitig Wolfenbütteler Forschungen 26) ▪ W. HAASS, Stud. zu ›L'homme armé‹-Messen des 15. und 16. Jh., Rgsbg. 1984 (= Kölner Beitr. zur Mf. 136) ▪ G. REANEY, The Social Implications of Polyphonic Mass Music in Fourteenth-Century England, in: MD 37, 1984, 159-172 ▪ R. STEPHAN, Das Schlußstück der Messe von Toulouse, in: Fs. H. H. Eggebrecht, hrsg. von W. Breig u. a., Wbdn. 1984, 40-45 (= BzAfMw 23) ▪ H. M. BROWN, »Lord have Mercy upon us«. Early Sixteenth-Century Scribal Practice and the Polyphonic Kyrie, in: Text 2, 1985, 93-110 ▪ K. VON FISCHER, Il ciclo dell Ordinarium missae del MS F-Pn 568 (Pit), in: A. Ziino (Hrsg.), L'Ars nova italiana del trecento 5, Palermo 1985,

123-136 ▪ CHR. PIETZSCH, Unbekanntes Münchner Sanctus in emblematischem Kontext von 1381, in: Augsburger Jb. für Mw. 3, 1986, 69-92 ▪ R. TARUSKIN, Antoine Busnoys and the ›L'Homme armé‹ Tradition, in: JAMS 39, 1986, 255-293 (dazu B. Haggh u. a. in: dass. 40, 1987, 139-153 und 577-580) ▪ L. H. WARD, The Motetti Missales Repertory Reconsidered, in: dass. 39, 1986, 491-523 ▪ L. TH. WOODRUFF, The ›Missae de Beata Virgine‹ ca. 1500-1560. A Study of Transformation from Monophonic to Polyphonic Modality, Diss. Texas State Univ. 1986 ▪ C. P. COMBERIATI, Late Renaissance Music at the Habsburg Court. Polyphonic Settings of the Mass Ordinary at the Court of Rudolf II. (1576-1612), N.Y. 1987 ▪ I. LERCH-CALAVRYTINOS, Messekompositionen mit kanonischen Stimmen. Eine internationale Erscheinung?, in: MD 41, 1987, 59-73 ▪ J. PALUMBO, The Foligno Fragment. A Reassessment of Three Polpyphonic Glorias, ca. 1400, in: JAMS 40, 1987, 169-209 ▪ J. DUMOULIN u. a., La Messe de Tournai. Une Messe polyphonique en l'honneur de Notre-Dame à la Cathédrale de Tournai au XIVe siècle. Étude et nouvelle transcription, Louvain-la-Neuve 1988 (= Tornacum 4) ▪ D. FLANAGAN, Some Aspects of the Sixteenth-Century Parody Mass in England, in: MR 49, 1988, 1-11 ▪ S. MEYER-ELLER, Mus. Satz und Überlieferung von Messesätzen des 15. Jh. Die Ordinariumsvertonungen der Hss. Aosta 15 und Trient 87/92, Mn. 1989 (= Studien zur Musik 8) ▪ R. STROHM, Meßzyklen über dt. Lieder in den Trienter Codices, in: Fs. W. Osthoff, hrsg. von M. Just/R. Wiesend, Tutzing 1989, 77-106 ▪ R. C. WEGMAN, Concerning Tempo in the English Polyphonic Mass, in: AMl 61, 1989, 40-65 ▪ M. BENT, The Yoxford Credo, in: Fs. A. Johnson, hrsg. von L. Lockwood/E. Roesner, o.O. 1990, S. 26-51 ▪ G. CILIBERTI, Diffusione e trasmissione del Credo nelle fonti mensurale del tardomedioevo. Nuove evidenze in Italia centrale, in: MD 44, 1990, 57-87 ▪ R. C. WEGMAN, The Anonymous Mass D'ung aultre amer: A Late Fifteenth-Century Experiment, in: MQ 74, 1990, 566-594 ▪ TH. BROTHERS, Vestiges of the Isorhythmic Tradition in Mass and Motet, ca. 1450-1475, in: JAMS 44, 1991, 1-56 ▪ D. DIXON, Tradition and Progress in Roman Mass setting after Palestrina, in: Kgr.Ber. Palestrina 1986, Palestrina 1991, 309-324 ▪ M. H. SCHMID, Ein dreist. Gloria im Lektionston: Zum Tübinger Fragment einer dt. Hs. des 15. Jh., in: AfMw 48, 1991, 37-63 ▪ B. CABERO PUEYO, El fragmento con polifonía litúrgica del siglo XV E-Ahl 1474/17. Estudio comparativo sobre el Kyrie summe clementissime, in: AnM 347, 1992, 39-80 ▪ G. CURTIS, Musical Design and the Rise of the Cyclic Mass, in: D. Fallows/T. Knighton (Hrsg.), Companion to Medieval and Renaissance Music, L. 1992, 154-164 ▪ TH. F. KELLY (Hrsg.), Plainsong in the Age of Polyphony, Cambridge 1992 (= Cambridge Studies in Performance Practice 2) ▪ J. NOVOTNÁ, Vícehlasé zpracování mešního propria v období české renesance (Mehrst. Meßpropriumsvertonungen der tschechischen Renaissance), in: Miscellanea musicologica 33, 1992, 9-31 ▪ CHR. REYNOLDS, The Counterpoint of Allusion in Fifteenth-Century Masses, in: JAMS 45, 1992, 228-260 ▪ M. CARACI VELA, Un capitolo di arte allusiva nella prima tradizione de Messe ›L'homme armé‹, in: Studi musicali 22, 1993, 3-21 ▪ A. S. EDAHL, The Use of Pre-Existing Material in the Early Tudor Mass Cycle, Diss. Univ. of Wisconsin, Madison 1993 ▪ A. KIRKMAN, The Transmisson of English Mass Cycles in the Mid to the Late Fifteenth Century. A Case Study in Context, in: ML 75, 1994, 180-199 ▪ T. E. SULLIVAN, Chanson to Mass: Polyphonic Borrowing Procedures in Italian and Austro-Italian Sources, c. 1460 – c. 1480, 2 Bde., Diss. Northwestern Univ. 1994 ▪ B. HAGGH, The Archives of the Order of the Golden Fleece and Music, in: Journal of the RMA 120, 1995, 1-43 ▪ A. KIRKMAN, The Three-Voice Mass in the Later Fifteenth and Early Sixteenth Centuries. Style, Distinction and Case Studies, N.Y. 1995 ▪ L. LÜTTEKEN, Ritual und Krise. Die neapolitanischen ›L'homme armé‹-Zyklen und die Semantik der C.f.-Messe, in: Musik als Text, KgrBer. Freiburg/Br. 1993, hrsg. H. DANUSER u. T. PLEBUCH, Kassel etc. 1998, Bd. 1, 207-218 ▪ A. KIRKMAN, The Invention of the Cyclic Mass, in: JAMS 54, 2001, 1-47.

c. Untersuchungen zu einzelnen Komponisten

J. SCHMIDT, Die Messen des Clemens non Papa, in: ZfMw 9, 1926, 129-158 ▪ O. GOMBOSI, Machaut's ›Messe Notre-Dame‹, in: MQ 36, 1950, 204-224 ▪ M. ANTONOWYTSCH, Die Motette ›Benedicta es‹ von Josquin des Prez und die Messen super ›Benedicta‹ von Willaert, Palestrina, de la Hêle und de Monte, Utrecht 1951 ▪ C. DAHLHAUS, Studien zu den Messen Josquins des Prés, Diss. mschr. Gtg. 1953 ▪ K. JEPPESEN, Pierluigi da Palestrina, der Herzog Guglielmo Gonzaga und die neugefundenen Mantovaner-Messen Palestrinas, in: AMl 25, 1953, 132-179 ▪ A. JOHNSON, The Masses of Cipriano de Rore, in: JAMS 6, 1953, 227-239 ▪ J. KLASSEN, Das Parodieverfahren in der Messe Palestrinas, in: KmJb 37, 1953, 53-63 ▪ B. MEIER, Zyklische Gesamtstruktur und Tonalität in den Messen Jacob Obrechts, in: AfMw 10, 1953, 289-310 ▪ J. KLASSEN, Untersuchungen zur Parodiemesse Palestrinas, in: KmJb 38, 1954, 24-54 ▪ P. KAST, Studien zu den Messen des Jean Mouton, Diss. mschr. Ffm. 1955 ▪ J. KLASSEN, Zur Modellbehandlung in Palestrinas Parodiemessen, in: KmJb 39, 1955, 41-55 ▪ F. FELDMANN, Divergierende Überlieferungen in Isaaks ›Petrucci-Messen‹. Als Beitrag zum Wort-Ton-Verhältnis um 1500, in: Collectanea Historiae Musicae 2, 1957, 203-225 ▪ E. B. WARREN, The Masses of Fayrfax, in: MD 12, 1958, 145-176 ▪ H. BECK, Adrian Willaerts Messen, in: AfMw 17, 1960, 215-242 ▪ R. BOCKHOLDT, Die frühen Messenkompositionen von Guillaume Dufay, Tutzing 1960 (= Münchner Veröff. zur Mg. 5) ▪ D. HEIKAMP, Zur Struktur der Messe ›L'homme armé super voces musicales‹ von Josquin des Prez, in: Mf 19, 1966, 121-141 ▪ M. HENZE, Studien zu den Messenkompositionen Joh. Ockeghems, Bln. 1968 (= Berliner Stud. zur Mw. 12) ▪ W. NITSCHKE, Studien zu den Cantus firmus-Messen G. Dufays, ebd. 1968 (= dass. 13) ▪ CL. GOTTWALD, Antoine Brumel's Messe ›Et ecce terrae motus‹, in: AfMw 26, 1969, 236-247 ▪ L. LOCKWOOD, The Counter-Reformation and the Masses of Vincenzo Ruffo, Vdg. 1970 ▪ A. E. PLANCHART, Guillaume Dufay's Masses. Notes and Revisions, in: MQ 58, 1972, 1-58 ▪ L. L. PERKINS, Mode and Structure in the Masses of Josquin, in: JAMS 26, 1973, 189-239 ▪ L. LOCKWOOD, Giovanni Pierluigi da Palestrina: Pope Marcellus Mass. An Authoritative Score – Backgrounds and Sources – History and Analysis – Views and Comments, N.Y. 1975 ▪ A. E. PLANCHART, Guilllaume Dufay's Masses: A View of the Manuscript Traditions, in: A. W. Atlas (Hrsg.), Dufay Quincentenary Conference. Brooklyn College December 6-7, 1974, N.Y. 1976, 26-60 ▪ D. FALLOWS, Guillaume de Machaut and His Mass. A Commemoration and a Review, in: MT 118, 1977, 288-291 und 642 ▪ M. STAEHELIN, Die Messen Heinrich Isaacs, 3 Bde., Bern/Stg. 1977 (= Publ. der Schweizerischen musikforschenden Ges. 2,28) ▪ PH. T. JACKSON, Two Descendents of Josquin's ›Hercules‹ Mass, in: ML 59, 1978, 188-205 ▪ R. L. TODD, Retrograde, Inversion, Retrograde-Inversion, and Related Techniques in the Masses of Obrecht, in: MQ 64, 1978, 50-78 ▪ G. K. CURTIS, Jean Pullois and the Cyclic Mass – a Case of Mistaken Identity?, in: ML 62, 1981, 41-59 ▪ J. KERMAN, The Masses and Motets of William Byrd, L. 1981 (= The Music of W. Byrd 1) ▪ D. L. SMITH, The Mass Compositions of Johannes Ciconia, Diss. Berkeley 1981 ▪ E. A. KEITEL, The So-Called Cyclic Mass of Guillaume de Machaut. New Evidence for an Old Debate, in: MQ 68, 1982, 307-323 ▪ TH. NOBLITT, Obrecht's ›Missa sine nomine‹ and Its Recently Discovered Model, in: dass. 68, 1982, 102-127 ▪ N. GUIDOBALDI, Le due messe ›L'homme armé‹ de Josquin, in: RIDM 18, 1983, 193-202 ▪ J. R. HANSON, Enumeration of Dissonance in the Masses of Palestrina, in: College music symposium 23, 1983, 50-64 ▪ L. LAOR, Concerning the Liturgical Usage of Dufay's Fragmentary Masses, in: Current Music History 4, 1984, 299-349 ▪ L. L. PERKINS, The ›L'Homme Armé‹ Masses of Busnoys and Ockeghem. A Comparison, in: Journal of Musicology 3, 1984, 363-396 ▪ KL.-J. SACHS, Pierre de La Rues ›Missa de Beata Virgine‹ in ihrer ›copia‹ aus ›varietas‹ und ›similitudo‹, in: Fs. H. H. Eggebrecht, hrsg. von W. Breig u. a., Wbdn. 1984, 76-90 (= BzAfMw 23) ▪ J. P. BURKHOLDER, Johannes Martini and the Imitation Mass of the Late Fifteenth Century, in: JAMS 38, 1985, 470-523 ▪ H. MIYAZAKI, New Light on Ockeghem's Missa ›Mimi‹, in: EM 13, 1985, 367-375 ▪ R. ORLICH, Die Parodiemessen von Orlando di Lasso, Mn. 1985 (= Studien zur Musik 4) ▪ B. HUDSON, Two Ferrarese Masses by Jacob Obrecht, in: Journal of Musicology 4, 1985/86, 276-302 ▪ E. M. ARIAS, Canonic Usage in the Masses of Sebastian de Vivanco, in: AnM 41, 1986, 135-145 ▪ D. FALLOWS, Dufay and the Mass Proper Cycles of Trent 88, in: N. Pirrotta/D. Curti (Hrsg.), I codici trentini a cento anni della loro riscoperta, Trient 1986, 45-59 ▪ C. P. COMBERIATI, Carl Luython at the Court of Emperor Rudolf II. Biography and His Polyphonic Settings of the Mass Ordinary, in: Fs. Gw. S. McPeek, hrsg. von C. P. C./M. C. Steel, N.Y.

1988, 130-148 ▪ B. HUDSON, On the Texting of Obrecht's Masses, in: MD 42, 1988, 101-127 ▪ J. WIDMAN, The Mass Ordinary of Arnold de Lantins. A Case Study in the Transmission of Early Fifteenth-Century Music, Diss. Brandeis Univ. 1988 ▪ W. ELDERS, The Performance of Cantus Firmi in Josquin's Masses Based on Secular Monophonic Song, in: EM 17, 1989, 330-341 ▪ V. M. FRANCKE, Palestrina's Fifteen Five-part Imitation Masses Modelled upon Motets. A Study of Compositional Procedures, Diss. Univ. of Nottingham 1990 ▪ S. P. FUGLER, Pre-Compositional Mathematical Planning in Mass Settings by Nicholas Ludford and Robert Fayrfax, Diss. Univ. of Exeter 1990 ▪ CL. GOLDBERG, Text, Music, and Liturgy in Johannes Ockeghem's Masses, in: MD 44, 1990, 185-231 ▪ D. LEECH-WILKINSON, Machauts Mass. An Introduction, Oxd. 1990 ▪ M. J. BLOXAM, In Praise of Spurious Saints: The Missa Floruit egregiis by Pipelare and La Rue, in: JAMS 44, 1991, 163-220 ▪ J. A. IRVING, Words and Notes Combined: Some Questions of Text-Music Integration in Byrd's Masses, in: MR 52, 1991, 267-278 ▪ R. SHERR, The Performance of Josquin's ›L'homme armé‹ Masses, in: EM 19, 1991, 261-268 ▪ R. C. WEGMAN, Petrus de Domarto's Missa Spiritus Almus and the Early History of the Four-Voice Mass in the Fifteenth Century, in: EMH 10, 1991, 235-303 ▪ I. KUZNECOV, Složnyj kontrapunkt v messach Palestriny (Mehrfacher Kp. in den Messen von Palestrina), in: G. Grigor'eva/T. Dubravskaja (Hrsg.), Metody izučenija starinnoj muzyki, M. 1992, 123-137 ▪ J. HAAR, Josquin as Interpreted by a Mid-Sixteenth-Century German Musician, in: Fs. H. Leuchtmann, hrsg. von St. Hörner/B. Schmid, Tutzing 1993, 179-205 ▪ M. J. BLOXAM, Plainsong and Polyphony for the Blessed Virgin. Notes on two Masses by Jacob Obrecht, in: The Journal of Musicology 12, 1994, 51-75 ▪ R. C. WEGMAN, Born for the Muses. The Life and Masses of Jacob Obrecht, Oxd. 1994 ▪ P. J. BRILL, The Parody Masses of Tomas Luis de Victoria, Diss. Univ. of Kansas 1995 ▪ R. WEGMAN, ›Miserere supplicanti Dufay‹: The Creation and Transmission of Guillaume Dufay's Missa ›Ave regina celorum‹, in: The Journal of Musicology 13, 1995, 18-54 ▪ M. HEINEMANN, Kirchenmusik and Modernität. Zum ›alten Stil‹ in Messesätzen Giovanni Gabrielis, in: Musik Konzepte 105, 1999, 59-73 ▪ J. HEIDRICH, Die Missa Beata Progenies im Chorbuch Jena 32: Eine bisher unerkannte Komposition Jacob Obrechts? in: AfMw 57, 2000, 151-171.

5. Zu V. A. SCHNERICH, Messe und Requiem seit Haydn und Mozart, Wien 1909 ▪ G. ADLER, Zur Gesch. der Wiener Meßkompos. in der zweiten Hälfte des 17. Jh., in: StMw 4, 1916, 5-45 ▪ P. WAGNER, Die konzertierende Messe in Bologna, in: Fs. H. Kretzschmar, Lpz. 1918, 163-168 ▪ J. A. HÜNTEMANN, Die Messen der Santini-Bibliothek zu Münster i.W., Quakenbrück 1928 ▪ K. G. FELLERER, Der Palestrinastil und seine Bedeutung in der vok. KM. des achtzehnten Jh. Ein Beitr. zur Gesch. der KM. in Italien und Deutschland, Agb. 1929 ▪ [F.]

STOCKHAUSEN, Die zeitgenössische Messekompos., in: Musica sacra 60, 1930, 277-284; 319-327 ▪ FR. BRENN, Die Meßkompos. des Joh. Jos. Fux. Eine stilkritische Unters., Diss. Wien 1931 ▪ W. KURTHEN, Zur Gesch. der dt. Singmesse, in: KmJb 26, 1931, 76-110 ▪ H.-A. SANDER, Ital. Meßkompos. des 17. Jh. aus der Breslauer Slg. des D. Sartorius († 1671), Diss. Breslau 1932 (unter dem Titel Beiträge zur Gesch. der Barockmesse in: KmJb 28, 1933, 77-129) ▪ P. MIES, Grundprinzipien der Messekompos. bei H. Lemacher, in: Musica sacra 62, 1932, 340-345 ▪ E. SCHILD, Gesch. der prot. Messenkompos. im 17. und 18. Jh., Diss. Gießen 1934 ▪ G. REICHERT, Zur Gesch. der Wiener Messenkompos. in der ersten Hälfte des 18. Jh., Diss. mschr. Wien 1935 ▪ W. VOGT, Die Messe in der Schweiz im 17. Jh., Schwarzenburg 1940 ▪ A. A. DIMPFL, Die Pastoralmesse, Diss. Erlangen 1945 ▪ W. KRAU, Die neue Linie in der Messenkompos., in: ZfMw 111, 1950, 179-181 ▪ L. DIKENMANN-BALMER, Beethovens Missa solemnis und ihre geistigen Grundlagen, Z. 1952 ▪ G. REICHERT, Mozarts ›Credo-Messen‹ und ihre Vorläufer, in: MJb 1955, 117-144 ▪ H. HUCKE, G. O. Pitoni und seine Messen im Archiv der Cappella Giulia, in: KmJb 39, 1955, 70-94 ▪ A. C. GIEBLER, The Masses of Joh. C. Kerll, 2 Bde., Diss. Univ. of Mich. 1956 ▪ FR. BUSSI, La ›Messa concertata‹ et la musique sacrée de P. Fr. Cavalli, P. 1960 ▪ H. G. SCHOLZ, Die Form der reifen Messen A. Bruckners, Bln. 1961 ▪ H. J. HERBORT, Die Messen des Joh. E. Eberlin, Diss. Münster 1961 ▪ A. ADRIO, Die Kompos. des Ordinarium Missae in der ev. KM. der Gegenwart – ein Überblick, in: Fs. Fr. Blume, Kassel 1963, 22-29 ▪ FR. GRASEMANN, Die franziskanische Messekompos. im 17. und 18. Jh. Gezeigt an dem Notenbestand des Maria Enzersdorfer Klosterarchivs, Diss. mschr. Wien 1963; Auszug als Die Franziskanermesse des 17. und 18. Jh. in: StMw 27, 1966, 72-114 ▪ G. MASSENKEIL, Über die Messen G. Carissimis, in: AnMl 1, 1963, 28-37 ▪ SH. PH. KNISELEY, The Masses of Fr. Soriano. A Style-Critical Study, 2 Bde., Diss. Chapel Hill 1964 ▪ W. TORTOLANO, The Mass and the Twentieth-Century Composer: A Study of Musical Techniques and Style, Together with the Interpretive Problems of the Performer, Diss. Univ. of Montreal 1964 ▪ O. W. JOHNSON, The Masses of A. Crivelli, Diss. Univ. of Texas 1965 ▪ FR. DEGRADA, Le messe di G. B. Pergolesi. Problemi di cronologia e d'attribuzione, in: AnMl 3, 1966, 65-79 ▪ M. N. SCHNOEBELEN, The Concerted Mass at San Petronio in Bologna: ca. 1660-1730. A Documentary and Analytical Study, Diss. Univ. of Illinois 1966 ▪ CH. H. SHERMAN, The Masses of J. M. Haydn. A Critical Survey of Sources, Diss. Univ. of Michigan 1967 ▪ G. MASSENKEIL, M.-A. Charpentier als Messenkomp., in: Fs. Jos. Schmidt-Görg, hrsg. von S. Kross/H. Schmidt, Bonn 1967, 228-238 ▪ G. HUST, Unters. zu Cl. Monteverdis Meßkompositionen, Diss. Hdbg. 1968 ▪ H.-J. WILBERT, Die Messen des A. Banchieri, Diss. Mz. 1968 ▪ C. J. RUNESTAD, The Masses of J. Haydn. A Stylistic Study, Diss. Urbana-Champaign 1970 ▪ K. J. NAFZIGER, The Masses of Haydn and Schubert: A Study in the Rise of Romanticism, Diss.

Univ. of Oregon 1970 ▪ A. KELLNER, Zur Stilbestimmung der Pastoralmesse. Aus dem Musikalienbestand der Stiftskirche Kremsmünster, in: ÖMZ 26, 1971, 674-685 ▪ E. A. ARIAS, The Masses of Seb. de Vivanco (c. 1550-1622): A Study of Polyphonic Settings of the Ordinary in Late Renaissance Spain, Diss. Northwestern Univ. 1971 ▪ H. HASELBÖCK, Missa sine Musica? Zur Problematik der Meßkompos. in unserer Zeit, in: ÖMZ 26, 1971, 685-690 ▪ M. THALHAMMER, Studien zur Messenkompos. A. Caldaras (um 1670-1736), Diss. Wzbg. 1971 ▪ N. Z. WILLIAMS, The Masses of G. Fr. Anerio. A Historical and Analytical Study with a Supplementary Critical Edition, 2 Bde., Diss. Chapel Hill 1971 ▪ TH. DAY, Echoes of Palestrina's ›Missa ad Fugam‹ in the 18th Century, in: JAMS 24, 1971, 462-469 ▪ W. KIRKENDALE, Beethovens Missa solemnis und die rhetorische Tradition [1971], in: L. Finscher (Hrsg.), L. van Beethoven, Dst. 1983, 52-97 (= Wege der Forschung 428) ▪ J. E. DRUESEDOW, The Missarum Liber (1703) of José de Torres y Martínez Bravo (1665-1738), 2 Bde., Diss. Ind. Univ. 1972 ▪ C. M. BRAND, Die Messen von Joseph Haydn, Wzbg. 1941, Neudr. Walluf bei Wbdn. 1973 ▪ CH. W. WHITE, The Masses of Franz Liszt, Diss. Bryn Mawr College 1973 ▪ D. J. WILSON, The Masses of Johann Adolf Hasse, Diss. Univ. of Il., Urbana-Champaign 1973 ▪ FR. MUELLER, The Austrian Mass between Schubert and Bruckner, Diss. Univ. of Il. at Urbana-Champaign 1973 ▪ L. D. BROTHERS, The Hexachord Mass: 1600-1720, 2 Bde., Diss. Univ. of Cal. 1973 ▪ W. WERNERT, Analytische Bemerkungen zur Messe »Gebet einer armen Seele« von G. Klebe, in: Musica sacra 93, 1973, 222-228 ▪ CL. GOTTWALD, Hindemiths Messe, in: MuB 6, 1974, 370-373 ▪ TH. K. MATHEWS, The Masses of A. Bruckner. A Comparative Analysis, Diss. Univ. of Mich. 1974 ▪ M. SCHNEIDER, Studien zu den Messenkompositionen Johann Baptist Gänsbachers (1778-1844), Diss. Innsbruck 1976 ▪ W. WITZENMANN, Die ital. KM des Barocks. Ein Ber. über die Lit. aus den Jahren 1945 bis 1974, in: AMl 48, 1976, 77-103 ▪ E. HINTERMAIER, ›Missa Salisburgensis‹. Neue Erkenntnisse über Entstehung, Autor und Zweckbestimmung, in: Musicologica Austriaca 1, 1977, 154-196 ▪ H. BERMOSER, Die Vokalmessen von Christoph Sätzl (ca. 1592-1655), Mn. 1977 (= Mw. Schriften 11) ▪ F. KRUMMACHER, Die Choralbearbeitung in der prot. Figuralmusik zwischen Praetorius und Bach, Kassel u. a. 1978 (= Kieler Schriften zur Mw. 22) ▪ J. P. LARSEN, Beethovens C-dur Messe und die Spätmessen Jos. Haydns, in: Beiträge '76-78. Beethoven-Kolloquium 1977. Dokumentation und Aufführungspraxis. Hrsg. von der Österr. Ges. für Musik, Red.: R. Klein, Kassel u. a. 1978, 12-19 ▪ W. A. COTTLE, Social Commentary in Vocal Music in the Twentieth Century As Evidenced by L. Bernstein's ›Mass‹, Diss. Univ. of Northern Colorado 1978 ▪ W. JAKSCH, Missa Salisburgensis. Neuzuschreibung der Salzburger Domweihmesse von O. Benevoli, in: AfMw 35, 1978, 239-250 ▪ D. A. ANDRE, L. Bernstein's Mass as Social and Political Commentary on the Sixties, Diss. Univ. of Wash. 1979 ▪ H. RILLING, J. S. Bachs h-moll-Messe, Neuhausen/Stg. 1979 ▪ H. TERNES, Die Messen von L. Cherubini, Diss. Bonn 1979 ▪ R. FISKE, Beethoven's Missa Solemnis, N.Y. 1979 ▪ A. KŘIČKA, Prameny Rybovy Vánoční mše, in: Hudební věda 17, 1980, 346-348 ▪ G. ZACHER, Beobachtungen an E. Saties ›Messe des pauvres‹, in: Erik Satie, hrsg. von H.-K. Metzger/R. Riehn, Mn. 1980, 48-63 (= MK 11) ▪ H. FEICHT, Kompozycje religijne Bartłomieja Pękiela, in: H. Feicht, Studia nad muzyką polskiego renesansu i baroku, Krakau 1980, 290-454 (= Opera musicologica Hieronymi Feicht 3) ▪ DERS., Marcin Mielczewski – Missa super »O gloriosa Domina«, in: dass., 455-471 (= dass. 3) ▪ GR. P. DIXON, Liturgical Music in Rome (1605-45), 2 Bde., Diss. Durham 1981 ▪ K. MROWIEC, Twórczość mszalna ks. Hieronima Feichta CM, in: Nasza przeszłość 56, 1981, 103-145 ▪ O. K. SUNDBERG, Strukturer i Bachs ›h-Moll-Messe‹, in: Studia Musicologica Norvegica 15, 1981, 157-174 ▪ TH. SCHMITT, Kompositionen des Ordinarium Missae im süddt. konzertierenden Stil des 17. Jh., Diss. Saarbrücken 1981 ▪ BR. L. VANTINE, Four Twentieth-Century Masses. An Analytical Comparison of Style and Compositional Technique, Diss. Univ. of Il., Urbana-Champaign 1982 ▪ C. ULLRICH, R. Schumanns Messe op. 147 und Requiem op. 148 – musikhist. und mth. Unters. zur Standortbestimmung, Diss. Zwickau 1982 ▪ D. J. BUSH, The Orchestral Masses of I. Holzbauer (1711-1783). Authenticity, Chronology, and Style, Diss. Univ. of Rochester 1982 ▪ J. P. LARSEN, Haydn's Early Masses. Evolution of a Genre, in: American Choral Review 24, 1982, H. 2-3, 48-60 ▪ R. RYBARIČ, Zwischen der Folklore und der Kunstmusik – Slowakische Pastoralmessen aus der Zeit des Hochbarocks, in: Musica antiqua 6, 1982, 161-173 ▪ W. BLANKENBURG, Einf. in Bachs h-Moll-Messe, Kassel/Mn. ²1982 ▪ W. WITZENMANN, Una messa non di Carissimi, un'altra sì, in: Studi musicali 11, 1982, 61-89 ▪ A. J. THOMAS, A Study of the Selected Masses of Twentieth-century Black Composers: Margaret Bonds, Robert Ray, George Walker and David Baker, Diss. Univ. of Il. 1983 ▪ CH.-W. LIU, Die Messen von E. Wellesz, Diss. Wien 1983 ▪ J. BR. HOWARD, The Latin Lutheran Mass of the Mid-Seventeenth Century. A Study of A. Hammerschmidt's Missae (1663) and Lutheran Traditions of Mass Composition, 2 Bde., Diss. Bryn Mawr College 1983 ▪ J. TROJAN, Missa pastoralis boemica Josefa Schreiera (k vánoční hudbě 18. století na Moravě), in: Hudební věda 20, 1983, 41-59 ▪ T. MIAZGA, Do polskiej wielogłosowej twórczości mszalnej w XVII wieku, Graz 1984 ▪ FR.-G. RÖSSLER, Paul Hindemith. Messe (1963), Mn. 1985 (= Meisterwerke der Musik 41) ▪ G. A. HARSHBARGER, The Mass in G by Ignacio Jerusalem and Its Place in the Cal. Mission Music Repertory, Diss Univ. of Wash. 1985 ▪ G. BEYRON, Réalisations contemporaines pour la messe et l'office. Rencontre avec Christian Villeneuve, in: La Maison-Dieu 164, 1985, 81-85 ▪ GR. J. OLSON, The Masses of Juan Bautista Comes (1582?-1643), Diss. Univ. of Southern Cal. 1985 ▪ H.-J. SCHULZE, The B minor Mass – Perpetual Touchstone for Bach Research, in: P. Williams (Hrsg.), Bach, Handel, Scarlatti. Tercentenary Essays, Cambridge 1985, 311-320 ▪ M. E. DESANCTIS, Some Artistic Aspects of Catholic Liturgical Reform: A Comparative Study of the Influence of Vatican Council II on Music and Architecture for the Liturgy, Diss. Ohio Univ. 1985 ▪ W. HOCHSTEIN, Die Gestaltung des Gloria in konzertierenden Messvertonungen ›Neapolitanischer‹ Komp., in: Hamburger Jb. für Mw. 8, 1985, 45-64 ▪ B. KRÜTSCHMER, Die dt. Singmesse der Aufklärung unter bes. Berücksichtigung der Deutschen Hochämter von Joh. M. Haydn, in: Singende Kirche 33, 1986, H. 7, 11-17 ▪ BR. C. MACINTYRE, The Viennese Concerted Mass of the Early Classic Period, Ann Arbor 1986 (= Studies in Musicology 89) ▪ CL. ANNIBALDI, Ancora sulle messe attribuite a Frescobaldi: Proposta di un profittevole scambio, in: Girolamo Frescobaldi nel IV centenario della nascita, Flz. 1986, 125-152 (= Quaderni della RIDM 10) ▪ H. JASKULSKY, Die lat. Messen Fr. Schuberts, Mz. 1986 ▪ N. P. FLEMING, Rossini's ›Petite messe solennelle‹, Diss. Urbana/Il. 1986 ▪ W. BLANKENBURG, Bachs h-moll-Messe eine »große catholische Messe«?, in: Fs. Arno Forchert, hrsg. von G. Allroggen/D. Altenburg, Kassel 1986, 108-113 ▪ CHR. KLEIN, Messkompositionen in Afrika. Ein Beitr. zur Gesch. und Typologie der kath. KM. Afrikas, Gtg. 1987 (= Arbeiten aus dem Mainzer Inst. für Ethnologie und Afrika-Studien 3) ▪ FR. LEDERER, Unters. zur formalen Struktur instrumentalbegleiteter Ordinarium Missae-Vertonungen süddt. Kirchenkomp. des 18. Jh., in: KmJb 71, 1987, 23-54 ▪ H. SCHÜTZEICHEL, Der Aufbau der späten Messen Haydns im Vergleich zu den frühen, in: StMw 38, 1987, 65-88 ▪ KL. HÄFNER, Verschollene Quellen der Bachschen Messen: Alte Musik als ästhetische Gegenwart. Kgr.Ber. Stuttgart 1985, Bd. 1, Kassel u.a. 1987, 313-320 ▪ P. FABBRI, Monteverdi sacro a Mantova tra camera e chiesa: la Missa »In illo tempore«, in: A. Colzani/A. Luppi/M. Padoan (Hrsg.), La musica sacra in Lombardia nella prima metà del Seicento, Como 1987, 101-114 ▪ R. PASCALL, Brahms's ›Missa canonica‹ and Its Recomposition in his Motet »Warum« Op. 74 No. 1, in: M. Musgrave (Hrsg.), Brahms 2: Biographical, Documentary and Analytical Studies, Cambridge 1987, 111-136 ▪ S. C. WELCH, The Complete Missae Solemnes of W. A. Mozart. A Comparative Analysis (K. 139, 66, 167, 262, 257, 317, and 337), Diss. Univ. of Oklahoma 1987 ▪ U. KONRAD, Der Beitr. ev. Komp. zur Messenkompos. im 19. Jh., in: KmJb 71, 1987, 65-92 ▪ BR. C. MACINTYRE, Die konzertierenden Messen Jos. Haydns und seiner Wiener Zeitgenossen, in: Haydn-Studien 6, 1988, 80-87 ▪ G. COLLISANI, Le ›Sinfonie‹, i ›Motetti‹ e la ›Messa‹ di B. Montalbano, in: D. Ficola (Hrsg.), Musica sacra in Sicilia tra rinascimento e barocco, Palermo 1988, 249-259 ▪ T. FAGANEL, Missa sopra la Bergamasca – Prispevek k poznavanju ustvarjanja J. K. Dolarja, in: Muzikološki zbornik 24, 1988, 29-38 ▪ R. FLOTZINGER, Versuch einer Gesch. der Landmesse, in: Bruckner-Symposion Linz 1985, Linz 1988, 59-72 ▪ H. LOOS, L. Bernsteins geistliche Musik: ›Chichester Psalms‹ und ›Mass‹, in: R. Dusella/H. Loos

(Hrsg.), L. Bernstein. Der Komp., Bonn 1989, 93-110 (=Musik der Zeit. Dokumentationen und Studien 7) ▪ J. SCHNEPEL, ›A Special Study‹ of Mozart's Hybrid Masses, in: MJb 1989/90, 55-72 ▪ A. SCHNOEBELEN, The Role of the Violin in the Resurgence of the Mass in the 17th Century, in: EM 18, 1990, 537-542 ▪ D. FARAVELLI, La ›Messa in Si minore‹ (BWV 232) di J. S. Bach. Descrizione critica, in: Rivista internazionale di musica sacra 11, 1990, 375-429 ▪ D. P. DEVENNEY, American Masses and Requiems. A Descriptive Guide, Berkeley 1990 ▪ J. S. Bach, Messe h-Moll ›Opus ultimum‹, BWV 232, Vorträge der Meisterkurse und Sommerakademien J. S. Bach 1980, 1983 und 1989, Kassel 1990 (= Schriftenr. der Internat. Bachakad. Stg. 3) ▪ S. LITZEL, Die Messen von Jos. Haydn, W. A. Mozart und L. van Beethoven. Ein Beitr. zur Gattungsgesch. der Messe, Diss. Bln. 1990 ▪ A. HARTMANN, Kunst und Kirche. Studien zum Messenschaffen von Fr. Liszt, Rgsbg. 1991 (= Kölner Beitr. zur Mf. 168) ▪ G. DIXON, Tradition and Progress in Roman Mass Setting after Palestrina, in: Atti del II Convegno internazionale di studi palestriniani, hrsg. von L. Bianchi/G. Rostirolla, Palestrina 1991, 309-318 ▪ J. BUTT, Bach: Mass in B Minor, Cambridge 1991 ▪ W. DRABKIN, Beethoven. Missa solemnis, Cambridge 1991 ▪ A. DÜRR, Zur Parodiefrage in Bachs h-moll-Messe. Eine Bestandsaufnahme, in: Mf 45, 1992, 117-138 ▪ P. WINGFIELD, Janáček: ›Glagolitic Mass‹, Cambridge 1992 ▪ R. DITTRICH, Die Messen von Joh. Fr. Fasch (1688-1758), Ffm. 1992 (= Europ. Hochschulschriften 36,84) ▪ D. JÜRGENS, Die Meßkompositionen Fr. Kiels, Kassel 1993 (= Kölner Beitr. zur Mf. 176) ▪ U. SCHACHT-PAPE, Das Messenschaffen von A. Scarlatti, Ffm. 1993 (= Europ. Hochschulschriften 36,102) ▪ J. HANSBERGER, »et in terra pax hominibus...«. Zu den mus. Formen der Friedensbotschaft im Gloria. Hinweise auf Traditionszusammenhänge in der Messenkompos. des Barocks und der Klassik, in: MuK 64, 1994, 126-152 ▪ P. ACKERMANN, Zur Frühgesch. der Palestrinarezeption. Die zwölfst. ›Missa Cantantibus organis‹ und die ›Compagnia dei Musici di Roma‹, in: KmJb 78, 1994, 7-25 ▪ R. HÄUSSLER, Die Luth. Messen J. S. Bachs. Studien zum Parodieverfahren in den Messen BWV 233-236, Diss. Mn. 1994 ▪ W.-E. VON LEWINSKI, Reich an Kontrasten. Kirchners ›Missa‹ uraufgeführt, in: NZfM 155, 1994, H. 1, 56 ▪ A. NEWCOMB, A New Context for Monteverdi's Mass of 1610, in: Fs. L. Finscher, hrsg. von A. Laubenthal, Kassel u. a. 1995, 163-173 ▪ B. LODES, Das Gloria in Beethovens Missa solemnis, Tutzing 1995 (= Münchner Veröff. zur Mg. 54) ▪ Palestrina und die Klassische Vokalpolyphonie als Vorbild kirchenmusikalischer Kompositionen im 19. Jh., hrsg. von M. JANITZEK und W. KIRSCH, Kassel 1995 ▪ K. WINOWICZ, Polnische Messen und ihre Komponisten von der Aufklärung bis Ende des 19. Jh., in: Kirchenmusikalisches Erbe und Liturgie, hrsg. von K. SCHLAGER und H. UNVERRICHT, Tutzing 1995 (= Eichstätter Abhandlungen zur Mw. 10) ▪ A. FRIESENHAGEN, Die Messen Ludwig van Beethovens. Studien zur Vertonung des liturgischen Textes zwischen Rhetorik und Dramatisierung, K. 1996 ▪ D. C. MADOCK, A study of the stile antico in the masses and motets of Antonio Lotti as contained in the Codice Marciano Italiano IV, Venice, Diss. Catholic Univ. of America 1996 ▪ A. MIELKE, Unters. zur Alternatim-Orgelmesse, 2 Bde., Kassel u. a. 1996 (= Bochumer Arbeiten zur Mw. 2) ▪ A. FASSONE, Fra fedeltà liturgica e soggettivismo: il trattamento del testo nelle Messe di Anton Bruckner, in: Rivista Internazionale di Musica Sacra 18, 1997, 5-63 ▪ L. P. FOWLER, The twentieth-century English unaccompanied mass: a comparative analysis of masses by Ralph Vaughan Williams, Herbert Howells, Bernard Stevens, and Edmund Rubbra, Diss. Univ. of Northern Colorado 1997 ▪ Messse und Motette, hrsg. von H. LEUCHTMANN und S. MAUSER, Laaber 1998 (= Hdb. der mus. Gattungen 9) ▪ S. R. MILLER, Music for the Mass in seventeenth-century Rome: »Messe piene«, the Palestrina tradition, and the »stile antico«, Diss. Univ. of Chicago 1998 ▪ Kirchenmusik mit obligater Orgel. Unters. zum süddeutschösterreichischen Repertoire im 18. und 19. Jh., hrsg. von F. W. RIEDEL, Sinzig 1999 (= Km. Studien 4).

Exkurs: Orgelmesse (Auswahl) A. SCHERING, Zur alternatim-Orgelmesse, in: ZfMw 17, 1935, 19-32 ▪ L. SCHRADE, Die Messe in der Orgelmusik des 15. Jh., in: AfMf 1, 1936, 129-175 ▪ DERS., The Organ in the Mass of the 15th Century, in: MQ 28, 1942, 329-336, 467-487 ▪ CHR. MAHRENHOLZ, Art. Alternatim, in: MGG (1949) ▪ A. CH. HOWELL JR., The French Organ Mass in the Sixteenth and Seventeenth Centuries, Diss. North Carolina Chapel Hill 1953 ▪ D. STEVENS, Thomas Preston's Organ Mass, in: ML 39, 1958, 29-34 ▪ FR. M. SIEBERT, Fifteenth-Century Organ Settings of the »Ordinarium missae«, Diss. N.Y. 1961 ▪ Mother TH. MORE, The Practice of Alternatim. Organ-Playing and Polyphony in the Fifteenth and Sixteenth Centuries, with Special Reference to the Choir of Notre-Dame de Paris, in: The Journal of Ecclesiastical History 18, 1967, 15-32 ▪ CL. Y. CANNON, The 16th- and 17th-Century Organ Mass. A Study in Musical Style, Diss. N.Y. 1968 ▪ W. APEL, Probleme der Alternierung in der liturg. Orgelmusik bis 1600, in: Kgr.Ber. Venedig, Mantua, Cremona 1968, Verona 1969, 171-186 ▪ W. P. MAHRT, The »Missae ad organum« of Heinrich Isaac, Diss. Stanford 1969 ▪ H. J. WILBERT, Die Messen des A. Banchieri, Diss. Mz. 1969 ▪ H. MUSCH, Die Orgel in der alternatim-Praxis, in: Musica sacra 92, 1972, 323-335 ▪ R. B. LYNN, Renaissance Organ Music for the Proper of the Mass in Continental Sources, Diss. Indiana Univ. Bloomington 1973 ▪ R. A. KOTEK, The French Organ Mass in the Twentieth Century, Diss. Urbana-Champaign/Il. 1974 ▪ E. HIGGINBOTTOM, French Classical Organ Music and the Liturgy, in: PRMA 103, 1976/77, 19-40 ▪ DERS., Art. Alternatim, in: NGroveD ▪ DERS., Art. Organ Mass, in: dass. ▪ B. VAN WYE, Ritual Use of the Organ in France, in: JAMS 33, 1980, 287-325 ▪ E. HIGGINBOTTOM, Ecclesiastical Prescription and Musical Style in French Classical Organ Music, in:

OYB 12, 1981, 31-54 ▪ A. MIELKE, *Untersuchungen zur Alternatim-Orgelmesse*, Kassel u.a. 1996.

Zu VI.

a. Allgemeines, Mehrstimmigkeit vor 1600

H. ANGLÈS/F. PEDRELL, *Els Madrigals i la Missa de Difunts d'en Brudieu*, Barcelona 1921 ▪ J. MERK, *Messliturgische Totenehrung in der römischen Kirche*, Stgt. 1926 ▪ K. Ph. BERNET KEMPERS, Twee Requiem-missen, in: De Muziek 10, 1929, 421-429 ▪ CH. W. FOX, *The Polyphonic Requiem before about 1615*, in: BAMS 1943, 6f. ▪ R. J. SCHAFFER, *A Comparative Study of Seven Polyphonic Requiem Masses*, Diss. N.Y. 1952 ▪ ST. BARWICK, Puebla's Requiem Choirbook, in: Fs. A. Thompson Davison, Cambridge/Mass. 1957, 121-127 ▪ H. LUCE, *The Requiem Mass from its Plainsong Beginnings to 1600*, Diss. Florida State Univ., Tallahassee/Fl. 1958 ▪ M. C. HILFERTY, *The Domine Jesu Christe, Libera me and Dies irae of the Requiem: A Historical and Literary Study*, Diss. The Catholic Univ. of America, Washington 1973 ▪ S. RUBIO, *Juan Vazquez, Agenda defunctorum, Sevilla 1556, Estudio tecnico-estilistico y transcripcion*, Madrid 1975 ▪ M. ECKERT, *The Structure of the Ockeghem Requiem*. Phil. Diss. Chicago 1977 ▪ E. RUSSELL, *A New Manuscript Source for the Music of Cristóbal de Morales: Morales' Lost Missa pro Defunctis and Early Spanish Requiem Traditions*, in: AnM 33-35, 1978-1980, 9-49 ▪ D. SICARD, *La liturgie de la mort dans l'église latine des origines à la réforme carolingienne*, Münster 1978 ▪ K. VELLEKOOP, Dies ire, Dies illa. Studien zur Frühgeschichte einer Sequenz, Bilthoven 1978 ▪ E. RUSSELL, The »Missa in agendis mortuorum« of Juan Garcia de Basurto: Johannes Ockeghem, Antoine Brumel, and an Early Spanish Polyphonic Requiem Mass, in: TVNM 29, 1979, 1-37 ▪ T. KNIGHTON, *Music and Musicians at the Court of Fernando of Aragon, 1474-1516*, Diss. Cambridge/U.K. 1983 ▪ Memoria. Der geschichtliche Zeugniswert des liturgischen Gedenkens im Mittelalter, hrsg. von K. Schmid/J. Wollasch, Mn. 1984 ▪ W. PRIZER, Music and Ceremonial in the Low Countries: Philip the Fair and the Order of the Golden Fleece, in: Early Music History, 5, 1985, 113-153 ▪ R. WEXLER, Which Franco-Netherlander Composed the First Polyphonic Requiem Mass, in: Kgr.Ber. Lenham 1982, 171-176 (=MD 1985) ▪ W. ELDERS, Josquin's Absolve quaesumus, Domine: A Tribute to Obrecht?, in: TVNM 37, 1987, 4-24 ▪ C. GOLDBERG, Musik als kaleidoskopischer Raum – Zeichen, Motiv, Gestus und Symbol in Johannes Ockeghems »Requiem«, in: Zeichen und Struktur in der Musik der Renaissance, hrsg. K. Hortschansky, Kassel etc. 1989 (= Musikwiss. Arbeiten 28), 47-64; ▪ W. ELDERS, Struktur, Zeichen und Symbol in der altniederländischen Totenklage, in: Zeichen und Struktur in der Musik der Renaissance, Münster 1987, 26-46 ▪ B. HAGGH, *The Office of The Dead by Guillaume Du Fay: Does It Survive?*, Paper delivered at the Medieval and Renaissance Conference, Reading/U.K. 1989 ▪ C. WRIGHT, *Music and Ceremony at Notre Dame of Paris 500-1500*, Cambridge 1989 ▪ R. SNOW, *An Unknown Missa pro defunctis by Palestrina?*, in: Fs. Lopez Calo, Bd. 1, Santiago de Compostela 1990, 387-428 ▪ B. HAGGH, The Meeting of Sacred Ritual and Secular Piety, Endowments for Music, in: T. Knighton/D. Fallows (Hrsg.), Companion to Medieval and Renaissance Music, L. 1992, 60-68 ▪ B. HAGGH/J. T. BROTBECK/K. OTTOSEN, Liturgy as Theological Place. Possibilities and Limitations in Interpreting Liturgical Texts as Seen in the Office of the Dead, in: Liturgy and the Arts in the Middle Ages, hrsg. von E. L. Lillie/N. H. Petersen, Kphn. 1996, 168-180.

b. 17-20. Jh.

F. X. WITT, Die Missa pro Defunctis, in: Musica Sacra 4, 1871, H. 5-8 ▪ DERS., Liturgisches (Requiem), in: dass. 5, 1872, H. 5 ▪ A. W[ALTER], Das Requiem. Eine liturgisch-ascetische Studie, in: dass. 14, 1881, H. 7 ▪ A. SCHNERICH, *Messe und Requiem seit Haydn und Mozart*, Wien/Lpz. 1909 ▪ A. SEAY, in: MGG (1963) ▪ J. BRUYR, Les Grands Requiems et leur message, in: Journal musical français musica disques 1963, H. 116, 4-10 ▪ S. GÜNTHER, Das säkularisierte Requiem, in: Musica 18, 1964, 185-190 ▪ F. S. IBANEZ, El réquiem en la música romántica, Madrid 1965 ▪ M. HUGIO, A propos du »Requiem« de Du Caurroy, in: RMl 51, 1965, 201-206 ▪ A. ROBERTSON, Requiem. Music of Mourning and Consolation, L. 1967 ▪ W. D. HALL, *The Requiem Mass. A Study of Performance Practices from the Baroque Era to the Present Day as Related to Four Requiem Settings by Gilles, Mozart, Verdi, and Britten*, Diss. University of Southern California 1970 ▪ S. GIRARD, Algunas fuentes de musica en el nuevo mundo, in: Heterofonia 3, 1971 ▪ DERS., *The Requiem Mass and Music for the Dead in Venezuela*, Diss. University of California, Los Angeles 1975 ▪ W. JAKSCH, H. I. F. Biber, Requiem à 15. Untersuchungen zur höfischen, liturgischen und musikalischen Topik einer barocken Totenmesse, Mn./Salzburg 1977 ▪ J. W. PRUETT, Requiem Mass, in: NGroveD ▪ K.-G. BAUER, Requiem-Kompositionen in Neuer Musik. Vergleichende Untersuchungen zum Verhältnis von Sprache der Liturgie und Musik, Diss. Tbg. 1984 ▪ U. ADAMSKI-STÖRMER, Requiem aeternam. Tod und Trauer im 19. Jh. im Spiegel einer Musik. Gattung, Ffm. 1991 (= Europ. Hochschulschriften 36/66) ▪ B. HAGGH, The Archives of the Order of the Golden Fleece and Music, in: Journal of the RMA 120, 1995, 1-43 ▪ J. T. BROBECK, Musical Patronage in the Royal Chapel of France under Francis I (r. 1515-1547), in: JAMS 48, 1995, 187-239 ▪ G. G. WAGSTAFF, Music for the Dead: Polyphonic Settings of the »Officium« and »Missa pro defunctis« by Spanish and Latin American Composers before 1630. Diss. U. of Texas 1995 ▪ F. FITCH, *Johannes Ockeghem: Masses and Models*, Paris 1997 ▪ T. KNIGHTON, Escobar's Requiem, in: Early Music, 29, 1999, 142-144 ▪ B. NELSON, Ritual and Ceremony in the Spanish Royal Chapel, c. 1559-c. 1561, in: Early Music History 19, 2000, 105-200 ▪ T. KARP, F. FITCH, B. SMALLMAN, Art. Requiem, in: NGrove 2. Auflage, 2001.

B. MOTETTE

I. Terminus und Entstehung
1. Terminus

Der Terminus *motet* (lat. *motetus*) dürfte als Diminutiv des altfranzösischen Wortes *mot* (Wort, Vers, Strophe) entstanden sein. Er wird erstmals im Verlauf des 13. Jh. greifbar, wo er u.a. in volkssprachlichen *romans* und Pastourellen als Synonym für *refrain* gebraucht wird, was auf eine Verbindung der Gattung mit den volkssprachlichen Liedformen verweist. In seiner ab der Jahrhundertmitte bei Pariser Theoretikern der musica mensurabilis in Erscheinung tretenden lateinischen Form bezeichnet der Terminus eine Gattung der Mehrstimmigkeit, in der zu einem cantus prius factus (tenor) eine neu komponierte, textierte Stimme – eben ein motetus – hinzutritt (vgl. etwa Coussemakers Anonymus VII, in: CS I, S. 379). Zu diesem Stimmenpaar kann gegebenenfalls noch eine dritte (triplum) oder eine vierte (quadruplum) Stimme treten. Franco von Köln (wohl 3. Viertel des 13. Jh.) hält die Mehrtextigkeit (»cum diversis litteris«) für das entscheidende Merkmal der von ihm als eine Unterart des discantus klassifizierten Motette (Ars cantus mensurabilis, CSM 18, hrsg. von G. Reaney und A. Gilles, o.O. 1974, S. 69). Bei Johannes de Grocheio (um 1300) erscheint die Motette erstmals als eigenständige Gattung: »Motetus [...] est cantus ex pluribus compositus, habens plura dictamina vel multimodam discretionem syllabarum, utrobique harmonialiter consonans« (Der Musiktraktat des Johannes de Grocheo, hrsg. von E. Rohloff, Lpz. 1943, S. 56).

Im weiteren Verlauf der Musikgeschichte bleibt die Motette bis weit ins 20. Jh. hinein als Gattung lebendig, wobei ihre Faktur über die Jahrhunderte allerdings erheblichen Veränderungen unterliegen sollte.

2. Entstehung

Die Erforschung der frühen Motette begann mit Edmond de Coussemakers Publikation *L'Art harmonique au XIIe et XIIIe siècle* (P. 1865), welche erstmals eine Anzahl von Kompositionen aus der im letzten Drittel des 13. Jh. in mehreren Phasen in Paris entstandenen Handschrift F-Mof, H 196 (Mo) der Öffentlichkeit zugänglich machte. Im weiteren Verlauf des 19. Jh. bildete die Erschließung der Texte der französischsprachigen Motette des 13. Jh. den Mittelpunkt der vorwiegend von der Romanistik betriebenen Forschungsarbeit; dabei wurde die enge Beziehung zwischen der volkssprachlichen Motette und den Refrains erkannt, doch blieb die Frage nach der Entstehung der Gattung offen. 1898 entwickelte Wilhelm Meyer dann aufgrund seiner Beschäftigung mit der noch nahezu völlig unerforschten lateinischen Motette des 13. Jh. die These, die Motette sei durch die Tropierung melismatischer Passagen in den Choralvertonungen der Notre-Dame-Schule entstanden. Damit lieferte Meyer die Grundlage für eine Sichtweise der Motette als eine ursprünglich lateinischsprachige, aus der Liturgie erwachsene Gattung, in die die Volksprache in einem zwar chronologisch relativ frühen, entwicklungsgeschichtlich jedoch sekundären Stadium eingedrungen war. Meyers Theorie wurde von Friedrich Ludwig übernommen und zur Ausgangsbasis seiner für die Repertoireerschließung bahnbrechenden Arbeiten gemacht; sie bildet bis heute die in der Literatur allgemein akzeptierte Entstehungshypothese.

Dessenungeachtet lassen jüngste Forschungen zunehmend Risse in der von Meyer lediglich als ›working hypothesis‹ formulierten und auch von Ludwig niemals einem Nachweis unterzogenen Konzeption erkennen. So liefert bereits die Etymologie ein gewichtiges, auf einen Ursprung der Gattung im volkssprachlichen Bereich hindeutendes Indiz, das durch Frobenius' Beobachtung gestützt wird, daß zahlreiche der von Ludwig als Beleg für Meyers Theorie herangezogenen Diskantklauseln aus volkssprachlichen Refrains entlehntes melodisches Material enthalten (W. Frobenius 1987). Auch der von Meyer und Ludwig als direkte Folge der Tropierung präexistenten melodischen Materials interpretierte unregelmäßige Versbau der Motettentexte übersteigt beim Vergleich mit dem heute zugänglichen Repertoire des zeitgenössischen weltlichen Lieds, aber auch der Conductustexte des 13. Jh. kaum das dort übliche Maß, kann also kaum länger als Beweismittel gelten. Schließlich entfällt mit der Erkenntnis, daß die beiden frühen Hauptquellen I-Fl, Plut.29.1 (F), und D-W, Cod. guelf. 1099 Helmst. (W2), in etwa gleichzeitig, nämlich um 1250 in Paris, entstanden sind, wenn nicht D-W, Cod. guelf. 1099 Helmst. sogar vor I-Fl, Plut.29.1, angefertigt wurde (M. Everist, *Polyohonic Music in Thirteen-Century France: Aspects of Sources and Distribution*, N.Y. 1989, S. 109), die quellengeschichtliche Voraussetzung für die ›klassische‹ Entstehungstheorie, nämlich die chronologische Präzedenz der von Ludwig ungefähr zwanzig Jahre früher als D-W, 1099, datierten, ausschließlich lateinische Motetten enthaltenden Handschrift I-Fl, Plut.29.1, gegenüber der erstmals französisch textierte Motetten überliefernden Kompilation in der Wolfenbütteler Hs.

Damit lägen bereits hinreichend Gründe für eine kritische Überprüfung der von Meyer entwickelten und von Ludwig übernommenen Hypothese vor. Weiterhin zu berücksichtigen wäre aber noch, daß die für die Ausführung der Mehrstimmigkeit an der Pariser Kathedrale zuständigen Spezialisten (clerici machicoti) offensichtlich unter schwierigen materiellen Bedingungen lebten (hierzu vgl. C. Wright, *Music and Ceremony at Notre Dame of Paris*. 500-1550, Cambridge 1989, S. 24-27), was dazu führte, daß sie – ebenso wie auch andere Mitglieder des niederen Klerus – ihre Dienste der Allgemeinheit, also den Bürgern von Paris sowie dem bessergestellten Klerus, gegen Bezahlung zugänglich machten. Ein solcher Sachverhalt wird nicht zuletzt durch die um 1210 in Paris kompilierte *Summa* des Robert de Courson belegt, wo einerseits die Praxis der magistri organici verdammt wird, ihre durch »*scurrilia et effeminata*« geprägten Künste bei »*iuvenibus et rudibus ad effeminandos animos ipsorum*« feilzubieten, andererseits gegen eine solche Tätigkeit beim Vortrag von »*licitis cantibus in quibus servitur ecclesiis*« (Chr. Page 1993, S. 57) nichts eingewendet wird. Auch die Tolerierung, ja sogar Förderung solcher Kompositionen durch hochrangige Kleriker wurde im Verlauf des 13. Jh. immer wieder als der Würde ihres Standes ungemäß verurteilt, während bereits für Robert de Courson eine Ausführung solcher Werke, sofern sie ihres weltlichen Gewandes entkleidet sind, auch im Gottesdienst als durchaus akzeptabel galt (ebd.).

Zwar kann an dieser Stelle eine detaillierte Bewertung des Beweismaterials nicht durchgeführt werden, doch erscheint unter den gegebenen Umständen die von Page (ebd., S. 58) formulierte Gegenthese, die Motette habe sich in Paris in der Zeit um 1200 unter den an der Kathedrale Notre-Dame geschulten Sängern aus der Fusion der neuen, zur Ausschmückung der Liturgie entwickelten mensuralen Techniken der Mehrstimmigkeit mit dem in Paris bzw. in der Ile-de-France zirkulierenden Liedgut entwickelt, durchaus plausibel. Die Motette wäre demnach als weltliche, der Unterhaltung eines städtischen, sowohl Laien wie Kleriker umfassenden Publikums dienende volkssprachliche Gattung entstanden; die lateinische Motette hätte sich mehr oder weniger gleichzeitig aus der Kontrafaktur der ursprünglich weltlichen Kompositionen (die übrigens offensichtlich nicht selten auch mit ihren originalen weltlichen Texten im Gottesdienst zur Aufführung kamen) entwickelt. Bei den von Ludwig als Vorstufe der Motette interpretierten Diskantklauseln handelte es sich analog (und diametral Ludwigs Theorie entgegengesetzt) um durch Enttextung für die Liturgie adaptierte Motetten.

Selbstverständlich kann und soll hier nicht ausgeschlossen werden, daß es im Einzelfall durchaus zu Entwicklungen gekommen sein mag, welche – gemäß Ludwigs Postulat – von einem präexistenten Melisma in einer liturgischen Komposition ausgehend zu dessen Textierung führten. Hier kann lediglich die detaillierte Betrachtung einzelner Motettenfamilien Aufschluß geben, die zum Teil eben auch für die Gesamtentwicklung untypisch verlaufen kann. Auch soll die von Meyer erkannte Affinität der Motette mit der Tradition des Tropus im weiteren Sinne nicht negiert werden – nach der neueren Theorie wäre die Motette ja geradezu als eine musiko-textuelle Erweiterung, also eine Art Tropus, eines präexistenten, nur eben volkssprachlichen Refrains zu begreifen. Hinzugefügt sei allerdings auch, daß eine präzise Abgrenzung gerade der lateinischen Motette gegenüber den zwar konzeptuell verwandten, aber doch – im Gegensatz zur Motette – unzweideutig in der Liturgie verwurzelten, gleichzeitig gepflegten Gattungen wie dem Organumtropus noch fehlt. Dasselbe gilt für die von Handschin (1925) wegen ihrer Mehrtextigkeit als Vorläufer der Motette interpretierten, von ihrer liturgischen Stellung her jedoch ebenfalls dem Organum bzw. dem Organumtropus zuzuordnenden Simultantropen des St. Martial-Repertoires.

II. Bis ca. 1320

Die schriftliche Überlieferung der Motette setzt um die Mitte des 13. Jh. ein. Die zwei großen in Paris entstandenen Notre-Dame-Handschriften I-Fl, Plut.29.1, und D-W, Cod. guelf. 1099 Helmst. (um 1250), enthalten umfangreiche Motettensammlungen, die sich bei I-Fl, Plut.29.1, ausschließlich auf lateinische und nahezu ausschließlich auf eintextige Werke (sog. Conductus-Motetten) beschränken, bei D-W, Cod. guelf. 1099 Helmst., demgegenüber sowohl lateinische als auch französische Motetten, darunter auch bereits eine Anzahl dreistimmiger mehrtextiger Sätze, umfassen. Die Beschränkung auf lateinische Werke in I-Fl, Plut.29.1, ist in Anlehnung an Wright (1989, S. 243-258) wohl darauf zurückzuführen, daß die sich in ihrem Aufbau eng dem Ritus der Kathedrale Notre-Dame verbundene Handschrift bewußt als liturgische Sammlung angelegt war, also aus kompilationstechnischen Gründen (und nicht, wie von Ludwig vermutet, aufgrund chronologischer Präzedenz) auf den Einschluß weltlicher Werke verzichtete. Demgegenüber hatte der Kompilator der der Liturgie von Notre-Dame fernerstehenden Handschrift D-W, Cod. guelf. 1099 Helmst. offensichtlich einen breiteren Ausschnitt des im Umlauf befindlichen Repertoires ins Auge gefaßt.

Die Motette der Notre-Dame-Zeit verbindet einen gleichmäßig rhythmisierten, modal notierten Choralausschnitt mit einer oder mehreren neu komponierten Oberstimmen in rhythmisch undifferenzierter cum littera-Notation. Nach der neueren Entstehungstheorie bestünde ihr ältestes Stadium in der Verbindung eines aus der gleichzeitig entwickelten liturgischen Mehrstimmigkeit entlehnten Tenors mit einer nach den Regeln des discantus dazukomponierten Oberstimme; Ausgangs- bzw. Zielpunkt dieser Oberstimme wäre etwa ein präexistenter Refrain

118 (motet; vgl. Notenbeispiel 1). Die Thematik dieser Motetten, wie sie in großer Anzahl etwa im 10. Faszikel von D-W, Cod. guelf. 1099 Helmst., aber auch in anderen Sammlungen wie den wohl ebenfalls um bzw. noch vor 1250 entstandenen Fragmenten MüA (D-Mbs, Mus. Ms. 4775, und Privatbibliothek J. Wolf, Berlin, verschollen) erhalten sind, ist nahezu ausnahmslos der Liebeslyrik verhaftet, wobei auch drastisch erotische Texte keineswegs vermieden wurden.

Notenbeispiel 1: Anon., Motette »Dame que j'aim et desir/Dominus«, aus: H. Tischler (Hrsg.), The Earliest Motets (to circa 1270): A Complete Comparative Edition, Bd. 2, New Haven 1982, S. 1367

Die zweistimmige lateinische Motette der Zeit bis um 1250 unterscheidet sich satzmäßig kaum von ihrem volkssprachlichen Gegenstück. Im Bereich der Drei-, gelegentlich auch der Vierstimmigkeit zeichnet sie sich jedoch durch ihre Affinität zum Conductus aus, die u.a. in der vom Conductus entlehnten Aufzeichnung in vollständiger oder teilweiser Partiturnotation (in der volkssprachlichen Motette grundsätzlich in Einzelstimmen), dem Überwiegen der Eintextigkeit und der vom Geistlichen über das Politische bis zum Moralisierenden reichenden Thematik deutlich wird (vgl. Notenbeispiel 2).

Mit dem um oder kurz nach 1270 in Paris kompilierten sog. ›alten Korpus‹ (Faszikel 2-6) der Handschrift F-MOf, H 196, dem repertoiremäßig eng mit F-MOf, H 196, 2-6, verwandten Motettenfaszikel der Handschrift F-Pn, n.a.f.13521 (La Clayette, Cl), der etwa um 1285 in Paris entstandenen Handschrift D-BAs, Lit. 115 (Ba), und einer Reihe fragmentarisch erhaltener, offensichtlich als Sammelhandschriften angelegter Quellen werden in der zweiten Hälfte des 13. Jh. ausschließlich der Motette gewidmete Kompilationen zum Haupt-Quellentyp. Sie reflektieren das Erstarren des Notre-Dame-Repertoires und den gleichzeitigen Aufstieg der Motette zur zentralen Gattung der musica mensurabilis in der Epoche der sog. Ars antiqua.

Notenbeispiel 2: Anon., Conductusmotette »Hodie Marie/Reg«, aus: H. Tischler (Hrsg.), The Earliest Motets (to circa 1270): A Complete Comparative Edition, Bd. 1, New Haven 1982, S. 223

Die Motette ist jetzt im Regelfall dreistimmig und mehrtextig. Ihre Texte sind weiterhin überwiegend weltlicher Natur (vgl. Notenbeispiel 3).

Die Entwicklung der Motette vollzieht sich in enger Anlehnung an die in Paris gleichzeitig voranschreitende Entwicklung der Mensuralnotation, deren für die Folgezeit entscheidendster Schritt in dem Traktat Francos von Köln (Ars cantus mensurabilis, wohl 3. Viertel des 13. Jh.) festgehalten ist. Die Handschriften zeigen häufig einen aus der Scholastik übernommenen enzyklopädischen Charakter (so sortiert F-MOf, H 196, 2-6, das Repertoire nach Untergattungen, D-BAs, lit. 115, alphabetisch nach dem Anfang der Motetustexte), was auf die zunehmende Verwurzelung der Gattung im Bereich der Universität hinweist, die ihren besten Ausdruck wohl in der berühmten Äußerung Johannes de Grocheios (um 1300) findet, die Motette »non debet coram vulgaribus propinari, eo quod eius subtilitatem non animadvertunt nec in eius auditu delectantur, sed coram litteratis et illis, qui subtilitatem artium sunt quaerentes« (zitiert nach der Ausgabe von E. Rohloff 1943, S. 56). Neben der quantitativ dominierenden französischsprachigen Motette wird in der ars antiqua bei unveränderter Verteilung der Thematik auch die lateinische Motette weitergepflegt. In der Faktur zeichnet sich ein zunehmend ausgeprägtes Interesse an der Ausschöpfung der Möglichkeiten des dreistimmigen Satzes ab, wobei insbesondere die Länge und gegenseitige Verzahnung der Phrasen in den einzelnen Stimmen das Augenmerk der Komponisten auf sich zog (vgl. Notenbeispiel 3).

Der vielleicht um 1300 entstandene 8. Faszikel der Handschrift F-MOf, H 196, zeigt ein über die Pariser Motette der Zeit vor 1275 in wesentlichen Punkten hinausgreifendes Stadium, dessen wichtigste Innovationen in der Verwendung neuer notationstechnischer Möglichkeiten (Unterteilung der Brevis in mehr als drei Semibreven), rhythmischer Differenzierung der Oberstimmen (vor allem in der mit Petrus de Cruce assoziierten, sog. petronischen Motette) sowie dem Eindringen von aus dem weltlichen Liedgut, gelegentlich auch aus der Instrumentalmusik entlehnten – also frei komponierten – Tenormelodien und dem damit verbundenen Zurücktreten der Modalrhythmik liegen. Gleichzeitig setzt sich in diesen Motetten das Bestreben fort, musikalisch eigenständige, vom Text autonome Strukturen zur Grundlage der Gestaltung zu machen. Hier gewinnt insbesondere die Anlage der Oberstimmen in Phrasen gleicher Länge herausragende Bedeutung (Isoperiodik). Die Systematisierung dieser Prinzipien in den um 1315 entstandenen, mit Philippe de Vitry assoziierten Motetten in der Handschrift F-Pn, f. fr. 146 (Roman de Fauvel), bildet den Übergang zur Ars nova.

Im Gefolge des sich rasch über das christliche Europa verbreitenden Notre-Dame-Stils kam es bereits früh zu einer Rezeption der Motette auch außerhalb des

Notenbeispiel 3: Anon., Motette »Joie et solas/Jonete sui/Eius«, aus: H. Tischler (Hrsg.), The Montpellier Codex, Part II: Fascicles 3, 4, and 5, Recent Researches in the Music of the Middle Ages and Early Renaissance 4-5, Madison/Wisc. 1978, S. 145

französischen Kernlandes. Dies belegen einmal die vom Schreiber offensichtlich als Conductus aufgefaßten Motettenreduktionen in der um 1240 an der Kathedralabtei St. Andrews bei Edinburgh entstandenen Handschrift D-W, Cod. guelf. 628 Helmst. (W1), zum andern die Motetten der vielleicht aus der Kathedrale von Toledo stammenden, ebenfalls um die Mitte des 13. Jh. entstandenen spanischen Handschrift E-Mn, 20486 (Ma).

Im französischen Sprachraum belegen die Motettenfaszikel der in oder um die nordfranzösische Stadt Arras als damaligem Sitz der Grafen von Flandern im dritten Viertel des 13. Jh. entstandenen Trouvère-Handschriften F-Pn, fr. 844 (Chansonnier du Roi, R), und F-Pn, fr. 12615 (Chansonnier de Noailles, N), die Ausstrahlung der Motette in städtische Zentren außerhalb von Paris. Repertoiremäßig ist diese Entwicklung nicht zuletzt durch die Entwicklung möglicherweise spezifisch mit Arras verknüpfter und vom Einfluß der weltlichen Liedformen besonders gekennzeichneter Untergattungen wie der Rondeaumotette gekennzeichnet. Hinweise auf die Pflege von Motetten außerhalb von Paris liegen aber nicht nur aus Arras, sondern u. a. etwa auch aus Amiens vor, dessen Kathedralkapitel noch im 14. und 15. Jh. einen ihm von Petrus de Cruce vermachten liber organicus, möglicherweise unter Einschluß von Motetten, besaß. Aus Lüttich ist mit der wohl kurz vor 1300 im Umkreis des Benediktinerklosters Saint-Jacques entstandenen Handschrift I-Tr, Vari 42 (Tu), eine weitere Repertoirehandschrift erhalten, die die Assimilierung der Motette in französischsprachigen Zentren außerhalb von Paris dokumentiert.

In England entwickelte sich im Verlaufe des 13. Jh. aus der Verschmelzung der schriftlosen, einheimischen Tradition der Mehrstimmigkeit (hierzu vgl. Bukofzer 1936, S. 231; E. H. Sanders, *Tonal Aspects of 13th-Century English Polyphony*, in: AMl 37, 1965, S. 19-23; Ders., Art. *Rondellus*, in: NGroveD) mit den aus Frankreich übernommenen Anregungen des Pariser Repertoires ein eigenständiges Motettenkorpus, das sich vor allem satztechnisch (etwa durch Vollklanglichkeit, Wegfall des Cantus-firmus-Tenors, Stimmtauschtechnik), aufgrund der nahezu ausschließlich auf den liturgischen Bereich beschränkten Texte, aber auch thematisch von der gleichzeitig in Frankreich gepflegten Motette nachdrücklich unterscheidet (vgl. Notenbeispiel 4).

Die aufgrund der schwierigen Quellenlage von der Forschung erst relativ spät in ihrer vollen Bedeutung erkannte englische Motette knüpft satztechnisch an den Notre-Dame-Conductus an, ist aber in ihrer Vielgestaltigkeit der französischen Motette vergleichbar und übertrifft sie an Quantität der erhaltenen Stücke sogar. Die Motette wurde offensichtlich vorwiegend in Klöstern und Kathedralen gepflegt; dies wird durch die Herkunft der Quellen (etwa den an der Kathedrale von Worcester im Westen Englands vorwiegend im 13. Jh. entstandenen Worcester-Fragmenten oder der aus der Benediktinerabtei Bury St. Edmunds in Suffolk stammenden, um die Mitte des 14. Jh. entstandenen Handschrift GB-Ob, 7) belegt. Auch aus Mittel- und Ostmitteleuropa liegen bereits im 13. Jh. etwa mit den aus dem Dominikanerkloster in Wimpfen/Neckar stammenden Fragmenten D-DS, 3471, oder den aus dem Franziskanerkloster Stary Sącz bei Krakau stammenden Fragmenten PL-STk 2 Beweise für die Rezeption der Motette vor. Auch hier kam es zu einer Assimilation der Gattung, wenn auch nicht in einem mit England vergleichbaren Maßstab. Der Typus der von Friedrich Ludwig nach dem im Verlauf des 14. Jh. am Benediktinerkloster Engelberg (Schweiz) entstandenen Codex CH-EN, 314, einer wichtigen Quelle dieses Repertoires, so benannte Typus der »Engelberger Motette« bildet eine wohl ähnlich wie in England aus dem Kontakt der französischen

Notenbeispiel 4: Anon., Motette »Puellare gremium/ Purissima mater«, aus: E. H. Sanders (Hrsg.), English Music of the Thirteenth and Fourteenth Centuries, in: PMFC 14, Monaco 1979, S. 95

Motette mit älteren schriftlosen Techniken (in diesem Falle des Organums) hervorgegangene, spezifisch mitteleuropäische Ausprägung der Gattung, die wohl im späten 13. Jh. – vielleicht in klösterlichen Zentren am Oberrhein – entstand. Da zwischenzeitlich Beispiele solcher Kompositionen auch in Handschriften des späten 14. Jh. aus Klöstern in Süddeutschland (GB-Lbl, Add.27630), Österreich (D-B, 40580) und Böhmen (CZ-VB, 65) nachgewiesen werden konnten, kann davon ausgegangen werden, daß es sich hier um ein im späten 13., 14. Jh. und frühen 15. Jh. sich über weite Teile Mitteleuropas erstreckendes Phänomen handelte, dessen genauere Entstehungs- und Verbreitungsgeschichte jedoch noch der Erforschung harren.

III. Bis ca. 1420

Mit der jüngsten Repertoireschicht der zwischen 1315 und 1317-1318 in Paris kompilierten Handschrift F-Pn, f. fr. 146, liegen erstmals Kompositionen vor, die die in der Spätphase der Ars antiqua entwickelten Satztechniken (insbesondere die Isoperiodik) unter Einbeziehung notationstechnischer Neuerungen (Gleichstellung von Zwei- und Dreizeitigkeit) und der konsequenten Durchgestaltung des Textes unter Zugrundelegung a priori konzipierter Zahlenverhältnisse zu einem neuen Motettentypus kombinieren, der von den Theoretikern des ausgehenden 14. und frühen 15. Jh. mit der Person Philippe de Vitrys verknüpft wird. Das satztechnisch hervorstechendste Merkmal der Ars nova-Motette ist die Einführung der Isorhythmie. Typischerweise wird dabei die mit Hilfe eines rhythmischen Schemas (talea) einmal oder mehrmals vollständig durchgeführte Tenormelodie (color) am Ende der Komposition in verkürzter Form wiederholt (Diminutionsmotette). Ein weiteres Satzcharakteristikum ist die Verwendung von Hoquetuspassagen an den Phrasennahtstellen, wodurch es rasch zum Eindringen der Isorhythmie in die Oberstimmen kam; bereits um die Jahrhundertmitte ist mit Machauts Motette »Amors/Faus Semblant« ein Beispiel einer vollständig isorhythmisch (panisorhythmisch) durchgestalteten Komposition belegbar. Ferner von Bedeutung ist die Einführung einer mit dem Tenor isorhythmisch verknüpften zweiten Unterstimme (Contratenor, vgl. Notenbeispiel 5).

In F-Pn, f. fr. 146, ist der Übergang der Motette zur höfischen Repräsentationsgattung bereits partiell sichtbar, wie etwa das Beispiel der für die Krönung Ludwigs X. 1316 komponierten Motette »Ludovice/Servant regem« zeigt. In den Jahren bis zur Mitte des Jahrhunderts wird die Motette dann die führende Gattung der Mehrstimmigkeit am Pariser Königshof. Hierbei wird die Kontinuität zur Ars antiqua nicht zuletzt in der Pflege der nun aber nicht mehr vorwiegend an der Pastourelle, sondern an der hohen Minne (amour courtois) orientierten französischsprachigen Motette deutlich, wie sie vor allem in den ausschließlich dem Werk Guillaume de Machauts gewidmeten, in der zweiten Hälfte des 14. Jh. in Paris entstandenen Sammelhandschriften greifbar wird. Im Bereich der lateinisch textierten Motette leben die bereits seit Mitte des 13. Jh. greifbaren Typen der Heiligen- und der Rügemotette fort; hinzu kommen als neue, musikgeschichtlich bedeutende Untergattungen die Staatsmotette, die Musikermotette, aber auch die das Meßordinarium einbeziehende Ite missa est-Vertonung. Ältere Motetten der ars antiqua bleiben, wenn auch nur vereinzelt, am französischen Königshof noch bis ins späte 14. Jh. in Gebrauch; daneben läßt sich die wohl im zweiten Viertel des 14. Jh. am französischen Königshof entwickelte Chasse als eigenständige, zur Isorhythmie parallel verlaufende Weiterentwicklung der Ars antiqua-Motette begreifen.

Ab etwa der Jahrhundertmitte nimmt die Motettenproduktion am Pariser Königshof stark ab. Dies läßt sich einerseits mit der Ausbildung eines bedarfsdeckenden Repertoires erklären, wie es in der 1376 und danach im Umkreis des Pariser Königshofs kompilierten Handschrift F-Pn, n.a.f.23190, in abgewandelter Form auch

Notenbeispiel 5: Philippe de Vitry?, Motette »In virtute/Decens«, aus: Fr. Ll. Harrison (Hrsg.), Motets of French Provenance, in: PMFC 5, Monaco 1968, S. 97f.

in der wohl in der nordwestitalienischen Domstadt Ivrea gegen 1380 entstandenen Handschrift I-IVc, 115, oder den wohl mit der Kathedrale von Cambrai in Verbindung zu bringenden Cambraier Fragmenten (kopiert wohl vor 1380) überliefert ist. Andererseits kam es zu einer Verlagerung des kompositorischen Schwergewichts auf das nun in der satztechnischen Innovation die Führung übernehmende mehrstimmige Lied. Die Motette entwickelt sich damit zur Gelegenheitskomposition. Musikgeschichtlich bedeutend wird die Weiterentwicklung der zweiteiligen Diminutionsmotette zur mehrteiligen, durch die aufeinanderfolgende Anwendung sich akzelerierender Mensuren gegliederten Proportionsmotette, die in den Werken des späteren 14. Jh. und der ersten Jahrzehnte des 15. Jh., nicht zuletzt aber auch in der Spätphase der isorhythmischen Motette nach 1420 zum beherrschenden Bautypus wird. Eine einzelne Motette dieses Anlagetyps (»Portio/Ida«) tritt zwar bereits in I-IVc, 115, auf; er findet sich jedoch vermehrt in dem Motettenfaszikel der in ihrem Hauptkorpus wohl um bzw. kurz nach 1400 in Mittelitalien (Florenz) kompilierten Handschrift F-CH, 564, sowie im Repertoire der beiden um 1430 im Veneto kopierten Handschriften I-Bc, Q 15, und GB-Ob, 213. Auch das wohl ab 1411 entstandene, in der Handschrift I-Tn, J.II.9, überlieferte Repertoire des Lusignan-Hofes auf Zypern, die einzige große Sammlung neu komponierter Motetten im französischen Stil aus der Zeit um 1420, enthält hauptsächlich Proportionsmotetten.

Der Einfluß der Ars subtilior erstreckt sich bei der französischen Motette des späten 14. Jh. hauptsächlich auf die Rhythmik der Oberstimmen, die ähnlich wie beim Liedsatz durch Synkopen und die kleinräumige Anwendung von Proportionen aufgebrochen wird (vgl. Notenbeispiel 6). Die Faktur der Motette bleibt in der Ars subtilior aber im Kern unangetastet.

Notenbeispiel 6: Anon., Motette »Multipliciter/ Favore«, aus: Fr. Ll. Harrison (Hrsg.), Motets of French Provenance, in: PMFC 5, Monaco 1968, S. 167f.

Hatten die vielfältigen kulturellen und politischen Beziehungen zwischen England und Frankreich bereits im 13. Jh. für die Ausbildung eines eigenständigen insularen Motettenrepertoires gesorgt, so gelangte auch die Ars nova-Motette bereits früh auf die britischen Inseln. Diese scheint anfangs jedoch eher als eigenständiges Repertoire – parallel zur einheimischen Tradition – rezipiert worden zu sein, so daß englische Motetten bis etwa zur Mitte des 14. Jh. zwar gelegentlich Satzmerkmale der Ars nova-Motette übernehmen, im Kern aber ihre satztechnische Eigenständigkeit bewahren. Erst durch die nicht zuletzt im Gefolge des Hundertjährigen Krieges sich entwickelnde Intensivierung des kulturellen Wettbewerbs mit Frankreich kam es dann auch in England im Verlauf des späteren 14. Jh. zur Verlagerung des kulturellen Schwergewichts auf die Privatkapellen des Königs und der mit ihm assoziierten Fürsten. Dieses in England ab etwa der Mitte des 14. Jh. entstandene, französischen Einfluß und einheimische Tradition zu einer neuen Synthese bringende Repertoire tritt uns vor allem in der wohl um 1415 im Umkreis der englischen Hofkapelle angefertigten Old Hall-Handschrift (GB-Lbl, 57950) entgegen, aber auch in der aus kontinentalen Quellen erhaltenen, am Hofe Eduard III. entstandenen Musikermotette »Sub Arcturo/Fons«, die rezente französische Vorbilder mit traditioneller englischer Satztechnik amalgamiert (vgl. Notenbeispiel 7). Die im Laufe des zweiten Viertels des 15. Jh. entstandenen Motetten Dunstables knüpfen direkt an diese am englischen Königshof zentrierte Tradition an.

Auch aus Italien liegen ab dem frühen 14. Jh. Zeugnisse für eine Auseinandersetzung mit der Motette vor. Anknüpfend an die Motette der späten Ars antiqua kam es dort vor allem im Raum Padua-Venedig zu einer eigenständigen Ausprägung der Gattung, die ähnlich wie die englische Motette von der Forschung erst

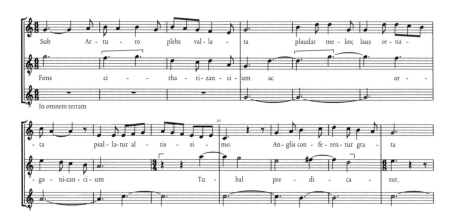

Notenbeispiel 7: John Aleyn, Motette »Sub Arcturo/ Fons«, aus: Fr. Ll. Harrison (Hrsg.), Motets of French Provenance, in: PMFC 5, Monaco 1968, S. 172

vergleichsweise spät differenziert wurde (M. Bent 1992). Italienische Motetten zeichnen sich u.a. durch Ablehnung der Isorhythmie, Neigung zur Eintextigkeit, Vorliebe für Imitation zwischen den Oberstimmen und eine vom Oberstimmenpaar ausgehende, der Caccia vergleichbare Anlage mit freiem Tenor aus (vgl. Notenbeispiel 8). Sie sind zumeist lateinisch textiert und dienen der Ehrung verschiedener Heiligen, aber auch als Staatsmotette. Beispiele sind aus dem 14. Jh. sowie aus der Zeit unmittelbar nach 1400 erhalten; einer der Hauptvertreter ist der zwar in Lüttich ausgebildete, jedoch hauptsächlich in Italien, u.a. in Padua, wirkende Komponist Joh. Ciconia. Nach 1420 geht die italienische Motette im Werk von Dufay und anderer in Italien aktiver Zeitgenossen in den Typus der Liedmotette über.

Auf der iberischen Halbinsel entstand im Königreich Kastilien um 1300 (mit Nachträgen aus der ersten Hälfte des 14. Jh.) in Toledo bzw. am Zisterzienserinnen-Kloster von Las Huelgas bei Burgos noch eine weitere große Motettensammlung (E-BUlh), deren Repertoire nun weitgehend von der Pariser Mehrstimmigkeit des späten 13. Jh. geprägt ist. Im benachbarten Aragon führten gegen Ende des 14. Jh.

Notenbeispiel 8: Anon., Motette »Marce, Marcum imitaris«, aus: K. von Fischer/ F. A. Gallo, Italian Sacred and Ceremonial Music, in: PMFC 13, Monaco 1987, S. 197

intensivierte Beziehungen des Königshauses zu Frankreich sowie das Mäzenatentum des Kardinals Pedro de Luna (nachmalig Papst Benedikt XIII.) zu einer Verbreitung der Ars nova-Motette im Nordosten der Halbinsel. In beiden Fällen kam es zwar zur Rezeption einer Auswahl lateinischer, etwa der Jungfrau Maria oder verschiedenen Heiligen gewidmeter Motetten französischer Provenienz, eine eigenständige Gattungsvariante wurde in Spanien aber nicht ausgebildet.

Im deutschen Sprachraum und in Ostmitteleuropa finden sich auch im 14. Jh., vermehrt dann noch um die Wende zum 15. Jh. ebenso wie bereits im 13. Jh. immer wieder isolierte Zeugnisse für eine Bekanntschaft mit der zeitgenössischen französischen Motette. Eine über die Motetten vom Engelberger Typus hinausreichende, eigenständige Entwicklung läßt sich aber nicht feststellen.

Für die spätere Musikgeschichte vielleicht am bedeutsamsten wurde die Pflege der Motette in den Niederlanden. Ausgehend von Zentren wie Lüttich, Tournai und Cambrai wurden die Kathedralen und Kollegiatkirchen, ja bisweilen sogar Pfarrkirchen in den wohlhabenden Städten Flanderns, Brabants, des Maaslands und am Niederrhein durch fromme Stiftungen aus dem Bereich des Adels und der Bürgerschaft im Verlauf des 14. Jh. immer mehr zu Pflegestätten der Mehrstimmigkeit. Dies führte unter Einbeziehung der Fürstenhöfe (Grafschaften Flandern, Hennegau und Holland sowie Herzogtum Brabant) im Verlauf des 14. Jh. zur Ausbildung einer breitflächig angelegten, hochentwickelten musikalischen Infrastruktur. Zwar stammte das in den Niederlanden gepflegte Repertoire größtenteils aus Frankreich, doch liegen vereinzelt auch bereits im 14. Jh. Beispiele einheimischer Produktion vor, zum Teil in niederländischer Sprache. Diese Motetten verzichten zum Teil auf die Isorhythmie, erscheinen aber dennoch wesentlich dem französischen Vorbild verhaftet, was eine genauere Differenzierung des Repertoires bisher verhindert hat. Sie lieferten aber mit die Grundlage für die Entwicklung des 15. Jh., in der Musiker aus den Niederlanden, beginnend mit der Generation Dufays, für die europäische Musikgeschichte federführend sein sollten.

KARL KÜGLE

IV. 15. und 16. Jahrhundert
1. Terminologie und Typologie

Während mit der Gattung Motette im 14. Jh. exakt umschriebene kompositorische Vorstellungen verbunden waren – Vorstellungen, die eine festgefügte kompositorische Machart (Tenorgrundlage, Mehrtextigkeit, Mensuralnotation, Iso-

rhythmie), eine bestimmte Stillage (anspruchsvollste Gattung) und auch eine
soziale Zuordnung (Musik einer klerikalen Elite) gleichermaßen betreffen –, so
wurden mit dem Beginn des 15. Jh. diese Konturen unscharf. Der Konsens über das,
was eine Motette im weitesten Sinne zu leisten habe – noch nach Pietro Capuano da
Amalfi (2. Hälfte 14. Jh.) eindeutig »tocius nove artis motectorum difficultas circa temporum varietatem et semibrevium figuracionem acceditur« (Mensurabilis musicae tractatuli 1,
ed. F. A. Gallo, Bologna 1966, S. 43) –, wurde gewissermaßen bis auf ein Äußerstes
strapaziert. Die Zeit zwischen den stilistischen Umbrüchen der Jahre 1420/1430 und
um 1600 zeichnet sich daher durch erhebliche Aporien innerhalb der Gattung aus,
allerdings ohne daß ihr übergreifender Terminus selbst je ernsthaft in Frage gestellt
worden wäre. Im Gegenteil, in wichtigen Handschriften und, später, in nahezu
allen Drucken wird geradezu hartnäckig am Begriff festgehalten – ungeachtet aufkommender, jedoch in der Regel mit »vulgo moteta« spezifizierter Synonyma: cantiones sacrae oder ecclesiasticae (erstmals wohl bei T. Susato 1546[6] bzw. 1553[8] ff. und
besonders beliebt im 16. Jh., etwa in fast allen Motettenbüchern von J. Clemens non
Papa), dann z. B. melodiae (Lpz., Faber, 1533[3]), moduli (Zarlino 1549), modulationes
(Nbg., Petreius 1538[7]), concentus sacri (O. di Lasso 1564), bei J. de Castro 1592 sogar tricinia sacri, schließlich einfach nur musica (N. Gombert 1539, A. Willaert 1539), cantiones (Agb., Grimm und Wyrsung 1520[4]) oder latinae cantiones (I. de Vento 1569). Diese
>Ersatztermini< entstammen überdies anscheinend häufig der verlegerischen Werbepraxis, so im Falle der Motettenbücher Gomberts und Willaerts, die gleichzeitig
von Scotto in Venedig herausgebracht wurden.

Die im Schrifttum des 15. Jh. entstehenden Versuche expliziter verbaler Definitionen von Motette sahen sich dieser grundlegenden Schwierigkeit gegenüber. Denn
anders als im 14. Jh. (mit der ausdrücklich an der Musik »qua utuntur homines Parisii«
[ed. E. Rohloff 1972, S. 124] orientierten Ausnahme Joh. de Grocheos) ließ sich die
Gattung nicht mehr als mensural notierte Mehrstimmigkeit, ja als Paradigma der
neuen Notationsart begreifen. War ein Traktat wie das Compendium artis motectorum
des P. Capuano da Amalfi vor allem und ganz selbstverständlich eine Bestandsaufnahme der Mensurallehre am Beispiel der Motette, so wurde diese Einheit von
Notation und Gattung mit dem Aufkommen von polyphonem weltlichen Lied und
Messesatz zunehmend hinfällig. Der wohl französische, Joh. de Muris nahestehende
Anonymus V (CS III) beschrieb bereits am Ende des 14. Jh. die Feinheiten der Mensuralnotation mit Beispielen nicht nur aus Motetten, sondern auch aus Messesätzen
und >cantilenae< wie Rondeau oder Madrigal. Damit bedurfte die Motette einer ganz
neuen theoretischen Begründung, die im 15. Jh. gleichwohl nicht auf der kompositionstechnischen Ebene erfolgt ist. Den Bezugspunkt bildete vielmehr zunächst der

Text. Paulus Paulirinus etwa klassifizierte die Motette um 1460 allein über die Wertigkeit der einzelnen Texte, wobei er auf »uterque textus« und Tenor (also nach wie vor die Dreistimmigkeit) beschränkt blieb (ed. J. Reiss, in: ZfMw 7, 1924/25, S. 261). Auch die Typologisierung und Hierarchisierung der drei musikalischen Gattungen Messe, Motette und Lied im *Terminorum musicae diffinitorium* des Joh. Tinctoris (um 1472/73?, gedruckt 1495) nach den drei rhetorischen genera dicendi, unter denen die Motette als »*cantus mediocris*« die Mittellage markiert, bleibt letzlich an Qualität und Umfang der jeweiligen Texte orientiert. Selbst die Indices von Musikhandschriften unterscheiden zwar Gattungen, ordnen diese aber bis gegen 1440 ausschließlich nach Gedichtanfängen. Das führt im Falle der Motette, die zwar auf Gedichten basiert, jedoch keine poetologisch determinierte Textgattung zur Grundlage hat, zu erheblichen Problemen: die Gestalt der Texte wechselte – anders als in der Messe – ständig, und sie konnte – anders als in der Liedkunst – Auswirkungen auf die formale Gestalt der Komposition (etwa durch Strophenstruktur oder Refrainform) nur grob und überdies völlig unverbindlich ausüben.

Die somit bezeichneten Unschärfen innerhalb der Gattung machen typologische Klassifikationen in erheblichem Maße schwierig (vgl. L. Finscher/A. Laubenthal 1990, S. 277 ff.); der weitgehend isolierte Versuch eines deutschen (?) Autors aus dem frühen 15. Jh., die Motette als »*cantus ecclesiasticus*« zu bestimmen (ed. M. Staehelin, in: AfMw 31, 1974, S. 239), führt das deutlich vor Augen. Begreift man allerdings das 15. Jh. als die Zeit, in der neuzeitliche Gattungssysteme als hierarchische Ordnungen überhaupt erst entstehen – Ordnungen zunächst der Ganzheit des Poetischen, später, in direkter Applikation, der anderen Künste –, dann liegen die Schwierigkeiten weniger immanent im Genre selbst begründet als vielmehr in der Genese des Gattungsdenkens insgesamt. Auch in der poetologischen Diskussion erweist sich die im Rückgriff auf Aristoteles entwickelte Gattungstheorie als stetes Spannungsfeld zwischen sehr allgemeinen und überdies häufig ex negativo formulierten Definitionen und den vom Autor für sein konkretes Werk eigens aufgestellten Normen, die so etwas wie den positiven Gegenpol bilden (R. L. Colie 1973). So lassen sich die Aporien innerhalb der Gattung Motette analog beschreiben als Resultat einer komplexen Gemengelage zwischen den Determinanten eines aus dem 14. Jh. überkommenen Genres und dem Bedürfnis, dieses Genre gewissermaßen auszudifferenzieren, und zwar im wesentlichen in den Kompositionen selbst.

In der Motette des 15. und 16. Jh. stehen folglich normative Traditionselemente (z. B. die Tenorkonstruktion) neben den Aspekten, die ein Komponist nicht qua Theorie, sondern im Werk selbst formuliert. Und diese Aspekte lassen sich fassen als solche der ›Funktion‹ im weitesten Sinn: abhängig von Auftraggeber und Institution, von Anlaß und Aufführungsumständen, von ritueller Funktion und artifizieller Innovation; sie bilden also letztlich ein komplexes künstlerisches ›Anspruchsniveau‹ (in Anlehnung an M. Warnke, *Bau und Überbau*, Ffm. 1984, S. 13 ff.). Die kompositorische Pluralisierung, die in der Motette des 15. Jh. einsetzt, ist zunächst, als bewußte Anpassung an eine Auftragslage bei gleichzeitig vorangetriebener Individuation, auf dieses Anspruchsniveau konzentriert. Und umgekehrt entscheidet der Grad solcher Differenzierung innerhalb der Anspruchsniveaus über die kompositorische Beschaffenheit, ja er wirkt auf die Gestalt der komponierten Musik wahrscheinlich in viel stärkerem Maße zurück als lange angenommen. Der Verlust von kompositionstechnischer Eindeutigkeit ist demnach nicht einfach ein Mangel, sondern Indiz einer zunehmend komplexer werdenden gattungsgeschichtlichen Feingliederung, die sich eben nur bedingt in ausdrücklich formulierter Theorie und großenteils über die komponierten Werke selbst erfassen läßt. Die funktionale Mehrdeutigkeit, in diesem Sinne Indiz für den Übergang zur Neuzeit, bildet daher – neben den Traditionselementen – das zentrale und für Typologien vielleicht tauglichste Gattungsmerkmal der Motette, die sich vor allem in dieser Hinsicht von den funktional sehr viel enger gefaßten Gattungen der Chanson und vollends der Messe unterscheidet.

Im 1476 vollendeten und reich intarsierten Studiolo des Herzogs Federico II. da Montefeltro in Urbino wird dieser typologische Aspekt veranschaulicht. In den bloß perspektivisch vorgetäuschten, zum Teil geöffneten Wandschränken sind auch zwei Musikhandschriften mit lesbaren Noten zu erkennen: die dreistimmige Chanson »J'ay pris amor« findet sich als Buch unter Büchern, also in der Bibliothek; die vierstimmige Huldigungsmotette *Bella gerit musasque colit* jedoch nicht in einem Bücher-, sondern in einem Zimelienschrank (Abb. 1). Sie wurde also als Kostbarkeit verstanden, ihre Funktion hat zu einer entscheidenden, über das bloß Kompositorische hinausweisenden Differenzierung gegenüber der Chanson geführt. Vergleichbar ist der Beginn von Philippe de Montes Motettenproduktion, die erst nach seiner Ernennung zum Wiener Hofkapellmeister 1567 einsetzte (R. B. Lenaerts 1984, S. 50): Zuvor bestand für die Komposition von Motetten, ganz im Gegensatz zu Madrigalen, offenbar keine Notwendigkeit. Auch in der zweiten Hälfte des 16. Jh. war die Gattung anscheinend untrennbar verknüpft mit einem bestimmten Anspruchsniveau, das – ungeachtet der immensen Schwierigkeiten bei der historischen Rekonstruktion – unter typologischen Gesichtspunkten immer noch am aussagekräftigsten erscheint.

2. Pluralisierung der Gattung im 15. Jahrhundert

Das Problem der Ordnung innerhalb einer vordergründig so diffus erscheinenden Gattung war bereits den Zeitgenossen des 15. Jh. bewußt. Im Index der komplex organisierten Handschrift I-MOe, α.X.1.11, aus den 1440er Jahren werden ausdrücklich als Motetten (»*motteti*«) nur die Gattungsbeiträge im engsten Sinne bezeichnet (also ohne Antiphonen, Hymnen oder Magnificat), und im Aufzeichnungsmodus der Werke wird sogar zwischen isorhythmischen und nicht-isorhythmischen Werken unterschieden. Ungeachtet der Tatsache, daß dieser Versuch weitgehend isoliert blieb, ist doch erkennbar, daß die ›Pluralisierung‹ der Gattung nicht nur bemerkt, sondern typologisch zu bewältigen versucht worden ist.

Zu Beginn des 15. Jh. kam es zunächst zu einer Spätblüte der isorhythmischen Motette, die deswegen so bezeichnet werden kann, weil Isorhythmie – anders als im

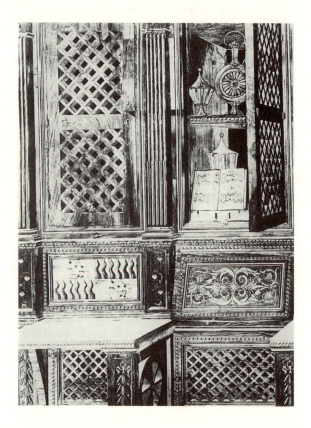

Abbildung 1: Studiolo des Herzogs Federico II. da Montefeltro in Urbino, hier die vierstimmige Huldigungsmotette »*Bella gerit musasque colit*« in einem Zimelienschrank

14. Jh. – nicht mehr normativer Bestandteil der Gattung ist. In dem Maße, in dem Isorhythmie einerseits auf alle Stimmen ausgedehnt wird (Panisorhythmie), verschwindet die Technik andererseits ganz. Dabei lassen sich zwei Tendenzen unterscheiden: Einer vehementen Politisierung der Motette, deren Anlaß nun im Text erkennbar ist, steht die unmittelbare Rückbindung in liturgische Zusammenhänge gegenüber. Auch in diesem Falle ist zwar ein besonderer Kompositionsanlaß anzunehmen, jedoch ist dieser über die Texte nur begrenzt erschließbar. Im ersten Fall sind die Motetten ›anlaßbezogen‹ (und damit auch heute noch zumindest prinzipiell datier- und lokalisierbar), im zweiten ›anlaßgebunden‹ (und damit heute in der Regel nicht mehr spezifizierbar). Die meisten der etwa 90 isorhythmischen Motetten der ersten Jahrhunderthälfte (die 40 Werke in I-Tn, J.II.9, vor 1420, sind dagegen ein Sonderfall) stammen aus den oberitalienischen Stadtstaaten (vgl. die Übersicht bei J. M. Allsen 1992, S. 327). Besonders unter dem Repräsentationsdruck der frühhumanistisch geprägten Republiken Padua und Venedig kam es dabei zur Ausprägung einer zeremonialpolitischen, auf aktualen, neu gedichteten lateinischen Texten basierenden Huldigungsmotette, die auf komplizierte Weise mit dem öffentlichen Ritual verbunden ist (in Anlehnung an W. Ambros oft mißverständlich als »Staatsmotette« bezeichnet). Vor allem durch Joh. Ciconia, den wichtigsten Vertreter, wurde der dreistimmige Typus mit zwei gleichberechtigten Oberstimmen und stützendem, nicht-choralem Tenor geprägt. In seinem Werk begegnet dabei eine seltsame und wohl einzigartige Indifferenz hinsichtlich des kompositorischen Verfahrens: der Unterschied zwischen einer isorhythmischen und einer nicht-isorhythmischen Motette wird bis zur Unkenntlichkeit verwischt, und dem entspricht, daß der frei erfundene Tenor oftmals mit einer Textmarke versehen ist – so, als ob es sich um einen Choralausschnitt handelte (vgl. Notenbeispiel 9a und b).

An Ciconias Motetten schließt eine Reihe von Nachfolgern an (vor allem Antonius Romanus, Antonius de Civitate, Beltrame Feragut, Hugo de Lantins, Joh. de Lymburgia, Cristoforus de Monte), die in den gleichen geographischen Raum gehören und ihre Werke ähnlich konzipieren. Verbunden mit diesem Raum sind auch nahezu sämtliche erhaltenen Motettenhandschriften der ersten Hälfte des 15. Jh.: vor allem GB-Ob, Can.Misc.213 (ca. 1436 in Venedig), I-Bc, Q15 (1420/35, Padua), und I-MOe, α.X.1.11 (um 1440, Ferrara). Direkt davon beeinflußt sind die isorhythmischen Motetten Guillaume Dufays, die – mit Ausnahme der letzten vier Werke – sämtlich in Italien entstanden sind, vor allem für den päpstlichen Hof. Gerade unter Eugen IV., der selbst Venezianer war und der nahezu alle wichtigen Anlässe der ersten Hälfte seines Pontifikats mit Motetten ausgestattet hat, ist die politisierende Tendenz im Sinne Ciconias noch verstärkt worden durch eine überaus geschickte

134 Einbindung in das päpstliche Zeremoniell. Dufays Motetten sind jedoch im Gegensatz zu denen Ciconias wieder eindeutig isorhythmisch, in der Regel vier- statt dreistimmig, und sie basieren wieder auf einem präexistenten, semantisch besonders aussagekräftigen Tenor. Dieser wird jeweils werkindividuell ordiniert, also vor allem mit wechselnden Diminutionsverfahren. Mit dieser Individualisierung gehen zahlreiche kompositorische Experimente einher: der Ausbau des kanonischen Eröffnungsduettes der Oberstimmen (etwa in »Ecclesie militantis«, der fünfstimmigen Krönungsmotette für Eugen) oder die Überblendung von zwei Tenores (»Salve flos tusce«, komponiert für den päpstlichen Hof in Florenz 1436); einzigartig ist die Einfügung des strukturbildend eingesetzten und wohl symbolisch gemeinten Fauxbourdon in »Supremum est mortalibus«, der Motette zur Krönung Kaiser Sigismunds in Rom 1433. Die panegyrischen Motetten Dufays reagieren dabei unmittelbar auf die Vorgaben der päpstlichen Zeremonienbücher und bilden mit diesen eine komplizierte textuelle Einheit, die in vergleichbarer Weise offenbar auch in den Werken für den savoyischen und burgundischen Hof angestrebt ist. Gleichfalls in diesem Zusammenhang stehen etwa die isorhythmischen Motetten des 1455 gestorbenen

Notenbeispiel 9 a und b: Gegenüberstellung von
»Ut te per omnes celitus / Ingens a lumpnus« und »Venecie mundi splendor / Michael«
(ed. M. Bent und A. Hallmark, Monaco 1985)

kaiserlichen Kapellmeisters Joh. Brassart oder von Gilles Binchois (»Nove cantum melodie« zur Taufe des ältesten Sohnes Philipps des Guten).

Nahezu gleichzeitig mit dieser Politisierung in Oberitalien vollzog sich in Frankreich eine Einpassung der Motette in nicht-panegyrische, liturgische Kontexte (Joh. Carmen, Joh. Cesaris, N. Grenon, E. Grossin, R. Locqueville, Joh. Tapissier). Die in der Regel vierstimmigen Werke basieren auf ebenfalls lateinischen, nun an die Hymnentradition anschließenden und oftmals nach dem Cento-Verfahren montierten Texten und sind zwar isorhythmisch, allerdings in den fast immer dem Choral entlehnten Tenores relativ einfach proportioniert (Carmens Nikolausmotette »Pontifici decori« mit fünf identischen taleae ist keine Ausnahme). Offenbar direkt mit dieser Tendenz verbunden sind die isorhythmischen Motetten John Dunstables, die – zusammen mit denen Dufays fast ein Drittel des gesamten überlieferten Repertoires des 15. Jh. ausmachend – angesichts der langen Frankreich-Aufenthalte des Komponisten wohl weniger eine englische als eine kontinentale Entwicklung repräsentieren. In ihnen prägt sich, ganz im Gegensatz zu Dufay, ein starr gehandhabtes Schema aus: weitgehendes Festhalten an der Dreistimmigkeit, Verzicht auf ein Duett, Beschränkung auf die Diminutionstypen 3:2:1 und 6:4:3 (mit Ausnahme nur des dreistimmigen »Veni sancte spiritus« und von »Specialis virgo«). Alle Motetten sind strikt auf Heiligenfeste bezogen, verraten also den besonderen Anlaß, für den sie zweifellos entstanden sind, nur mittelbar in ihren Texten. Mit dieser französischen Tradition verbunden sind auch die übrigen erhaltenen isorhythmischen Motetten englischer Komponisten der ersten Jahrhunderthälfte (vor allem John Benet, Forest, Nicholas Sturgeon und Thomas Damett).

Zusammengefaßt werden diese divergierenden Tendenzen durch die verbindliche lateinische Sprache, in der Regel in mindestens zwei verschiedenen Texten gleichzeitig erklingend, und, vor allem, die rituelle Einbindung der Werke, die auf Grund der Quellensituation und der expliziten historischen Bezüge im Falle Dufays leichter nachzuvollziehen ist als im Falle Dunstables. Diese zunehmend bewußte Ritualisierung, in der Dichotomie ›anlaßbezogen-anlaßgebunden‹ greifbar und schließlich um 1500 in die direkte liturgische Verankerung mündend, läßt sich als eines der generellen mentalen Kennzeichen der beginnenden Neuzeit überhaupt verstehen: In dem Maße, in dem rituale Kontexte fragwürdig werden oder sich aufzulösen beginnen, werden sie bewußt. Sie werden damit auch bewußt thematisiert, eben in den Kompositionen selbst. So stellt sich das schlagartige Verschwinden der isorhythmischen Motette kurz nach 1440 nur als kompositionstechnischer Bruch dar; das Anspruchsniveau der Gattung überträgt sich unmittelbar auf die Tenormotette.

Dieser Übergang von der Isorhythmie zur Tenormotette ist nach wie vor nur in groben Zügen erforscht. Die wenigen nicht-isorhythmischen repräsentativen Motetten der ersten Jahrhunderthälfte (sieht man vom Sonderfall Ciconias und einiger seiner Zeitgenossen ab) können dabei nicht als Mittler betrachtet werden, da sie sich gerade dadurch auszeichnen, daß sie eine vollständige, für die Tenormotette irrelevante Alternative jenseits der Isorhythmie ausprägen: Die Struktur von Brassarts Lambertus-Motette »Cristi nutu sublimato« etwa entsteht durch den Kontrast von Zwei- und Vierstimmigkeit, basiert also nicht auf dem Tenorprinzip. Gleichwohl bilden sich in der Tenormotette, ungeachtet ihres direkten Rekurses auf die feierliche Ritualität der isorhythmischen Motette, typische Eigenarten innerhalb einer weitgehend unveränderten Funktionalität aus. So werden die unmittelbaren Politisierungen zurückgedrängt zu Gunsten eines paraliturgischen Anspruchs. Allerdings bleibt die Neudichtung der Texte (unter Verzicht auf die Doppeltextigkeit) vorherrschend. Vergleichbar lassen sich auch die kompositorischen Unterschiede einbetten in das funktionale Kontinuum. Entscheidendes Novum ist die Festschreibung der zuvor nur in Ausnahmen (Dufay, J. Franchois) begegnenden Fünfstimmigkeit, als deren Mittelachse nun der Tenor fungiert. Dieser Tenor entstammt jedoch nach wie vor dem Choral, und seine Zurichtung entspricht zumindest der Tendenz nach der Isorhythmie: War dort, abgesehen von den wenigen Werken mit Augmentationsmustern, durch die proportionierte Diminution eine Art von Verlaufsbeschleunigung erreicht worden, so erzeugte die neue Technik, den Tenor zunächst in breiten Notenwerten kontrastiv von den Außenstimmen abzusetzen, ihn dann aber im Verlauf der Komposition zunehmend an deren Bewegung anzugleichen, letztlich denselben Effekt. Auch die typisch akzelerierende Zweiteilung mit der Mensurfolge O-C bzw. O-₵ erinnert noch an die diminutive talea-Folge.

Die einzelnen Gattungsbeiträge selbst, deren bedeutendste aus der Frühzeit von Johannes Regis und Loyset Compère stammen, erreichen mitunter gewaltige Dimensionen (157 Mensuren in Regis' Pfingstmotette »Lux solempnis/Repleti sunt«) und schreiben die schon in Dufays isorhythmischen Motetten erkennbare Tendenz zur Monumentalisierung fort. Die Tenormotette wird damit für ein Jahrhundert zur anspruchsvollsten Art der Motettenkomposition. Sie findet ihren Höhepunkt in der Josquin-Zeit. Bereits in den nur vier sicher Johannes Ockeghem zuzuschreibenden Werken (A. Lindmayr 1990), vor allem im fünfstimmigen »Intemerata Dei mater«, zeichnen sich bemerkenswerte Individualismen in der Gattungsauseinandersetzung ab (Verzicht auf den breit mensurierten Tenor, Ausweitung zur Dreiteiligkeit, Gliederung durch eine genau ausponderierte, nicht selten homophone Klangtechnik in wechselnden Stimmkombinationen, ausgreifende Schlußsteigerung). Die großangelegten Motetten Jacob Obrechts schließen an diese Vorgaben direkt an, und sie bilden so etwas wie den Abschluß des nordfranzösisch-burgundischen Traditionszusammenhanges.

Ihren eigentlichen Höhepunkt fand die Entwicklung in den Motetten Josquins, die teilweise in Italien entstanden sind und damit die funktionale Verbindung zur politischen isorhythmischen Motette herstellen. Trotz der weitgehenden Konzentration der großen Tenormotetten Josquins auf marianische Texte ist die repräsentationspolitische Funktion deutlich erkennbar. Auch diese Werke sind – bei allen Unwägbarkeiten in der Chronologie – anfangs allem Anschein nach wiederum an den päpstlichen Hof gebunden; sie sind eintextig, bisweilen zur Sechsstimmigkeit geweitet (»Benedicta es, celorum regina«), basieren auf einer kunstvoll proportionierten Cantus-firmus-Behandlung – und stellen, ähnlich den Werken Dufays, komplexe semantische Bezüge zwischen Außenstimmen und Tenor her. Josquins Schaffen kulminiert hier in zwei Werken, die eine für das 16. Jh. paradigmatische Rolle gespielt haben: der Sequenz »Stabat mater dolorosa«, die in ihrer Beziehung auf den weltlichen Tenor »Comme femme desconfortée« von Binchois die liturgische Bindung des semantischen Tenor-Konzepts gleichsam umkehrt (präexistenter Text der Außenstimmen gegen einen nun gleichsam »neu« erfundenen Tenor), und im monumentalen dreiteiligen, für Ercole I. d'Este entstandenen Bußpsalm »Miserere mei Deus«, in dem die Techniken der Tenormotette gleichermaßen reduziert (Vereinheitlichung aller Stimmen, definitive, liturgische Eintextigkeit) und doch auf ein äußerstes Maß an konstruktiver und affektiver Dichte (21malige Einblendung des Miserere-Rufes, regelrechte Klangregie aller Stimmenkombinationen) getrieben werden. Beide Werke haben unmittelbare Nachahmungen gefunden (offenbar bei vergleichbaren Anlässen und als Forderung des Auftraggebers, wie in den »Infelix ego«-Motetten Willaerts, Cipriano de Rores und Nicola Vicentinos; vgl. P. P. Macey 1985, S. 143 ff.) sowie eigene Traditionsketten gebildet. Mit dem Ende der Wirksamkeit dieser Vorbilder um 1550 war erstaunlicherweise auch das Ende der Tenormotette bezeichnet, sie lebte nurmehr als seltenes historisches ›Zitat‹ bei repräsentationspolitischen Anlässen fort.

Im selben Zeitraum von 1450 bis 1550 führte auch die isorhythmische Motette ein vergleichbares Nachleben (R. Dammann 1953, Th. Brothers 1991), also als bewußte (und oftmals approximative) Zitation der Technik, die dem exzeptionellen Anlaß vorbehalten blieb (z.B. in der prima pars von Obrechts »Salve crux«). Mitunter konnte Isorhythmie auch direkt semantisch besetzt werden, so etwa in der vielschichtigen, als Hommage an Ockeghem gemeinten Tenorgestalt von »In hydraulis«

(Antoine Busnois) mit ihrer Verkettung von Intervallik und Tondauer oder, in »Probitate eminentem/Ploditando« aus PL-Kj Glogauer Liederbuch, sogar als ironische Verkehrung der gesamten Gattungstradition in der Huldigung an einen zweifelhaften Augustiner-Chorherren.

3. Sakralisierung und Trivialisierung

Die Motette im Spannungsfeld von isorhythmischer, ›nicht-isorhythmischer‹ und Tenormotette bedeutet zwar den weitgehenden Verlust verbindlicher kompositionstechnischer Normen innerhalb der Gattung, hingegen bleibt das Anspruchsniveau einheitlich, und zwar einheitlich hoch. Daneben zeichnen sich jedoch in der ersten Hälfte des 15. Jh. Entwicklungen ab, die nicht nur den letzten kompositorischen Konsens – die Tenorkonstruktion – endgültig aufkündigen, sondern sich auch funktional gänzlich von der feierlichen Zuordnung entfernen. Durch das Aufkommen dieser Werke wird ein einheitlicher Traditionszusammenhang definitiv zerbrochen, und dieser schwierige Sachverhalt hat zu dem problematischen Begriff der Liedmotette geführt (vgl. schon Leichtentritt 1908, S. 31).

Das Kennzeichen dieser von der contenance angloise (Martin le Franc 1440/42) geprägten Liedmotetten ist die unzweideutige Hinwendung zu liturgischen, also sakralen Zusammenhängen. Die Kompositionen beziehen sich nicht mehr auf außerordentliche Anlässe, sondern auf prinzipiell wiederholbare liturgische Feiern. Und sie tragen nicht selten Züge einer funktionalen Privatheit, wie sie sich in der Bevorzugung von marianischen Texten und von Ausschnitten aus dem Hohen Lied zeigt: sie sind Bestandteil der im 15. Jh. aufblühenden Andachtskultur, und sie partizipieren somit an einer sakralen Intimität, die auch für die weite Verbreitung von Stundenbüchern verantwortlich ist. Die kompositorische Stillage entspricht diesem Sachverhalt: Die Sätze sind in der Regel dreistimmig, also am Muster des weltlichen Repertoires orientiert, und sie verzichten auf eine herausgehobene Tenorfunktion. Die solchermaßen konzipierten Werke konnten erhebliche Berühmtheit erlangen: Dunstables dreistimmiges »Quam pulchra« es ebenso wie Walter Fryes »Ave regina celorum«, beides kaum zufällig englische Werke und das letzte wahrscheinlich eine der populärsten Motetten der gesamten Gattungsgeschichte.

Die kompositorischen Verfahren dieser Werke sind in Stimmanordnung, Satzanlage oder Tenorbehandlung keineswegs schematisch, doch sind sie durch die auffällige Vermittlung motettischer Elemente (vor allem des cantus firmus) mit denen der Liedkunst geeint – womit auch das Spannungsfeld des Gebrauchs markiert ist: zwischen offizieller Liturgie und Privatheit. Darauf verweist auch die Tatsache, daß

mit solchen (Marien-) Motetten, analog der Tradition spanischer cancionieros, ein
Mariengedicht an die Spitze einer literarischen Sammlung zu stellen, oftmals Chansonniers eröffnet werden konnten (etwa in D-W, Cod. Guelf. 287 Extravag., oder US-Wc, M 2.1 L 25 Case, jeweils mit Fryes »Ave regina«). Offenbar ist diese Form, analog zur Andachtsbuchkultur, eine nordfranzösisch-burgundische (z. B. Binchois, A. Brumel, Obrecht, Regis) und vielleicht auch englische Besonderheit (z. B. Leonel Power, John Hothby, John Plummer).

Eng mit der ›Liedmotette‹ sind von Textrepertoire und damit auch Funktion her jene vierstimmigen Motetten verbunden, die entweder als freie Choralbehandlung oder sogar als ganz freie Sätze erstmals die Gleichbehandlung der Stimmen verwirklichen (Alexander Agricola, Busnois, Ockeghem, Joh. Martini, schließlich auch die englischen Komponisten der Jahrhundertwende wie J. Browne oder W. Cornysh, die in GB-WRec, 178, einem weitgehend der marianischen Bildandacht verpflichteten Manuskript, enthalten sind). Auch in diesem umfangreichen Repertoire lassen sich sehr verschiedene Verfahrensweisen feststellen wie der imitatorische Bezug einzelner Stimmen, die paarweise Kontrastbildung, die ganz freie Komposition oder die paraphrasierende Cantus-firmus-Behandlung (wie in einem »Regina celi« von Busnois, in dem Tenor und ›Altertenor‹ eine freie Antiphon-Paraphrase in strikter Quartimitation ausführen). In diesen ›freien‹ Motetten ist in der Gleichwertigkeit der vier Stimmen ein neues kompositorisches Paradigma innerhalb der Gattung aufgestellt, das letztlich die endgültige Abkehr vom tenorbetonten Satz bedeutet (vgl. Notenbeispiel 10).

Der deutlich unterhalb der feierlichen (Tenor-) Motette angesiedelte kompositorische Anspruch bedeutet nicht notwendig eine kompositorische Vereinfachung. Dennoch setzte gleichzeitig mit diesem Repertoire und in dem Maße, in dem die polyphone Messe die musikalische Gattungshierarchie erobert hat, auch eine kompositorische ›Trivialisierung‹ ein, die tatsächlich auf einfache (und wohl auch einfach auszuführende) Werke für den liturgischen Alltag zielte. An der Spitze dieser Tendenz stehen eigenartigerweise Motetten, deren betont simple Faktur wiederum stilbildend gewirkt hat, nämlich die mailändischen Motetti missales (Loyset Compère, Gaspar van Weerbeke, Franchinus Gaffurius). Ihre Bestimmung als Stellvertreter für die Ordinariumsteile der ambrosianischen Messe ist mittlerweile zwar wieder in Frage gestellt worden (L. H. Ward 1986), doch das in ihnen präsentierte kompositorische Modell eines äußerst reduzierten, strikt syntaxbezogenen, imitierenden und, vor allem, meist cantus-firmus-freien vierstimmigen Satzes (mit zeichenhaften Veranschaulichungen in den fermatenbekrönten Blockakkorden der »O salutaris hostia«-Teile) hat gewissermaßen das Verfahren der abschnittweisen Durchimitation Josquins vorweggenommen (fast mit didaktischen Qualitäten demonstriert in dessen vierstimmigem »Ave Maria [...] virgo serena«).

Gleichwohl konnte daneben dasselbe Textrepertoire bedeutsame, mit der Tenorkonstruktion vermittelte kompositorische Aufwertungen erfahren, doch schwingt auch hier das bekenntnishaft-intime Moment der persönlichen Andacht mit (so, geradezu prototypisch, im wohl 1464 für eine Aufführung in der eigenen Todesstunde komponierten und mit persönlichen Tropen versehenen Ave regina Dufays). Die beiden Traditionen der cantus-firmus-bezogenen, auf Neudichtungen verfaßten Tenormotette und der auf präexistenten Texten basierenden, schließlich dem Imitationsprinzip verpflichteten Andachtsmotette sind verbunden in einem nun eindeutig festgeschriebenen liturgischen Sinnzusammenhang der Gattung, und sie sind historisch geeint in der Person Josquins, der sie um 1500 zusammengefaßt und somit zahlreiche Nachahmungen angeregt hat.

Eine ganz unmittelbare liturgische Funktionalität (Einbettung in die Messe) hat sich im späten 15. Jh. in den polyphonen Proprien herausgebildet, die prinzipiell dem Andachtstypus nahestehen, auch zyklisch komponiert werden konnten –

Notenbeispiel 10: A. Busnois, »Regina celi«
(B-Br 5557, f. 88v-89r, ed. M. Eckert, North Harton 1987)

und dennoch keinen wirklich eigenen Traditionszusammenhang gebildet haben. Frühe Belege finden sich in den anonymen, zum Teil wahrscheinlich von Dufay stammenden Proprienzyklen in I-TRbc, 88, für die Sainte-Chapelle in Dijon (A. E. Planchart 1988). Die Entwicklung kulminiert dann in den höchst phantasievollen, noch strikt choralbezogenen Proprien, die H. Isaac um 1500 für den Hof Maximilians in Wien geschrieben hat (D-WR Ev.-luth. Superintendentur-Bibl. Prakt. Theol. Ges. A) und die 1550 und 1555, stark verändert, als Teile des *Choralis Constantinus* erschienen sind (J. Heidrich 1993, S. 209 ff.). Dessen Druck scheint ein gewisses Maß an vergleichbaren Aufträgen nach sich gezogen zu haben, in denen dann (spätestens in Palestrinas fünfstimmigen *Offertoria* von 1593 und in den vier- bis sechsstimmigen, schon im Titel auf die Motette verweisenden *Gradualia seu cantionum sacrum* William Byrds von 1605) die bei Isaac tendenziell angestrebte Gleichsetzung mit der aufwendigen Motette endgültig verwirklicht worden ist.

LAURENZ LÜTTEKEN

Exkurs I: Motetti missales

Motetti missales sind Motettenzyklen für Teile der Meßfeier nach römischem Ritus, in denen die vorgesehenen Texte durch Motetten mit anderen Texten in vier- oder fünfstimmiger Komposition ersetzt werden. Der Begriff *Motetti missales* hat sich gegenüber *Vertretungsmesse* (K. Jeppesen 1931) und *Motettenzyklen loco Missae* (G. Croll 1952 und 1954, A. Lindmayr 1992) durchgesetzt, weil er in der *tabula* der wichtigsten Quelle, I-Md 1, als Oberbegriff erscheint. Der Begriff *Zyklus* ist gerechtfertigt, weil in der Regel alle Motetten einer solchen Gruppe dieselbe Tonart und dieselbe Schlüsselung haben; gelegentlich sind sie auch durch musikalische Beziehungen untereinander verbunden.

Ein vollständiger Zyklus besteht aus acht Motetten, deren liturgische Orte in den Quellen wenigstens für einige Zyklen angegeben sind: *loco Introitus* – *loco Gloria* – *loco Credo* – *loco Offertorii* – *loco Sanctus* (oder, in Loyset Compères Zyklus »*Hodie nobis de Virgine*« [in: *Opera omnia*, hrsg. von L. Finscher, 1958-1972, [= CMM XV], ein tropiertes Sanctus) – *ad* oder *post Elevationem* – *loco Agnus* – *loco Deo gratias*. Bei der Aufführung der Zyklen in der Meßfeier wurden die eigentlichen liturgischen Texte vermutlich durch den Priester am Altar ›still‹ gesprochen (P. Macey 1996, S. 166). Die Stimmenzahl der Motetten eines Zyklus' ist meist einheitlich. In der Regel sind es vier Stimmen; Compères *Missa Galeazescha* ist fünfstimmig, der Compère zuzuschreibende Zyklus »*Ave Domine Jesu Christe*« (s. Finscher 1964) vier- und fünfstimmig. Die Texte sind in der Regel, aber nicht immer liturgisch einheitlich, dabei aber oft aus vielen verschiedenen Quellen zusammengestellt. Die liturgischen Bestimmungen der als solche gesicherten Zyklen sind:

de Beata Maria Virgine
Compère, Missa Galeazescha   I-Md 3
F. Gaffurius, »Salve mater Salvatoris«   I-Md 1
van Weerbeke, »Ave mundi domina«   I-Md 1
van Weerbeke, »Quam pulchra es«   I-Md 1
anonym, »Gaude flore virginali«   D-Mbs, 3154
Josquin Desprez, »Vultum tuum«   I-Md 4 (nur 4 Sätze, vollständig in RISM 1505^2)

de Spiritu Sancto oder in Pentecoste
van Weerbeke, »Spiritus Domini replevit«   I-Md 4 (nur 5 Sätze, vollständig in RISM 1505^2)

de Domine nostro Jesu Christe
Compère, »Ave Domine Jesu Christe«   I-Md 1

in Nativitate DNJC
Compère, »Hodie nobis de Virgine«   I-Md 1

de Passione DNJC
anonym, »Natus sapientia«   D-Mbs, 3154
Josquin Desprez, »O Domine Jesu Christe«   RISM 1503^1
Compère, Officium de Cruce   RISM 1503^1
(bei den beiden letztgenannten Zyklen ist die Zugehörigkeit zum Motettimissales-Repertoire wahrscheinlich, aber nicht gesichert)

de Corpore DNJC
anonym, »Diem novae gratiae«   I-Md 4

Da nicht in allen Zyklen alle Sätze liturgisch eindeutig zugeordnet werden können, ist ein gewisser Spielraum im liturgischen Gebrauch anzunehmen.

Die Aufstellung zeigt, daß sich die Überlieferung auf die vier Chorbücher des Mailänder Doms konzentriert, die unter dem Domkapellmeister Gaffurius angelegt wurden. I-Md 1 ist auf 1490 datiert, 2 und 3 sind in enger zeitlicher Nähe dazu entstanden, und nur I-Md 4 ist erst nach Gaffurii Tod abgeschlossen worden. Hinzu kommt ein Faszikel des Chorbuches des Magister Nikolaus Leopold (D-Mbs 3154); dieser Faszikel ist aufgrund der Wasserzeichen als oberitalienisch identifiziert und auf 1476 datiert worden (Th. L. Noblitt 1974). Aus diesem Überlieferungsraster fallen also nur die beiden Zyklen in RISM 1503[1] heraus, die wohl in Beziehung zum Repertoire stehen, deren unmittelbare Zugehörigkeit zu ihm aber nicht gesichert ist.

Die Datierung des Münchner Faszikels auf 1476, die Konzentration der Überlieferung auf Mailänder Handschriften, der Titel von Compères Missa Galeazescha und die Namen der Komponisten (Gaspar van Weerbeke war 1471/72 bis wahrscheinlich 1480/81, Compère 1474-1477 Mitglied der Hofkapelle von Galeazzo Maria Sforza bzw., nach dessen Ermordung am 26.12.1476, von dessen Witwe Bona von Savoyen und dessen Sohn Gian Galeazzo) sind hinreichende Indizien für die in der Forschung allgemein akzeptierte Hypothese, daß die Motetti-missales-Zyklen zwischen etwa 1472 und 1476 für die Meßfeiern des Sforza-Hofes, speziell für Galeazzo Maria komponiert wurden. Dazu paßt auch, daß Gaffurius in seinem um 1482 geschriebenen Tractatus practabilium proportionum von van Weerbekes »motettis ducalibus« spricht (Cl. A. Miller 1970, S. 380). Die Hypothese gewinnt noch an Wahrscheinlichkeit dadurch, daß ein so großer Teil der Zyklen für marianische Meßgottesdienste bestimmt ist, daß Galeazzo Maria, inspiriert durch seinen Namen, eine besondere Marienverehrung pflegte und daß seine marianische ›Devise‹, die Hymnenstrophe »Maria mater gratiae/mater misericordae/tu nos ab hoste protege/et hora mortis suscipe« in einigen Zyklen wie in anderen Motetten und Motettengruppen der Mailänder Chorbücher eine herausgehobene Rolle spielt (dazu ausführlich Macey 1996). Dies gilt auch für Josquins »Vultum tuum«-Zyklus, selbst wenn er nicht in, sondern nur für Mailand komponiert sein sollte. Schließlich würde die Hypothese an Überzeugungskraft noch gewinnen, wenn die von Thomas L. Noblitt (1963, S. 144-150) vorgeschlagene Zuweisung der beiden anonymen Zyklen des Münchner Faszikels an Joh. Martini zutreffen würde, denn Martini war Anfang bis November 1474 Mitglied der Mailänder Hofkapelle.

Die Überlieferung wird allerdings kompliziert durch zwei gegenläufige Tendenzen. Einerseits sind nicht alle genannten Zyklen expressis verbis als Motetti missales bezeichnet und/oder mit loco-Rubrizierungen versehen: Es sind die drei von Compère, die beiden von van Weerbeke »Ave mundi domina« und »Quam pulchra es«, »Salve mater Salvatoris« von Gaffurius und die beiden anonymen in München. Andererseits gibt es eine Fülle von kleineren Motettengruppen, oft fünf, aber auch weniger Sätze, die durch den liturgischen Ort der Texte, Tonart, Schlüsselung und musikalische Beziehungen zyklisch verbunden sind (wobei nicht alle der genannten Merkmale in einem Zyklus erscheinen müssen, so daß von Fall zu Fall eine genaue Analyse nötig ist). Bisher ist nur die teilweise verbrannte Handschrift I-Md 4 auf solche kleineren Zyklen gründlich untersucht worden (L. H. Ward 1986); sie finden sich aber auch in den drei anderen Mailänder Codices (ein besonders deutliches und kurzes Beispiel sind die drei durch fast identische Anfänge verbundenen Motetten *de Nativitate DNJC* von Gaffurius, »*Prodiit puer de puella*«, »*Joseph conturbatus est*« und »*Gaude mater luminis*«; I-Md 1, 75v-80). Ob alle diese Gruppen oder auch nur manche von ihnen tatsächlich als Motetti missales konzipiert wurden und/oder als solche verwendet worden sind, ist noch unklar; jedenfalls sind sie in den Handschriften nicht als solche bezeichnet. Bei der Geschlossenheit des ganzen Mailänder Repertoires ist es wenig wahrscheinlich, daß es sich um Fragmente ehemals kompletter Zyklen handelt. Am Rande des eigentlichen Motetti-missales-Repertoires stehen schließlich die von Lynn Halpern Ward so genannten »*hybrid cycles*« (Ward 1986, S. 518-519), normale Ordinariumszyklen mit zwei oder drei umrahmenden Motetten. Es handelt sich um vier Zyklen (einer in I-Md 2, drei in I-Md 4), alle von Gaffurius. Angesichts der Autorschaft und der Konzentration auf die jüngste der Handschriften liegt es nahe, die »*hybrid cycles*« später als das Kernrepertoire zu datieren. Wahrscheinlich beziehen sie sich aber doch auf die Meßfeier des Hofes, nicht des Domes, da die Ordinarienzyklen vollständig (mit Kyrie) sind, also dem römischen, nicht dem ambrosianischen Ritus entsprechen, und wenigstens für Galeazzo Maria Sforza ist bezeugt, daß er die römische Messe vorzog (Macey 1996, S. 166). Die normalen Ordinariumszyklen ohne umrahmende Motetten von Gaffurius sind teils mit Kyrie, teils ohne, und eine Reihe von Messen nicht-mailändischer Komponisten sind in Mailänder Chorbüchern durch Auslassung des Kyrie für den ambrosianischen Ritus zurechtgestutzt.

Die frömmigkeits- und institutionengeschichtliche Bedeutung der Motetti missales wird aber noch übertroffen durch die kompositionsgeschichtliche: Es handelt sich hier um das älteste größere Repertoire, in dem der neue, ganz aus der unmittelbar sinnfälligen Textdarstellung entwickelte Stil der Josquin-Generation greifbar wird (Finscher 1979). Dabei liegt der Akzent ganz auf der formalen Textdarstellung, die mit kurzen Imitationen in »*verkümmerter Kanontechnik*« (ebd., S. 64), akkordisch-syllabischer Deklamation, korrespondierenden Duos, Kontrasten, Pausen, Refrainbildungen und Abschnittswiederholungen verwirklicht wird, während sich die emphatische Textdarstellung in syllabisch-akkordischem Satz auf die *elevatio* und auf Bitt- und Anbetungsformeln beschränkt und eine inhaltliche Textdarstellung fast ganz fehlt. Allerdings gilt dies nur für einen Teil des stilistisch insge-

samt bunten Kernrepertoires, während umgekehrt besonders charakteristische
Züge wie die in Imitationsfeldern und Duetten durchgebildeten Motettenschlüsse
in O3 und C3 auch außerhalb der Motetti missales auftreten, vor allem bei Gaffurius. In extremer und zugleich sehr schematischer Form, verbunden mit oft verblüffend ›volksliedhafter‹ und tänzerischer Melodiebildung, zeigt sich dieser Mailänder
Stil bei Compère, vor allem in der Missa Galeazescha. Bei Gaffurius ist er im einzigen
als solcher bezeichneten Zyklus, »Salve mater Salvatoris«, abgeschwächt und mit Elementen des ›normalen‹ Gaffurius-Stils vermischt, aber ähnlich ausgeprägt wie bei
Compère in Sätzen wie »Ortus conclusus«, »Descendi in ortum meum« und »Gaude mater
luminis« (alle in I-Md 1; veröff. mit anderen hierher gehörigen, aber auch mit stilistisch ›gemäßigteren‹ durch L. Migliavacca, F. Gaffurio: Motetti, Mld. 1959 [= Archivium musices metropolitanum mediolanense 5]). Weniger extrem als bei Compère,
stärker an emphatischer Deklamation orientiert und mit Elementen der Dufay-Tradition durchsetzt ist das stilistische Bild bei van Weerbeke (die beiden Motetti-missales-Zyklen zusammen mit einem dritten, aus einzelnen Sätzen der beiden zusammengestellten veröff. durch G. Tintori, G. van Weerbeke: Messe e mottetti, Mld. 1963 [=
Archivium musices metropolitanum mediolanense 11]). Josquins »Vultum tuum«-
Zyklus verbindet Elemente des Mailänder Stils, ohne dessen Extreme, zu einer eigenen Sprache, die das Werk qualitativ heraushebt. Die beiden Münchner Zyklen (veröff. durch Noblitt in seiner Edition der Handschrift, Der Kodex des Magister Nicolaus
Leopold 1, Kassel 1987 [= EdM 80]) tragen keine Spur des Mailänder Stils und wirken
– bei hoher Qualität – konservativ der Dufay-Tradition verhaftet. Eher retrospektiv
ist der anonyme Zyklus »Nativitas tua«. Den Schritt in die Zukunft, der Stilgeschichte machen sollte, haben nur die beiden Hofkapellsänger Compère und Gaspar
und, zögernd, ihr Kollege vom Mailänder Dom Gaffurius gewagt.

LUDWIG FINSCHER

4. Liturgische Gebrauchsfunktionen um und nach 1500: Psalm, Antiphon, Hymnus

Durch die zunehmende Eingliederung der Motette in liturgische Zusammenhänge zeichnet sich gegen Ende des 15. Jh. eine naheliegende und dennoch irritierende Tendenz ab: die Verselbständigung funktional deutlich trennbarer Teilbereiche zu eigenen Traditionslinien. Diese Abgrenzung erfolgt jedoch allein aufgrund
eindeutig definierter Textgattungen, nicht aber kompositorisch, so daß der übergeordnete Kontext der Motette letztlich unangetastet bleibt. Auch wenn die Bestim-

mung für den unmittelbaren liturgischen ›Gebrauch‹ zunächst Satztechniken deutlich unterhalb der Motette hervorgerufen hat (vor allem den Fauxbourdon), so sind diese Teilbereiche bald doch an die Stillage der Motette angepaßt worden. In ihnen verlaufen gleichsam, spätestens seit 1500, in der Regel zwei auf komplexe Weise vermittelte kompositorische Verfahrensweisen nebeneinander her: ›Gebrauchspolyphonie‹ versus Motette.

Zunächst sind die Psalmen zu nennen, die als fester Bestandteil des monastischen Offiziums stets eine besondere Rolle im feierlichen Gebet gespielt und zugleich in der Andachtskultur des 15. Jh., namentlich in den Stundenbüchern, eine ganz neue Bedeutung in der privaten Frömmigkeit erlangt haben. Die beiden Tendenzen der Psalmkomposition entsprechen der oben skizzierten Dichotomie: zum einen die ›freie‹, also nicht unmittelbar ins Offizium eingebundene Vertonung, die deswegen oftmals auch auf Paraphrasen ausweichen konnte (Psalmmotette), und die in die Liturgie der Vesper eingebundene Gebrauchspolyphonie. Die eine trägt dem Bedürfnis nach ›privater‹ Andacht Rechnung, die andere zunehmend demjenigen nach feierlicher, doch handhabbarer Ausgestaltung des Stundengebetes – und verbunden sind beide im frömmigkeitsgeschichtlichen Wandel des Psalmverständnisses. Die nahezu ausschließlich in den italienischen Kathedralrepertoires relevanten Vesperpsalmen haben ihre Wurzel in frühen, dreistimmigen Fauxbourdon-Fassungen mit dem cantus im Superius (Binchois, »In exitu Israel«, I-TRbc, 90, I-MOe, α.M.1.11 und 12, I-VEcap 759) und sind damit genetisch mit den ersten Hymnen-Vertonungen verbunden (etwa im Werk Martinis direkt vereinigt). Diese Fauxbourdon-Fassungen verweisen auf die generelle Problematik: die Komposition eines umfangreichen Textes bei einem durch die relative Anspruchslosigkeit des Psalmtons wenig attraktiven choralen Bezugspunkt. Gleichzeitig hat der antiphonale Psalm-Vortrag offenbar die Herausbildung der Doppelchörigkeit begünstigt, die dann in den mehrchörigen Falsobordone-Versionen des 16. Jh. (Jacquet von Mantua und Willaert, *I salmi appertinenti alli vesperi* [...], Vdg. 1550[1], Willaert 1555) ihren ersten Höhepunkt fand.

Die Psalmmotette hingegen berührt sich nicht nur unmittelbar mit der Gattungsgeschichte, sie wird in der Josquin-Zeit zum Fokus innovatorischer Textbehandlung in der Motette überhaupt. Geradezu schlagartig (mit der wohl einzigen Ausnahme einer anonymen Vertonung des 120. Psalms in I-TRbc, 89, aus der Mitte des 15. Jh.) erscheinen die ersten Werke um 1500, ebenfalls in Italien, und sogleich ist Josquin (mit neun sicher zuzuschreibenden Werken) ins Zentrum der Entwicklung gerückt. Seine aufwendigsten, in der Regel vom Psalmton abstrahierenden Vertonungen (wie »Memor esto verbi tui«, aus Psalm 118, »Domine ne in furore tuo«, aus

Psalm 37, oder »De profundis«, Psalm 129) veranschaulichen den scheinbar paradoxen Anspruch des neuen Genres: einerseits eine aufs Äußerste gesteigerte Artifizialität (im Miserere [Psalm 50] etwa das bis an die Grenzen getriebene Modell der Tenormotette), andererseits eine weitestgehende und bisher ungekannte funktionale ›Privatheit‹. In diesem spannungsvollen Verständnis waren die Psalmen kompositorische ›Bekenntnismusik‹: vom Auftraggeber für höchst individuelle Anlässe bestellt (wie etwa für die frei ergänzte ›Montage‹ aus sechs Psalmen in »Misericordias Domini« zu vermuten), vom Komponisten mit allen Mitteln der Kunst verwirklicht. Und nicht nur im Falle Josquins ist, wie bei Dufays »Ave regina«, sogar die persönliche Verfassung für den eigenen Bedarf glaubhaft bezeugt, auch Thomas Stoltzer vertonte 1526 einen lateinischen Psalm nach eigener Aussage »auß sunderem lust Zu den vberschönen worten« (Brief an Herzog Albrecht von Preußen vom 23.02.1526). Diese zugleich kunstvolle und individualisierende Ausgestaltung der Psalmen um 1500, hinreichend bis zu den stilistisch eher retrospektiven, meist von Lasso beeinflußten Bußpsalmzyklen nach 1550 (Leonhard Lechner, Jacob Reiner), scheint jedoch mit der gleichzeitig aufkommenden realistischen Darstellungsweise in den aufwendigen Stundenbüchern des Jahrhundertendes zu korrespondieren: In beiden Fällen handelt es sich um eine kostbare lebensweltliche Konkretion des heiligen Textes für den persönlichen Bedarf.

Vor diesem Hintergrund ist die Psalmmotette, anders als in Frankreich, auch zu einem zentralen kompositorischen Medium der Reformationszeit geworden (W. Dehnhard 1971), an dem sich Luther selbst mit einem bescheidenen, aber ebenfalls ›autobiographisch‹ motivierten Beispiel beteiligt hat (»Non moriar«, Psalm 117, Vers 17). Zum einen konnte sie programmatisch zur Parteinahme in den Religionsstreitigkeiten eingesetzt werden, zum anderen bildete sie, auch in ihrer Volkssprachigkeit, einen wesentlichen Bestandteil der sich neu definierenden reformatorischen Frömmigkeit (z.B. J. Reusch, J. Heugel, G. Dressler, L. Paminger). Bezugspunkt waren, dank Luthers uneingeschränkter Fürsprache für den Komponisten, die Werke Josquins, die unter Umständen sogar mit geradezu archaisierender Beharrlichkeit heraufbeschworen werden konnten (etwa in den großen Tenormotetten Joh. Walters). Die Vorbildfunktion dieses Typs ist bis ins 17. Jh. erhalten geblieben. So sehr damit anspruchsvolle Psalmvertonungen als Motetten erscheinen müssen, so deutlich ist im 16. Jh. doch das Bewußtsein einer Differenz zu erkennen: In den Lautenbüchern des Petreius (1536[12] und 1536[13]) werden ausdrücklich »Psalmen und Muteten« unterschieden.

Mit der Psalmkomposition notwendig verbunden ist auch die der Antiphon, wenngleich die Traditionsbildung auf die psalmunabhängigen marianischen Antiphonen der Mitte des 15. Jh. zurückreicht. Dennoch ließ sich mit Hilfe der aufwendig vertonten Antiphon in der Josquin-Zeit (Compère, A. de Févin, Isaac) eine eindeutige liturgische Funktionalisierung von Psalmen erreichen, während gleichzeitig das kompositorische Problem des ›monotonen‹ Psalmtons durch die ›freie‹ Antiphon kompensiert werden konnte. In dieser Hinsicht stehen die Antiphonen den Meßproprien nahe, die ja selbst Antiphonen enthalten und als solche auch einzeln komponiert werden konnten. Die Vertonung von Antiphonen, auch von anderen direkten liturgischen Formen, scheint eine besondere Bedeutung in der französischen Hofkapelle besessen zu haben, etwa bei Jean Mouton, dessen ponderierte Melodik von Glarean bewundert worden ist. Mouton hat hier auf eine ganze Reihe französischer Komponisten prägend gewirkt (J. Lhéritier, J. Richafort, Ph. Verdelot, Cl. de Sermisy, P. Certon). Unter den Medici-Päpsten Leo X. und Clemens VII. ist in Italien ein unmittelbarer französischer Einfluß, vor allem durch die Werke Moutons, wirksam geworden (v.a. allem in I-Bc, Q19). Um 1530 setzte, ebenfalls in Frankreich, analog die systematische Vertonung von Responsorien ein, die wohl nicht als liturgische Substitute gemeint waren, in denen aber, auf Grund der textlich vorgegeben Repetenda, erstmals identische Formteile in der Motette gebildet wurden (ab-cb; frühes Vorbild in Fryes »Ave regina« durch Wiederholung der Zeilen 3 und 4 am Schluß).

Während die Psalmkomposition durch quantitativ gleichgewichtige disparate Stillagen gekennzeichnet war, bildeten sich in der rituellen Determinierung auch konkret liturgische Sonderformen heraus, die sich kompositorisch in der Regel deutlich von der Motette unterscheiden und mit ihr nur in Ausnahmefällen berühren. Am deutlichsten ist das im Hymnus erkennbar, der in Dufays frühem, entweder für den savoyischen Hof oder, wahrscheinlicher, für Eugen IV. entstandenen und noch kurz vor 1500 für die päpstliche Kapelle kopierten und bearbeiteten Zyklus als Alternatim-Komposition einerseits im Fauxbourdon, andererseits im Liedsatz mit Choral in der Oberstimme folgenreich definiert worden ist. Auch hier ist die Bindung an die päpstliche Liturgie von Bedeutung, und ungeachtet lokaler Repertoires vollzog sich im römischen Umfeld auch die Annäherung an die Motette (I-Rvat, CS 15). Von hier aus ist eine ganze Reihe individueller Hymnen-Sammlungen entstanden (1507 ein verlorenes Hymnenbuch Martinis bei Petrucci), die dann, gegen Ende des Jahrhunderts, in den vierstimmigen Werken Tomás Luis de Victorias und Palestrinas (Hymni totius anni, Rom 1581 und 1589) gipfeln mit der endgültigen Anpassung an die Motette, freilich ohne die während des gesamten Zeitraums nur selten verlassene Alternatim-Praxis aufzugeben.

5. Sonderformen

Die Pluralisierung der Gattung im 15. Jh. ließ auch selbständige motettische Sonderformen entstehen, die zwar auf den Textgattungen des Offiziums beruhen, jedoch jeweils in sich relativ geschlossene ›Unterklassen‹ bilden – und in denen die Verbindung mit der Motette daher vollends brüchig wird. Die Traditionsbildungen, die auf Grund der herausgehobenen Vertonung funktional konsistenter Texte einsetzten und sich etwa auch im Hymnus abzeichnen, sind letztlich eigenständig. Dazu ist das Magnificat zu zählen, dessen Bedeutung als marianischer Lobgesang wiederum den für die polyphonen Formen des 15. Jh. so bedeutsamen Kontext der Marienverehrung erkennen läßt. Schon die frühen Beispiele (Dunstable, Binchois, Dufay) machen mit dem Verfahren der »variierten Strophenform« (L. Finscher) vertraut, also einer dem Hymnus vergleichbaren Gebrauchspolyphonie. Immerhin liefert jedoch das älteste erhaltene italienische, vielleicht älteste mehrstimmige Magnificat überhaupt, das des Cantors an S. Marco, Joh. de Quadris (1436), ein zunächst isoliertes Beispiel für einen durchgeführten freien motettischen Satz. Erst im ersten Drittel des 16. Jh. wird diese Abkehr von der Gebrauchspolyphonie, abermals im Umfeld der römischen Liturgie, systematisch erkennbar (Costanzo Festa, Carpentras) und mit vielfältigen polyphonen Kunstgriffen (bis zur Zehnstimmigkeit) und Cantus-firmus-Techniken schließlich zur Norm. In Lassos Parodiemagnificat – nahezu die Hälfte seiner über 100 Gattungsbeiträge – zeichnet sich schließlich eine verblüffende Nähe zur Messe ab, was auch als Beweis einer gattungsmäßigen Eigenständigkeit des Magnificat gelten kann.

Vergleichbar wurden auch bei den Lamentationen und Passionen zunächst ebenfalls schlichtere Modelle geprägt: in den Lamentationen des J. de Quadris eine einfache, quasi-strophische Zweistimmigkeit, in den frühesten Responsorialpassionen (GB-Lbl, Egerton 3307) ein einfacher dreistimmiger englischer Diskantsatz. Während zumindest in den Lamentationen eine rasche Anpassung vor allem an die Psalmmotette erfolgt ist (Antoine de Févin, Pierre de la Rue), blieb die Passionskomposition während des 16. Jh. deutlich retrospektiv orientiert. Beide Phänomene lassen sich textlich mit den Tendenzen der Motettengeschichte verbinden: die poetische Kraft der Lamentationen mit der ›individualisierten‹ Psalmdeutung, die Entstehung der Passion als Pendant zu einer Akzentverlagerung in der Marienverehrung während des 15. Jh., in die in immer stärkerem Maße der Tod Christi einbezogen worden ist.

Neben diesen liturgisch eindeutig abtrennbaren und mit der Motette nur bedingt vermittelten Sonderformen, zu denen als sehr kleine Gruppe auch der liber generationis (I-TRbc, 91, Josquin) gehört, haben sich in der engeren Gattung funktional selbständige, gleichwohl ihr in vollem Umfang zugehörige Sonderzweige ausgebildet. Die Vertonung humanistischer Dichtung, in der ersten Jahrhunderthälfte in Dufays »Salve flos tusce« noch isorhythmisch, erlangte gegen Ende des 15. Jh. vor allem im florentinischen Umkreis besondere Bedeutung: so in Isaacs »Quis dabit«-Vertonungen auf Texte Polizians und Senecas, weitgehend homophonen, strikt textdeklamatorischen Trauermotetten auf den Tod Lorenzos de' Medici. Hier besteht eine gewisse Nähe zur letztlich aus dem vierstimmigen motettischen Satz abstrahierten lateinischen Ode, die ab den 1530er Jahren Komponisten wie Martin Agricola oder Ludwig Senfl nachhaltig beschäftigt hat und direkt auf deren Motettenschaffen zurückgewirkt haben dürfte. Daneben spielt die motettische Vertonung antiker Texte, vor allem Vergils, eine gewisse Rolle; mehrfach komponierte Neudichtungen (»Musica dei donum optimi«, etwa bei Clemens non Papa oder in Lassos später sechsstimmiger Version) sind eher die Ausnahme.

Eine Sonderrolle spielt im letzten Drittel des 15. Jh. auch die »Motettenchanson« (W. Stephan 1937, S. 51) mit französischen Texten über einem lateinischen Tenor: In ihr wird gewissermaßen eine motettische ›Denkform‹ abstrahiert und im Sinne eines aufwendigen weltlichen Liedes ausgeführt. Vorbildfunktion könnten hier Werke Dufays (»O tres piteulx/Omnes amici«) und Ockeghems (»Mort tu as navré/Requiem« auf den Tod von Binchois) eingenommen haben; die eigentliche Blüte setzt mit Agricola, Compère und schließlich Josquin ein. Die Verwendung dieser wahrscheinlich am französischen Königshof entstandenen, schließlich am Hof der Margarete von Österreich in Mecheln gepflegten ›Mischgattung‹ ist fraglich. Es fällt jedoch deren starke Anbindung an Klage- und Trauertopoi auf, so daß – unabhängig von der unklaren konkreten Funktion – an die motettische Aufwertung von Trauergedichten gedacht werden kann.

Zuletzt bedarf die hinsichtlich ihrer Absichten und Verwendung bisher noch vollkommen unerforschte Eigenart der selbstreferentiellen Komponisten-Motette der Erwähnung, die, mit unterschiedlichen funktionalen Akzenten, bis weit in das 16. Jh. von Bedeutung blieb (›Musikermotette‹). Auffällig an diesem Typus ist der ausdrückliche Rückgriff auf die jeweils anspruchsvollsten zur Verfügung stehenden Modelle (Compère, »Omnium bonorum/De tous bien plaine«), gekoppelt mit dem Versuch, besondere technische Kunstfertigkeiten (Gomberts Tenormotette auf Josquins Tod »Musae jovis/Circumdederunt« mit einem jeweils transponierten Proportionstenor, wobei der von Gerardius Avidius [wahrscheinlich Gerardus Geldenhauer, 1482-1542] stammende Text gleichzeitig von Benedictus Appenzeller vertont wurde) oder sogar Experimente (Josquins Nänie auf Ockeghem Nymphes des bois/Requiem als fran-

zösisch-paraliturgische Tenormotette mit einem komplizierten Beziehungsgeflecht
zum Betrauerten) zu zeigen. Zumindest tendenziell mit diesen Werken verwandt ist
das gelegentliche Bestreben, in regelrechten Kunststücken die Grenzen der Gattung
auszuloten (ein verlorener Kanon Ockeghems zu 36, ein anonymes »Deo gratia« [um
1540?, gedruckt 1542⁶] ebenfalls zu 36, Thomas Tallis' »Spem in alium« [nach 1559] oder
Alessandro Striggios »Ecce beatam lucem« [1568?], beide zu 40 Stimmen).

LAURENZ LÜTTEKEN

Exkurs II: Motetten-Chanson

Unter Motetten-Chanson versteht man einen drei- bis sechsstimmigen Satz,
in dem ein lateinischer Text, meist aus dem Gregorianischen Choral und oft mit der
dazugehörigen Melodie in einer Stimme (daher: Motette) mit einem Chansontext
in allen übrigen Stimmen (daher: Chanson) kombiniert wird. Der Begriff wurde
von Wolfgang Stephan geprägt (W. Stephan 1937) und hat sich allgemein durchgesetzt. In der angelsächsischen Forschungsliteratur wird neben *motet-chanson* auch
chanson-motet verwendet (M. E. Columbro 1975, J. P. Couchman 1980), und die
Unterscheidung von *motet-chanson* und *song-motet* (dt. Liedmotette) ist nicht immer
klar. Da die Überlieferung sich weitgehend auf Chansonhandschriften des frühen
16. Jh. konzentriert und da das Repertoire häufig Beziehungen zu den *formes fixes*
(Rondeau, Virelai) der französischen Chansondichtung des 15. Jh. erkennen läßt, ist
es aber sinnvoller, von einer Chanson mit Motetten-Elementen als von einer
Motette mit Chanson-Elementen zu sprechen. Die gelegentlich vorgebrachte Vermutung, die Gattung gehöre in die bis ins 13. Jh. zurückreichende Tradition der
mehrtextigen Motette (The New Harvard Dictionary of Music, 1986, Art. Motet-chanson), kann kaum als Argument für *chanson-motet* taugen, da eben diese Verbindung
mit der Geschichte der Motette sehr fraglich ist. Das tertium comparationis, die
Mehrtextigkeit, weist zusammen mit der Verbindung der weltlichen und geistlichen Sphäre sicherlich auf das allegorische Denken des Spätmittelalters als auf einen
sehr allgemeinen Hintergrund zurück, reicht aber zur Konstituierung eines gattungsgeschichtlichen Zusammenhangs nicht aus.

Eine Gattung, allerdings eine extrem kurzlebige, ist die Motetten-Chanson
durch ihre Konstruktionsmerkmale, die sie eindeutig von allen gleichzeitigen
Chanson- und Motettentypen unterscheiden, und durch die engen zeitlichen und
räumlichen Grenzen ihrer Überlieferung. Den geographischen Rahmen bilden der
französische Hof und, vor allem, der Hof der habsburgischen Statthalterin der Niederlande, Margarete von Österreich; den zeitlichen etwa die Jahre 1480 (oder spä-

ter?) bis 1525. Die Überlieferung konzentriert sich fast ganz auf Handschriften aus dem Umkreis des Hofes der Margarete von Österreich: B-Br, 228 (um 1516/23, die Hauptquelle); I-Fc, 2439 (um 1506/14); A-Wn, 18746 (datiert 1523); A-Wn, 18825 (um 1519/25). Dazu kommen B-Br, 11239 (wohl vor 1501 für den Hof Philibert II. von Savoyen geschrieben, mit dem Margarete von Österreich 1501 verheiratet wurde; nach dessen Tod 1504 nahm sie die Handschrift mit an den burgundisch-habsburgischen Hof) und als einziger Druck Petruccis Canti C (1504³). Schließlich gibt es eine periphere Überlieferung einzelner Stücke, auch in Kontrafakturen, wobei die Kontrafakturen weitere Verbreitung haben können als die korrekte Fassung (deren Authentizität primär aus der den französischen Textformen folgenden musikalischen Form, sekundär aus der Überlieferung in der zentralen Quellengruppe abzuleiten ist): so »Que vous madame/In pace in idipsum« von Josquin Desprez als »In pace in idipsum« oder Loyset Compères »O devotz cueurs/O vos omnes« als »O vos omnes«.

Das Textrepertoire ist auffallend konzentriert auf die Affekte Schmerz und Trauer in Ausschnitten aus dem Hohelied Salomonis, den Psalmen, Lamentationen und dem Buch Hiob; dabei sind der lateinische und der französische Text in der Regel aufeinander bezogen. Sehr selten wird die Zweitextigkeit für komische Effekte genutzt wie in Josquins »Ce povre mendiant/Pauper sum ego« (wo wohl auch die Konstruktion des Choralzitats als absteigender Ostinato komisch-allegorisch gemeint ist). Andererseits führt die Konzentration der Überlieferung auf wenige Quellen zu ganzen Gruppen solcher Lamento-Stücke, am auffälligsten in der ohnehin in einzigartigem Maß auf »deuil«, »regret«, »melancolie«, »langeur« und »tristesse« gestimmten zentralen Quelle B-Br, 228, in einer Gruppe von vier dreistimmigen Werken, in deren Zentrum der anonyme zweiteilige Satz »Se je souspire/Ecce iterum novus dolor« steht, dessen Texte auf den Tod Philipps des Schönen 1506 von dessen Schwester, Margarete von Österreich, teils gedichtet, teil zusammengestellt sind.

Das Kernrepertoire, das von den Komponisten der Josquin-Generation geschaffen wurde, hat einige wenige Vorläufer in Werken, deren Relation zu diesem Repertoire vorerst kaum einzuschätzen ist. Es handelt sich um Stücke, die - vom Kernrepertoire her gesehen - Außenseiterstatus haben: Dufays komische dreistimmige Chanson »Je ne puis plus/Unde veniet«, deren tiefste Stimme durch Wiederholung mit Verkürzung der Notenwerte 3:2:1 motettisch konstruiert ist; Dufays Lamentatio auf den Fall Konstantinopels 1454, die deutliche motettische Züge trägt (vgl. D. Fallows, Dufay, L. u.a. 1982, S. 130); schließlich Joh. Ockeghems Nänie auf Gilles Binchois (†1460), »Mort tu as navré/Miserere«, in deren vierstimmigem Satz die choraltragende Stimme (wie in Dufays Lamentatio) der Tenor, nicht (wie später zumeist) der Baß ist. Von Ockeghems Stück aus hat sich wohl ein Traditionszusammenhang zu den großen Nänien Josquins gebildet: »Nymphes des bois/Requiem« zu fünf Stimmen auf Ockeghem (†1497); »Cueurs desolez/Plorans ploravit« zu fünf Stimmen auf einen Text von Jean Lemaire de Belges (1473-ca. 1525) zum Tode Louis' de Luxembourg (†1503); »Nymphes, nappéz/Circumdederunt me« zu sechs Stimmen auf einen unbekannten Anlaß. Von hier wiederum führt die Tradition, mit einer charakteristischen Brechung, zu den Nänien auf Josquin von B. Appenzeller, N. Gombert und H. Vinders: Sie sind nicht Motetten-Chansons, sondern Motetten.

Zu den vielstimmigen Sätzen Josquins, von denen ja nur »Cueurs desolez/Plorans ploravit« über den Hofdichter Jean Lemaire und über den Betrauerten in Beziehung zum Hof Margaretes von Österreich steht, treten drei anonyme fünfstimmige Sätze in burgundisch-habsburgischen Handschriften: »Cueurs desolez/Dies illa« auf den Tod Jeans de Luxembourg (†1508), »Douleur me bat/O vos omnes« über die Cantus-firmus-Stimme von Compères dreistimmigem »O devotz cueurs/O vos omnes« und »Alles regrets/Regina caeli«. In den beiden erstgenannten Stücken ist die choraltragende Stimme die zweittiefste des Satzes, wodurch die Beziehung zum dreistimmigen Kernrepertoire relativ deutlich ist. In »Alles regrets/Regina caeli« ist der tonus solemnis der Marien-Antiphon in der höchsten Stimme kombiniert mit dem Tenor von Hayne van Ghizeghems weitverbreiteter Chanson im ersten Tenor.

Das eigentliche Kernrepertoire der Gattung bilden aber die dreistimmigen Sätze, alle mit zwei gleichberechtigten französisch texterten Stimmen (Sopran und Tenor) und einem choraltragenden Baß als Fundament: fünf Sätze von Compère, drei von Josquin Desprez, zwei von Alexander Agricola und der schon erwähnte anonyme, vielleicht Pierre de la Rue zuzuschreibende auf den Tod Philipps des Schönen, »Se je souspire/Ecce iterum«, secunda pars »Mes chantz sont de deuil plains/O vos omnes«. In ihrer ebenso konzentrierten wie unaufwendigen Darstellung von Schmerz und Trauer sind sie auch ästhetisch der Kern des Repertoires und legen es sehr nahe, sie als Ausdruck der spezifischen Trauerkultur am Hofe Margaretes und besonders der Statthalterin selbst zu verstehen.

Die Lage der Choralstimme wird flexibler in den vierstimmigen Sätzen gehandhabt, welche die zweitgrößte Gruppe des Repertoires bilden: zwei von Joh. Prioris, je einer von A. Agricola, Joh. Japart, Pierre de la Rue und Cr. van Stappen, die meisten wiederum in den burgundisch-habsburgischen Handschriften überliefert. Den Choral im Baß haben nur »Revenez tous regrets/Quis det ut veniat« von Agricola und »Royne du ciel/Regina caeli« von Prioris. Im Tenor, wobei aber Tenor und Baß einander oft kreuzen, liegt der Choral in »Dueil et ennuy/Quoniam tribulatio« von Prioris; auf zwei alternierende Contratenores verteilt ist er in »Vray dieu d'amours/Sancte Johanne Baptiste«, entsprechend der antiphonalen Anlage der Litaneiverse. In dem ästhetisch besonders eindrucksvollen »Plorer, gemir/Requiem« erscheint der Cantus firmus im Kanon von Baß und Tenor; im Sopran schließlich liegt er in »De tous biens plaine/Beati pacifici« von van Stappen. Nimmt man – was sehr wahrscheinlich ist – die direkte Beziehung des Großteils des Repertoires, drei- bis fünfstimmige Sätze, zum Hof Margaretes von Österreich an, dann zeigt sich sehr eindrucksvoll eine höchst ungewöhnliche Verbindung von ›Trauerarbeit‹, klarer Konzeption der textlich-musikalischen Spezifika der für diesen Zweck entwickelten Gattung und ausgeprägtem Experimentiergeist. Dies gilt auch dann, wenn ein Teil des Repertoires in Quellen überliefert ist, die älter als die burgundisch-habsburgischen sind, und es würde auch dann gelten, wenn die Anfänge der Gattung nicht am burgundisch-habsburgischen, sondern am französischen Hof zu suchen wären. Der von Brown 1985 und von Litterick 2000 vermutete Ursprung der Gattung in den 1470er/1480er Jahren in Mailand ist dagegen weniger wahrscheinlich.

Schließlich gibt es zwei kleine Gruppen von Sätzen, die wiederum nur oder fast nur in den burgundisch-habsburgischen Handschriften überliefert sind und die durch ihre Doppeltextigkeit auf die Motetten-Chanson verweisen, aber doch deutlich von ihr getrennt sind; sie werden hier nur erwähnt, um Mißverständnisse zu vermeiden. In allen Fällen handelt es sich um Sätze mit einem von den übrigen Stimmen deutlich abgehobenen Tenor-Cantus-firmus. Einerseits handelt es sich um Motetten mit weltlichem Cantus-firmus: ein anonymes »Maria mater gratiae« zu fünf Stimmen mit dem Tenor aus Ockeghems »Fors seulement« als Cantus firmus und ein »Sancta Maria, succurre miseris« zu vier Stimmen mit dem Tenor »O werder mont« (in CH-Bu, F.X.1-4, dem Kölner Organisten Franciscus Strus zugeschrieben). Die zweite Gruppe besteht aus Doppelchansons, also späten Belegen für die von Maria Rika Maniates beschriebene *combinative chanson* (s. M. R. Maniates 1970, 1975); auffallend ist hier die relativ aufwendige, an Messen- und Tenormotetten-Cantus-firmi erinnernde Konstruktion der Tenores: ein anonymes fünfstimmiges »Consideres mes incessantes plaintes« mit »Fortuna desperata« als Tenor, erst in C, dann in ¢ und von f nach e transponiert; außerdem von Antoine Brumel die vierstimmigen Sätze »Du tout plongiet« mit dem Sopran von Ockeghems »Fors seulement« als Tenor-Cantus-firmus und »James que la ne peult« mit einem Tenor, der aus den ersten 23 Tönen des Tenors der Dufay und Binchois zugeschriebenen Chanson »Je ne vis oncques« besteht, die erst *recte*, dann im Krebs vorgetragen werden.

LUDWIG FINSCHER

6. Liturgisierung in der zweiten Hälfte des 16. Jahrhunderts

Die Gattungsentwicklung bis gegen die Mitte des 16. Jh. ist letztlich durch die Muster geprägt, die in der Josquin-Zeit aufgestellt worden sind. In der zweiten Jahrhunderthälfte zeichnen sich jedoch Tendenzen ab, die die funktionale und damit stilistische Pluralisierung des 15. Jh. wieder nivellieren und folglich die Gattung vereinheitlichen: während die Tenormotette nur noch in Ausnahmefällen komponiert wird, findet gleichzeitig eine funktionale Vereinheitlichung (einhergehend mit der stilistischen Anpassung der Sonderformen) statt. Die Motette wird damit letztlich zum Paradigma geistlicher Musik überhaupt, ihre Stillage ist die des großen, vier- bis achtstimmigen (mitunter auch größer besetzten) polyphonen Satzes gleichberechtigter Stimmen, ihre Sprache Latein – und ihr Ort in der Regel die kirchliche Liturgie: sie ist, so Thomas Morley, »*a song made for the church, either upon some hymn or Antheme*« (*A Plaine and Easie Introduction to Practicall Musicke*, L. 1597, S. 179). Dem entspricht nicht nur der immer größer werdende Stellenwert mehrstimmiger Lesungen, also der ›Evangelienmotetten‹ (vgl. das Repertoire bei W. Krebs 1995, S. 442ff.), sondern die erneute gattungsmäßige Aufwertung insgesamt, erkennbar an der Prägung des schwierig zu deutenden Begriffes »*musica reservata*« im Kontext einer Motettensammlung (Adrian Petit Coclico 1552).

Als Neuerung der Josquin-Zeit war für die ersten Jahrzehnte nach 1500 die unmittelbar von der Syntax beeinflußte Textdarstellung zur Norm geworden, die von italienischen und frankoflämischen Komponisten im Hinblick auf syntaktische und semantische Gliederung, metrisch und grammatikalisch korrekte Textdeklamation, affektive und bildhafte Wortausdeutung in unterschiedlichen Schärfegraden verwirklicht worden ist. Vor allem durch Gombert ist eine von Josquin abweichende, weitgehend fließende, zäsurlose, gleichwohl auf Imitation beruhende Kompositionsart geprägt worden, die, so Hermann Finck, »*plena cum concordantiarum tum fugarum*« sei (*Practica Musica*, Wittenberg 1556, Bogen Aii r.). Damit verbunden ist vor allem die erstmals in der Motettengeschichte anzutreffende Herausbildung eines formalen Musters, das mitunter textunabhängig gehandhabt und wohl durch Responsorienvertonung begünstigt wurde (›Reprisenmotette‹ mit der Anlage ab-cb). In den dreiklangsbetonten späten Werken Adrian Willaerts, in denen ebenfalls Reprisenverfahren, aber auch Kanontechniken begegnen und die sich ebenfalls von Josquin absetzen (wollen), wird eine strikt textgezeugte Satztechnik in z. T. erheblichen Dimensionen weitergeführt (in der großenteils sechsstimmigen, mitunter direkt an Josquin anknüpfenden *Musica Nova* 1559 etwa bis zur Siebenteiligkeit; vgl. Notenbeispiel 11); auf dieser Grundlage wurde sie

Notenbeispiel 11: A. Willaert, »Recordare Domine«
(Musica Nova Nr. 4), Beginn der secunda pars (»Patres nostri«)
(ed. J. Schmidt-Görg, in: CMM 3, Bd. 5, S. 17: T. 99-109, 1. Viertel)

schließlich durch Zarlino festgeschrieben (prägend etwa auch für den kaiserlichen Kapellmeister Jacobus Vaet).

Die zweite Hälfte des 16. Jh. ist dann vor allem durch die stilistische Dichotomie gekennzeichnet, die sich mit den Namen Lassos und Palestrinas verbindet. Während im einen Fall die Tendenzen einer intensiven Wortausdeutung Verstärkung finden, werden sie im anderen zu Gunsten einer monumentalen Ebenmäßigkeit zurückgenommen. In diesem Sinne bilden auch die römische und die venezianische Tradition Gegensätze, in Venedig verstärkt durch die selbständige Einbeziehung von Instrumenten. Auffällig ist jedoch die beiden Tendenzen gemeinsame strikte »Liturgisierung« (L. Finscher 1990, S. 279) der Motette – und nicht zuletzt ein katholisch-gegenreformatorischer Hintergrund, der selbst für Lassos protestantische Schüler relevant geworden ist und wohl wesentlich zur Gattungseingrenzung auf sakrale Zusammenhänge beigetragen hat.

Als Ergebnis dieser Tendenz zur funktionalen ist eine stilistische Vereinheitlichung zu beobachten. Regionale Unterschiede werden dabei, mit Venedig als markantester Ausnahme, weitgehend zurückgedrängt. Ins Zentrum rücken nunmehr einzelne Komponistenpersönlichkeiten, die, begünstigt durch die extensive Druckpraxis, auf individuelle Weise prägend wirken und folglich die Gattungsgeschichte entscheidend beeinflussen. Paradigmatisch für diesen Wandel ist die päpstliche Kapelle, die im Laufe des späteren 16. Jh. bereits ihren Rang als führende europäische Institution polyphoner Musik zu verlieren beginnt, während gleichzeitig ihr kompositorisches Zentrum Palestrina, wenn auch gefördert durch die kirchenpolitischen Entwicklungen nach dem Tridentinum, zu einem wichtigen Vorbild nicht nur italienischer Komponisten aufsteigt. In ähnlicher Weise erstreckt sich die Wirkung Lassos, des uneingeschränkten Mittelpunkts der Münchener Hofkapelle, nicht nur auf eine Reihe deutscher Komponisten beider Konfessionen (wie Joh. Eccard oder Leonhard Lechner), sondern sie reicht bis hin zu Giovanni Gabrieli. Die kaiserliche Kapelle mit Vaet, Jacobus Gallus oder Monte steht ebenfalls Lasso nahe. Die zunehmend eigenständiges Gewicht erlangende spanische Tradition (Fr. de Peñalosa, Cr. de Morales, Fr. Guerrero) gipfelt schließlich ebenfalls im Werk eines einzigen, in starkem Maße prägenden Komponisten, nämlich Victorias. Die französische Tradition, die wiederum Einfluß auf die römische Entwicklung genommen hat (Mouton, Andreas de Silva), schließt, nun umgekehrt, von der direkten Josquin-Nachfolge ausgehend an die italienischen Tendenzen an. Motettenkomposition ist demnach zunehmend von einem komplexen und überregionalen Geflecht persönlicher, oft auch freundschaftlicher Bezüge (Lasso-Monte) zwischen Komponisten geprägt. An die Stelle der Aporien des 15. Jh. treten feste Gattungsnormen, die nun eine Herausforderung an die einzelne Komponistenpersönlichkeit darstellen.

So markiert der stilistische, in der Opposition ›expressiv-monumental‹ nur unzureichend erfaßbare Gegensatz zwischen Lasso und Palestrina auch einen Endpunkt, der nicht nur die Motettenkomposition, sondern die polyphone Kultur insgesamt berührt. Die strikte liturgische Zuordnung läßt schon äußerlich eine starke Normierung der gesamten Gattung erkennen, die vor allem in den Neuerungen Giovanni Gabrielis (oberstimmenbetonte Doppelchöre über einem identischen, harmonietragenden Baß) von ganz anderer Seite (eben der kompositionstechnischen) aufgebrochen wird. Denn die daraus hervorgehende Entwicklung des dreistimmigen Satzes beschließt letztlich den kompositorischen Zusammenhang des 15. und 16. Jahrhunderts. So sehr also die keineswegs im Gefolge des Tridentinums veraltende prima prattica auch in die Motette des 17. Jh. (Schein, Schütz) weitergewirkt hat und so sehr Palestrinas Stil kanonisiert worden ist, so deutlich ist doch der Bruch erkennbar: Auch aus der Motette waren, mit Ausnahme der päpstlichen Kapelle, die Innovationen der Monodie nicht mehr wegzudenken. Immerhin verweist die Diskussion um den Stilwandel um 1600 noch einmal darauf, daß die Ursprünge der Motette auch diejenigen der polyphonen Kunst überhaupt waren.

7. Überlieferung

Die Überlieferung von Motetten unterstreicht den selbständigen Anspruch, den die Gattung im fraglichen Zeitraum erhoben hat. In den gemischten Handschriften der ersten Jahrhunderthälfte, vor allem den oberitalienischen Codices, wird sie stets ebenso eigenständig wie herausgehoben behandelt, und in der Folge zunehmender gattungsmäßiger Differenzierung entstehen, vergleichbar den Chansonniers und Messensammlungen, auch eigenständige Motettenhandschriften (I-Fn, Magl. XIX 112 bis, als frühes Beispiel). Die ab der zweiten Jahrhunderthälfte oftmals anzutreffende Zusammenfassung von Ordinariumszyklen und Motetten (wie in I-Rvat, S. Pietro B80, oder I-Rvat, Chigi C.VIII.234) ist dabei zugleich ein Beleg für die zunehmende Sakralisierung der Gattung. Der solchermaßen geprägte Chorbuchtypus bleibt auch durch das 16. Jh. hindurch erhalten (z.B. I-Rvat, CS 13 u. CS 19) und begegnet gleichzeitig in England (GB-Llp 1).

Daneben hat sich mit den Stimmbüchern der ersten Petrucci-Drucke (*Motetti A*, 1502[1], *Motetti De Passione ...*, 1503[1]) die Kollektion von Motetten als eigenständiger Veröffentlichungs-Typus herausgebildet, dem im Laufe des 16. Jh. eine zunehmend auch kommerzielle Bedeutung zukam. Die von Petrucci in den Josquin-Messen 1502 und 1505 begründeten Œuvre-Sammlungen in durchgezählten Büchern prägen dabei so etwas wie den individuellen Publikationsrahmen des gesamten Jahrhunderts, der nicht nur auf Motetten, sondern auch auf Madrigale und Chansons abgefärbt hat. Die trotz der Liturgisierung der Motette nach wie vor bestehenden funktionalen Differenzen innerhalb der Gattungsbeiträge haben eigenartigerweise niemals zu entsprechend organisierten Druckformen (etwa nach liturgischen Festen) geführt. Nur die Sonderformen wurden deutlich abgegrenzt, und sie konnten bereits relativ früh in eigenständigen Sammlungen erscheinen (etwa Lamentationen, zuerst bei Petrucci 1506[1], oder Psalmen und Passionen, zuerst bei Attaingnant 1535[1] und 1535[2]). Das generelle Bewußtsein für ein eigenständiges Anspruchsniveau der Gattung blieb jedoch stets gewahrt, Mischdrucke (wie in den wohl römischen *Motetti e canzone* [1521][6], oder, vor allem, bei Willaert 1559 sowie Lasso 1555a/b und 1573) sind Ausnahmen. Neben den Drucken und den Gebrauchsmanuskripten hat sich die Codifizierung bestimmter

Repertoires in Prachthandschriften (etwa der Motetten Rores in München, D-Mbs, Mus.Ms.B) praktisch bis zum Ende der polyphonen Tradition gehalten, in der päpstlichen Kapelle noch darüber hinaus.

LAURENZ LÜTTEKEN

V. Vom Barock bis zur Gegenwart
1. Die Entstehung der konzertierenden Motette

Während für die Motetten vieler römischer Komponisten noch weit über die Jahrhundertwende hinaus das Vorbild Palestrinas und seiner unmittelbaren Nachfolger prägend blieb, ergab sich im Norden Italiens der Übergang von der klassischen Vokalpolyphonie des 16. zur konzertierenden Generalbaßmusik des 17. Jh. als konsequente Fortsetzung einer Entwicklung, die sich speziell in Venedig bereits seit der Mitte des 16. Jh. angebahnt hatte. In ihr verband sich die Tendenz zur Komposition für immer größere, häufig mehrchörige Besetzungen mit der allmählichen Verselbständigung der Außenstimmen, während die Bedeutung der Mittelstimmen für den Kompositionsprozeß zunehmend in den Hintergrund trat. Von hier aus war, wie Stefan Kunze (1964, S. 87) ausgeführt hat, *»der Weg nicht weit bis zur Lösung der Oberstimmen von der klanglichen Grundlage, zu ihrer Vereinigung in einem eigenen Komplex, ihrer solistisch-konzertierenden Faktur«*. Er führt zunächst zur Entstehung von Kompositionen nur mit wenigen Solostimmen und Basso continuo, die später teils wieder erweitert und teils als konzertierende Stimmen in den mehrstimmigen Motettensatz einbezogen, seit der Mitte des Jh. aber durch die Aufnahme neuer, vor allem aus der Solokantate und dem Oratorium stammender Stilmittel modifiziert und dadurch den Gattungen der weltlichen Vokalmusik immer mehr angeglichen werden. Anders als in Deutschland bleibt jedoch der Terminus Motette in Italien als übergeordneter Begriff für alle auf lateinische Texte komponierten geistlichen Werke - abgesehen von Kompositionen des Messordinariums, der Vesperpsalmen und des Magnificat - gebräuchlich. Mit der Assimilation der ihr eigenen Gestaltungsmittel an den Formenbestand der weltlichen Musik verliert die Motette seit Ende des 17. Jh. als selbständige Gattung allmählich ihre Bedeutung.

Angesichts des Nebeneinanders von Motetten *more veteri* und *Concertini alla moderna, cioè Motetti* (Berardi 1689, S. 41) entsteht schon um die Mitte des 17. Jh. der Begriff eines *»stylus motecticus«* (A. Kircher, Musurgia universalis, Rom 1650), der eine Schreibweise bezeichnet, die - ungeachtet der Gattungszugehörigkeit eines Werkes - durch affektive Zurückhaltung in gleichmäßig ruhiger Bewegung (*»grave e devoto«*) charakterisiert ist und sich im wesentlichen an der Satztechnik Lassos, Palestrinas und seiner Zeitgenossen orientiert.

Der schon im 16. Jh. verbreitete Usus, der Orgelbegleitung größer besetzter, vor allem doppel- und mehrchöriger Motetten einen Basso seguente zugrundezulegen, schlägt sich seit den 1690er Jahren in venezianischen und mailändischen Drucken nieder, denen immer häufiger auch separate Stimmbücher für Orgelbässe beigefügt werden. Die Konsequenzen dieser Art der Orgelunterstützung, die nicht zuletzt dazu diente, den Satz bei fehlenden Singstimmen harmonisch aufzufüllen, werden schließlich in Kompositionen greifbar, in denen die gelegentliche Substituierung von Singstimmen durch die Orgel zur Norm einer spezifischen Kompositionsweise für wenige Solosänger und Generalbaß wird. In diesem Übergang von der chorischen, vokal-instrumentalen Mischbesetzung zur vokalsolistischen Generalbaßpraxis steht das Spätwerk Giovanni Gabrielis. Die aufführungspraktischen Möglichkeiten seiner mit Vokalstimmen und Instrumenten reich ausgestatteten venezianischen Festmotetten werden in vollem Umfang zwar erst in einigen Stücken seiner posthum erschienenen *Symphoniae sacrae*, Vdg. 1615, erkennbar, in denen neben Abschnitten traditioneller Mehrchörigkeit bereits längere Partien lediglich von der Orgel begleiteten, z.T. reich kolorierten Sologesangs stehen (»Quem vidistis«, »In ecclesiis«). Jedoch werden in ihnen lediglich Tendenzen realisiert, die auch in anderen Werken Gabrielis bereits angelegt waren. Diese Art einer ›gemischten‹ Schreibweise (»stile misto«) lebt auch im im 17. Jh. noch weiter (z.B. bei Giovanni Priuli oder Giovanni Battisto Grillo), oft in Form deutlich voneinander getrennter Solo- und Tutti-Abschnitte und hauptsächlich in den für hohe Kirchenfeste bestimmten Messen- und Psalmkompositionen (G. Giacobbi, L. G. Viadana, Fr. Cavalli, G. A. Rigatti), während für die Motetten in der Regel nur kleinere Besetzungen in Betracht kommen.

2. Anfänge in Norditalien und Rom

Den mit Rücksicht auf die bescheidenen Ressourcen kleinerer Kirchen und Kapellen naheliegenden Schritt von der Großbesetzung zu Konzerten für nur wenige Stimmen und Orgelbegleitung hat erstmals Gabriele Fattorini in seinen *Sacri Concerti a due voci / Facile, & commodi da cantare, & sonare con l'organo [...] col Basso generale per maggior commodità de gl'organisti*, Vdg. 1600, vollzogen. Seine *Concerti* nehmen ihren Ausgang allerdings nicht von den mehrchörigen Werken Gabrielis, sondern orientieren sich offenbar an der homorhythmisch-blockartigen Schreibweise mancher fünf- bis siebenstimmiger Kompositionen aus dem venezianischen Umkreis, aus denen ein zweistimmiger Motettentypus abgeleitet wird, der auf die Randstimmen von Sopran und Baß reduziert ist, während die Mittelstimmen aus dem beigefügten Orgelbaß ergänzt werden. In ihn sind meist textlich wie musikalisch kontrastierende Abschnitte im Tripeltakt eingeschoben, deren mehrfache Wiederholung eine vokale Ritornellform entstehen läßt. Der zweiten Auflage von 1602 hat Fattorini für diese Abschnitte eine »aggiunta di alcuni Ripieni à quattro per cantare à dui chori« beigefügt.

Fattorinis Kompositionen erreichten freilich – nicht zuletzt ihrer engen Beschränkung auf nur einen Motettentypus wegen – nicht annähernd die Verbreitung wie die zwei Jahre später gleichfalls in Venedig veröffentlichte erste Folge von Lodovico Viadanas Cento concerti ecclesiastici für 1-4 Stimmen und Basso continuo. Viadana war, wie er in der Vorrede schreibt, zu seinen Concerti bereits vor der Jahrhundertwende durch Sänger in Rom angeregt worden, denen es an geeigneter Sololiteratur fehlte. Seinem Beispiel folgte schon sehr bald eine Reihe anderer oberitalienischer Meister (G. Moro, O. Vernizzi, L. Leoni, A. Banchieri, G. B. Biondi, G. Finetti, G. B. Crivelli u. a.) und in nur wenigen Jahren fand es nicht nur in Italien, sondern vor allem auch in Deutschland zahllose Nachahmer. Im entschieden konservativ eingestellten Rom wurde es, allerdings in deutlich modifizierter Form, zuerst durch Agostino Agazzaris zwei-und dreistimmige Sacrae cantiones (Rom 1606) aufgegriffen. Ein Vergleich zwischen Viadana und Agazzari läßt denn auch erkennen, daß die geringstimmigen Konzerte beider Meister von unterschiedlichen Vorbildern abgeleitet sind. Denn während ein großer Teil der Concerti Viadanas mit ihrer Tendenz zur deutlicheren Artikulation des Gesamtablaufs durch relativ kurze Phrasen, mit melodischen Korrespondenzbildungen, Tripeltaktepisoden und der Gegenüberstellung imitativer und homophoner Abschnitte Ähnlichkeiten mit den Stileigenschaften der venezianischen Mehrchörigkeit zeigt, herrscht in Agazzaris Cantiones ein nur gelegentlich durch Koloraturen belebter gleichförmiger Linienfluß, wie er generell die Motetten der römischen Schule auszeichnet. Nach Agazzari komponierten auch G. B. Nanino, A. Cifra, D. Massenzio u. a. zwei- bis dreistimmige Motetten mit gleicher Besetzung und in ähnlichem Stil. Erst allmählich finden römische Komponisten auch Anschluß an die Concerti in der Art Viadanas, unter ihnen nicht zuletzt solche, die zeitweise im nördlichen Italien gewirkt hatten (wie etwa G. Fr. Anerio, St. Bernardi, G. Bartei oder G. B. Steffanini).

3. Motetten in Nord- und Mittelitalien

Auch in den nächsten Jahrzehnten kommen die wichtigsten Beiträge für die eigenständige künstlerische Entwicklung der konzertierenden Motette und ihre Verbreitung überwiegend von norditalienischen Meistern. So wird etwa Fattorinis Verfahren, auch in geringstimmigen Konzerten formbildende Kontraste durch die wiederholte Einschaltung homophoner Tripeltaktabschnitte zu schaffen – eine Möglichkeit, der sich auch Viadana in einigen seiner *Concerti* bedient hatte – zum Ausgangspunkt eines Standardtyps, der sog. *Cantilena-Motette*. Die Bezeichnung – sie bezieht sich auf die Einfügung liedhaft-einfacher Refrains – erscheint zum ersten Mal in Giovanni Croces *Sacre Cantilene concertate*, Vdg. 1610, einer Veröffentlichung, die ausschließlich diesem Typus gewidmet ist. An Croce schlossen sich in der Folge Komponisten wie St. Bernardi (1613), A. Grandi (1619), G. N. Mezzogorri (1614), C. Milanuzzi (1622) und G. A. Rigatti (1634) an. In Einzelfällen wird es seit den 1620er Jahren zudem üblich, zwischen *motetti in cantilena* und *motetti in concerto* zu unterscheiden. Dem Druck von Cantilena-Motetten werden gelegentlich auch Ripienostimmen für die klangliche Verstärkung der Tripeltakteinschübe beigegeben, womit gleichzeitig die ursprünglich solistische Anlage zu einer alternierend doppelchörigen erweitert werden kann.

Obwohl sich unter den konzertierenden Motetten Viadanas und seiner Nachfolger auch Werke für einstimmigen Sologesang befanden, gehörten gelegentliche Anklänge an den Stil der weltlichen Monodien Caccinis und seines Umkreises, wenn sie auch vereinzelt bei Serafino Patta, Severino Bonini oder dem ungewöhnlich experimentierfreudigen Giovanni Francesco Capello begegnen, zunächst noch zu den Ausnahmen. Erst durch Meister wie Claudio Monteverdi und Alessandro Grandi werden die geringstimmigen Generalbaßmotetten, anfänglich eher Nebenprodukte einer Gattung, die noch dem vorangehenden Jh. angehört, zu den eigentlichen Repräsentanten eines neuen Stils in der Kirchenmusik. Ihnen verdankt die Motette die Befreiung der Solostimmen aus den Fesseln des strengen Kontrapunkts, den Anschluß an bildliche und deklamatorische Darstellungsmittel des Madrigals sowie die Ausbildung eines melodisch und rhythmisch selbständigen Generalbasses. Schon in den ein- bis dreistimmigen Motetten aus Monteverdis Marienvesper von 1610 ist diese Schreibweise in einer Form ausgebildet, wie sie später allenfalls erreicht, nicht aber mehr überboten werden konnte. Obwohl seine kaum modifizierte Übertragung der aus dem weltlichen Schaffen hervorgegangenen Stilmittel auf geistliche Werke keine unmittelbare Nachahmung fand, so ist durch sie doch die Motettenkomposition jüngerer Meister in einem nicht zu unterschätzenden Maße angeregt worden. Als einer von ihnen hat Grandi seine Aufmerksamkeit vornehmlich auf die innere Organisation und die deutlichere Artikulierung des formalen Verlaufs seiner Motetten gerichtet. Sie zeichnen sich vor allem durch den geplanten Einsatz von Rahmen-, Ritornell- und Dacapoformen aus, die bei Erhöhung der Stimmenzahl, sei es durch Obligat- oder Ripienostimmen, auch zusätzlich noch durch Besetzungskontraste unterstrichen werden können. Dazu kommt ein Generalbaß, dessen strukturbildende Funktion sich auf wiederholte oder variierte Baßformeln, aber auch auf Strophenbässe und Orgelpunkte stützt. Darüber hinaus hat Grandi, im Anschluß an Monteverdi, auch die von zwei obligaten Instrumenten – in der Regel von Violinen – begleitete Motette in drei Sammlungen als Typus etabliert (*Motetti* [...] *con Sinfonie*, lib.1-3, Vdg. 1621, 1625, 1629). In ihnen sind die Instrumente nicht nur Partner der Singstimmen, sondern treten auch selbständig in Einleitungen und Ritornellen auf. Werke wie diese haben nicht nur italienische Nachfolger – wie G. A. Rigatti, Fr. Cavalli, T. Merula, O. Tarditi, M. Cazzati oder G. P. Colonna – gefunden, sondern auch nachhaltigen Einfluß auf Schütz ausgeübt, der mit seinen *Symphoniae sacrae* von 1629 und 1647 diesen Besetzungstyp auch in Deutschland bekannt machte.

In der Geschichte der italienischen Motette im 17. Jh. erfüllt Ignazio Donati, im Gegensatz zu Neuerern wie Monteverdi und Grandi, eher die Aufgabe der Bewahrung und Konsolidierung des durch die venezianischen Meister bereits Erreichten. Er gehört zu den Musikern, deren Werke in der ersten Häfte des Jh. weiteste Verbreitung fanden. Sein Schaffen ist zu einem guten Teil von der Absicht geleitet, auch kleineren und weniger geübten Ensembles die Aufführung von Motetten des konzertierenden Stils zu ermöglichen. Bei beachtlicher künstlerischer Qualität stehen manche seiner Kompositionen daher teils offen, teils versteckt im Dienst pädagogischer Absichten. So sind die Gesangsverzierungen seiner Solomotetten z.B. bestimmt »per *Educatione de figlioli, & figliole* [...] & *per quelli che non hanno dispositione Naturale*« (*Il Secondo Libro de Motetti à Voce Sola*, Vdg. 1636). Darüber hinaus hat Donati, ähnlich wie Praetorius in Deutschland, schon in seinen ersten Veröffentlichungen verschiedentlich auch Vorschläge für die Erweiterung oder Reduzierung der Besetzungen seiner Kompositionen und die Möglichkeiten ihrer räumlichen Anordnung gemacht. Und die 14 Stücke des zweiten Buches seiner fünfstimmigen Motetten (Vdg. 1629), die sämtlich über den Basso continuo einer schon viele Jahre früher veröffentlichten Komposition gearbeitet sind, wirken wie eine ostentative Demonstration des Prinzips der Variation über einem freilich überdimensionalen Strophenbaß. Trotz ihres im Prinzip festgehaltenen Bewegungsgleichmaßes ähnelt die gemäßigt konservative Schreibweise der Stücke dieses wie auch des ersten fünfstimmigen Motettenbuchs (Vdg. 1616) zuweilen, mit ihrem Wechsel zwischen deklamatorisch-dialogisierenden Einzelstimmen und einem fünfstimmigen Satz von nicht selten expressiv-dissonanter Harmonik, dem Madrigalstil des ausgehenden 16. Jahrhunderts.

Hatte schon Grandi damit begonnen, die ursprünglich einheitliche Verlaufsform der Motette durch den Wechsel arioser Partien im Dreiertakt mit eher deklamatorischen geradtaktigen Teilen in Abschnitte unterschiedlicher Satztechnik und

Funktion zu gliedern, so wird diese Linie bei Komponisten wie Tarquinio Merula, Giovanni Rovetta und Giovanni Antonio Rigatti fortgesetzt. Bei dem von der Orgel herkommenden Merula finden dabei verständlicherweise Kompositionen über ostinate Bässe eine gesteigerte Verwendung, während sich in Rovettas und Rigattis Motetten bereits die Nähe zur venezianischen Oper bemerkbar macht. Wie dort, so stehen sich auch in Rovettas Motetten für wenige Solostimmen relativ geschlossene Rezitativ- und Ariosoteile gegenüber, aus denen durch Wiederholung und Umstellung in verschiedener Weise Strophen-, Refrain- oder Rondoformen gebildet werden können. In den affekt- und klangbetonten Motetten Rigattis wird darüber hinaus auch der Anschluß an die Ausdrucksmittel der weltlichen Kunstmusik vollzogen. Damit hat die Motette im nördlichen Italien bereits um 1640 den Punkt erreicht, wo sie beginnt, eine nur mehr von anderen Gattungen abhängige sekundäre Kunstform zu werden.

4. Die römische Motette im 17. Jahrhundert

Ungeachtet vereinzelter Versuche im neuen konzertierenden Stil bleibt die Kunst Palestrinas für die repräsentative römische Kirchenmusik noch geraume Zeit Vorbild und Maßstab. Ihr Zentrum wird die Capella Sistina, der Papst Urban VIII. bereits 1623 die Pflege des »*stile osservato o sia alla Palestrina*« überträgt, eine Aufgabe, die sie, nicht immer zu ihrem Vorteil, bis heute behalten hat. Gleichwohl beginnt außerhalb dieser Institution der ›Palestrinastil‹ sich schon in den Werken der Zeitgenossen und unmittelbaren Nachfolger (A. Zoilo, A. Stabile, G. A. Dragoni, Fr. Soriano, G. M. und G. B. Nanino, F. und G. Fr. Anerio, R. Giovanelli u. a.) allmählich zu verändern. Die Rhythmik wird pointierter, die Harmonik vereinfacht sich, nicht zuletzt auch infolge der wachsenden Neigung zur Komposition von Werken, die über die schon in den Motetten Palestrinas erreichte achtstimmige Doppelchörigkeit hinausgehen. Eine extreme Fortsetzung dieser Tendenz stellen die ursprünglich mit den monumentalen Architekturen des Petersdoms und der Lateran-Basilika in Verbindung stehenden Werke des sog. Kolossalbarock dar. Seine Hauptvertreter in den 1620er Jahren sind Vincenzo Ugolini, Paolo Agostini, Virgilio Mazzocchi und Antonio Maria Abbatini. Bei ihren vielchörigen Kompositionen handelt es sich allerdings vorwiegend um Vertonungen des Messordinariums. Nur in Ausnahmefällen finden sich unter ihnen auch Motetten. Deren Besetzung beschränkt sich in der Regel entweder auf wenige Solostimmen mit Basso continuo in der Art Viadanas oder auf fünf- bis achtstimmige Werke im *stile antico*, in denen jedoch gelegentlich auch teils einzelne, teils mehrere konzertierende Stimmen dem geschlossenen Satzverband gegenübertreten können. Werke dieser Art gibt es auch bei vielen anderen römischen Komponisten dieser Zeit (A. Costantini, P. Tarditi, D. Massenzio, L. Ratti, Gr. Allegri u. a.), wie denn auch der Wechsel zwischen Sologesang und Chor, der schon im gregorianischen Choral verankert war, in Rom nicht erst durch die Vermittlung norditalienischer Musiker eingeführt zu werden brauchte. Das zeigt auch das Beispiel Agazzaris, der den Solo-Tutti-Kontrast schon in Motetten des 3. Buchs seiner fünf- bis achtstimmigen Sacrae cantiones (Rom 1603) benutzt und später in den Dialogici concentus (Vdg. 1613) Werke vorgelegt hatte, die mit ihrem Wechsel geschlossener Solo- und Tutti-Abschnitte an eine zwar bei Dialogmotetten häufige, sonst jedoch vorwiegend bei Messen- und Vesperkompositionen begegnende Anlage erinnern.

Infolge der unter dem Pontifikat Urbans VIII. und seiner Nachfolger fortdauernden Fixierung der römischen Kirchenmusik auf den *stile antico* werden die norditalienischen Entwicklungen zunächst nur zögernd aufgegriffen. Die unterschiedliche Besetzungspraxis bei Messen und Vesperpsalmen auf der einen und Motetten auf der anderen Seite tritt jedoch zunehmend deutlicher in Erscheinung. Denn während römische Komponisten die Ordinariumstexte der Messe und der Vesper nach wie vor überwiegend doppel- und mehrchörig komponieren, geht bei den Motetten die Entwicklung eher in die entgegengesetzte Richtung. In aller Deutlichkeit spiegelt sich diese Tendenz im Schaffen eines so erfolgreichen und gerade seiner vielchörigen Werke wegen bewunderten Komponisten wie Orazio Benevoli wider, das fast ausnahmslos in die Extreme von doppel- und mehrchörigen Messen einerseits und ein- bis vierstimmiger Motetten andererseits auseinanderfällt. Man kann in dieser Entwicklung ein Indiz für die abnehmende liturgische Bedeutung der Motette sehen, zumal ihre Funktion im Gottesdienst jederzeit von liturgischer Gebrauchsmusik im schlichten Falsobordone-Stil übernommen werden konnte. In der Besetzung für wenige Solostimmen hatte sie zwar immer noch einen Platz im Gottesdienst – meist als Musik sub communione – behalten, war aber daneben stets auch als geistliche Kammermusik bei privaten Andachten, in Kongregationen oder klösterlichen Konventen verwendet worden. Nun jedoch wurde diese Möglichkeit allmählich zu ihrer Hauptbestimmung. Als Kunst im außerkirchlichen Rahmen aber war sie den restriktiven Vorschriften der Kirchenbehörden nicht unterworfen, was ihr den Anschluß auch an die neu entstehenden Formen im Bereich der weltlichen vokalen Kammermusik erleichterte.

Das wird an den Solomotetten besonders deutlich, einer Werkgruppe, die von mittel- und norditalienischen Meistern kontinuierlich gepflegt und in einer Vielzahl von Drucken (u. a. von B. Barbarino, Bonini, Grandi, Freddi, Donati, Rigatti,

M. Cazzati) veröffentlicht wurde. In Rom, wo sie lange nur periphere Bedeutung gehabt hatte, beginnt sie sich erst seit den 1640er Jahren steigender Beliebtheit zu erfreuen, praktisch zur gleichen Zeit, als sich die Solokantate zu einer der Standardformen weltlicher Kammermusik entwickelt. Dabei gleichen sich beide weitgehend aneinander an, was sich nicht nur in Übereinstimmungen melodischer und harmonischer Einzelheiten, sondern auch in Ähnlichkeiten ihrer formalen Disposition äußert. Nicht wenige Autoren (unter ihnen V. Mazzocchi, G. Carissimi und M. Savioni) haben denn auch Beiträge zu beiden Gattungen geleistet. Der Hauptmeister dieses Genres in Rom ist Bonifazio Graziani, dessen Motetti a voce sola in sechs Büchern zwischen 1652 und 1672 erschienen. Gegen Werke, die zu eng mit der weltlichen Musikpraxis verbunden waren, hatte die römische Kirche zu dieser Zeit freilich noch grundsätzliche Bedenken. Anfänglich im Gottesdienst geduldet, wurden Solokantaten seit 1665 durch eine unter Papst Alexander VII. erlassene Vorschrift (»che non si canti a voce sola«) offiziell aus der Kirche verbannt. Doch war damit ein Prozeß nicht aufzuhalten, in dem nicht nur die Motette, sondern die Kirchenmusik überhaupt in Abhängigkeit von der Entwicklung der weltlichen Kunstmusik geriet.

5. Die italienische Motette seit dem Ende des 17. Jahrhunderts

Hatte die konzertierende Motette als zentrale kirchenmusikalische Gattung in dem Jahrzehnt zwischen 1620 und 1630 den Höhepunkt ihrer künstlerischen und musikgeschichtlichen Bedeutung erreicht, so beginnt spätestens seit den 1640er Jahren mit dem Aufkommen von Oper, Oratorium und weltlicher Solokantate ihr allmählicher Niedergang. Abhängig von den Veränderungen in den neuen Gattungen und der wachsenden Bedeutung selbständiger Formen in der Instrumentalmusik, kommt der Komposition von Motetten nur mehr sekundäre Bedeutung zu. Das trifft schon für Carissimi und Cavalli zu, die beide der Motette noch immer einen beträchtlichen Teil ihres Schaffens gewidmet haben. In der Hauptsache freilich ist der eine ein Kantaten- und Oratorienkomponist, der andere ein Opernmeister. Noch viel mehr gilt das für jüngere Musiker, die zwar ebenfalls noch Motetten geschrieben haben, ihren Erfolg aber fast ausschließlich Opern und Oratorien (P. A. Ziani, G. P. Colonna, G. B. Bassani, G. A. Perti oder A. Caldara) oder Instrumentalwerken (G. Legrenzi, G. B. Vitali, D. Scarlatti, Vivaldi) verdankten. Ihre Motetten sind in der Regel Übertragungen der musikalischen Stil- und Formprinzipien von weltlichen Arientypen oder Opernensembles auf lateinische Kirchentexte, unter denen sich gleichwohl Werke von hoher musikalischer Qualität befinden können. So verhält es sich auch mit der Orchestermotette, deren Ursprünge noch ins 17. Jh. fallen, die aber danach von so bedeutenden Meistern wie A. Scarlatti, Fr. Durante, N. Porpora, L. Leo, Vinci bis zu Pergolesi, Jommelli und Paisiello gepflegt worden ist. Daneben gibt es allerdings bis weit ins 18. Jh. hinein Komponisten geistlicher Musik im *stile antico* (G. A. Carpani, E. Bernabei, Fr. Calegari, G. O. Pitoni. P. Canniciari). Jedoch spielt in ihrem Schaffen, wie auch bei den Theoretikern des Palestrinastils (Fr. A. Vallotti, G. B. Martini, G. Paolucci), die Motette gegenüber der Messe nur eine unbedeutende Nebenrolle.

6. Motettenkomposition in den protestantischen Gebieten des deutschsprachigen Raums

Seit dem Bekanntwerden und der Verbreitung der *Concerti ecclesiastici* in der Art Viadanas sind deutsche Autoren um eine terminologische Abgrenzung dieser Werke von der weiterhin gepflegten Motette bemüht, als deren klassischer Autor Orlando di Lasso gilt. Der Begriff *Motette* bleibt deshalb Kompositionen vorbehalten, die sich dieser Tradition anschließen, wogegen unter *Konzerten* Stücke im neuen Stil mit Solostimmen und Basso continuo verstanden werden. Wenn auch die zahlreichen Definitionsversuche, die Praetorius (*Syntagma musicum* III, 1619) unternahm, widersprüchlich blieben, so hat doch Schütz bereits zur gleichen Zeit in seinen *Psalmen Davids / Sampt Etlichen Moteten vnd Concerten* (Dresden 1619) und danach auch in seinen späteren Kompositionen stets zwischen den in herkömmlicher Weise »ohne den Bassum Continuum« geschriebenen Motetten und den neuen »über den Bassum Continuum concertirenden« Werken unterschieden (*Geistliche Chor-Music*, Dresden 1648), ungeachtet der Tatsache, daß auch den Motettensätzen meist, oft auf Wunsch der Verleger, fakultative Generalbaßstimmen hinzugefügt wurden. An Schütz schloß sich Andreas Hammerschmidt im Vorwort zum *Vierten Theil Musicalischer Andachten geistlicher Moteten und Concerten* (Freiberg 1646) an, und noch Martin Heinrich Fuhrmann, *Musicalischer Trichter*, [Bln.] 1706, trifft eine ähnliche Unterscheidung.

Die Geschichte der Motette in Deutschland steht am Anfang des 17. Jh., abgesehen von der Entwicklung der Choralmotette in den protestantischen Gebieten, noch immer weitgehend unter dem Einfluß niederländischer und italienischer Meister. Ihre Exponenten sind Lasso auf der einen sowie Andrea und Giovanni Gabrieli auf der anderen Seite. Hat Lasso hauptsächlich durch die abwechslungsreiche, der bildhaften Wortdarstellung dienende Periodengliederung und die kunstvolle satztechnische Differenzierung seiner Motetten auf seine deutschen Nachfolger gewirkt, so wurden die Werke der venezianischen Meister für sie zu Vorbildern für eine Kompositionsweise, die die Möglichkeit bot, die jeweils verfügbaren vokalen und instrumentalen Mittel statt zum traditionellen colla-parte-Spiel nun im Sinne vielfältiger klanglicher Kombinationen planvoll einzusetzen. Italienische Kompositionen dieser Art waren in Deutschland seit dem Ausgang des 16. Jh. in großer Zahl verbreitet worden, zunächst durch die Sammelwerke von Leonhard Lechner (1583²), Friedrich Lindner (1585¹, 1588², 1590⁵) und Kaspar Haßler (1598²), später von Abraham Schadaeus (1611¹, 1612³, 1613², 1617¹) und Erhard Bodenschatz (1603¹, 1618¹, 1621²).

Obwohl sich deutsche Musiktheoretiker in ihren Schriften noch lange Zeit auf Lasso als Autor classicus der Motette berufen, ist das Bild, das die Gattung am Anfang des 17. Jh. liefert, keineswegs einheitlich. Zwar gibt es viele Komponisten, namentlich in den protestantischen Gebieten, die in ihren lateinischen Motetten noch lange an der traditionellen niederländisch-kontrapunktischen Schreibweise festhalten (A. Gumpeltzhaimer, B. Gesius, M. Vulpius, N. Zangius, M. Franck, Joh. A. Herbst u.a.), doch äußert sich der Einfluß der italienischen Musik nicht nur in der doppel- und mehrchörigen Anlage zahlreicher Motetten (Hieronymus Praetorius, Ph. Dulichius, H. L. Haßler, Gr. Aichinger, Chr. Erbach, H. Hartmann, Joh. Staden, S. Scheidt), sondern häufig auch in einer musikalischen Darstellung textlicher Einzelheiten, die weniger in den Motetten Lassos als vielmehr in den Madrigalen Marenzios und seiner Zeitgenossen ihr Vorbild hat (Gr. Lange, L. Lechner oder Fr. Weissensee, der den Motetten seines *Opus melicum*, Magdeburg 1602, die geistliche Kontrafaktur eines Madrigals von L. Marenzio beigefügt hat). In geradezu exemplarischer Weise hat Joh. Hermann Schein alle diese Einflüsse in seinem *Cymbalum Sionium* (Lpz. 1615) vereinigt. Seine 5-12stimmigen Motetten, teils in deutscher, teils in lateinischer Sprache, sind ein Kompendium aller stilistischen Möglichkeiten, die einem aus der Tradition der deutschen protestantischen Kirchenmusik hervorgegangenen Komponisten am Anfang des 17. Jh. zur Verfügung standen. Daneben gibt es freilich einige Werke, denen eine Sonderstellung gebührt, weil sie sich der Zuordnung zu bestimmten Traditionssträngen weitgehend entziehen. Zu ihnen gehören die sog. *Deutschen Sprüche von Leben und Tod* und die Vertonungen von Texten des *Hohen Liedes Salomonis* aus Lechners Spätwerk (beide in *Newe Gaistliche vnd Wellttliche Teutsche Gesanng*, Handschrift 1606), die geistlichen Madrigale in Scheins *Israelsbrünnlein* (Lpz. 1623) sowie die Motetten aus Schütz' *Cantiones sacrae* (Dresden 1625). Sie alle legen sowohl hinsichtlich ihrer Texte als auch durch eine musikalische Faktur von ausgesprochen solistischem Charakter eine Verwendung im intimen Rahmen geistlicher Kammermusik nahe. Nicht nur der herausragenden künstlerischen Qualität wegen, die alle diese Stücke auszeichnet, sondern auch aufgrund der in ihnen erreichten vollkommenen Synthese von motettischer Konstruktivität und madrigalischer Textdarstellung, darf man sie als genuinen deutschen Beitrag zur Geschichte der Motette in diesem Jh. betrachten.

Die Mehrzahl der Motetten in deutscher Sprache besteht allerdings aus gottesdienstlicher Gebrauchsmusik für die Kantoreien kleinerer und mittlerer Kirchen. In der Regel handelt es sich dabei um Spruchkompostionen auf Psalm- oder Evangelientexte, nicht selten auch um ganze Evangelienjahrgänge (A. Raselius, Gesius, [Joh.] Chr. Demantius, Vulpius, Franck) in einem meist vierstimmigen, pseudopolyphon vereinfachten Satz. Ihre Entstehung fällt überwiegend noch in das erste Viertel des Jh., weil danach, als die Folgen des 30jährigen Krieges immer spürbarer wurden, offenbar selbst die bescheidenen Ansprüche dieser Stücke häufig nicht mehr zu erfüllen waren.

Das Nachlassen des Interesses an der Komposition von Motetten ist allerdings auch darin begründet, daß sich die Aufmerksamkeit deutscher Komponisten seit den 1620er Jahren verstärkt der neuen Gattung des geistlichen Konzerts zuwendet, auch wenn dessen Verbreitung zunächst noch weitgehend davon abhängig ist, daß geeignete Sänger und im Generalbaßspiel geübte Organisten für Aufführungen solcher Werke zur Verfügung stehen. In der Praxis der Kantoreien, denen die musikalische Gestaltung des Gottesdienstes obliegt, spielen deshalb die Motetten bis weit ins 18. Jh. nach wie vor eine wichtige Rolle, auch wenn es sich dabei zum großen Teil noch immer um Stücke handelte, die schon in den großen Sammelwerken des frühen 17. Jh., den Florilegien von Bodenschatz oder den Promptuarien von Schadaeus, erschienen waren. Andreas Hammerschmidt, einer der wenigen Komponisten, der um die Mitte des Jh. noch Motetten in größerer Zahl veröffentlichte, rechtfertigte denn ihren Druck u.a. auch damit, daß, falls für eine Aufführung nur untüchtige Sänger zur Verfügung ständen, »vollstimmige Moteten, als in denen dergleichen Mängel nicht so bald gemercket werden, die Concerten auff solchen Fall weit übertreffen« (*Vierter Theil Musicalischer Andachten*, Freiberg 1646). Schütz, der selbst den größten Teil seines Schaffens dem Vokalkonzert gewidmet hatte, hat gegen Ende seines Lebens die inzwischen weitgehend aus der Mode gekommene Motette bereits aus historischer Distanz gesehen. Mit seiner *Geistlichen Chor-Music* (Dresden 1648) sollte der Motettensatz, für ihn »*der rechte Kern/ und das rechte Fundament eines guten Contrapuncts*«, vor allem der jüngeren Generation noch einmal in Erinnerung gerufen werden, und auf ihn hat er schließlich auch in seinem Opus ultimum zurückgegriffen, dem *Schwanengesang*, der damit nicht nur sein eigener, sondern gleichsam auch der der ganzen Gattung wurde. Denn nach Schütz wird die Motette immer mehr zu einer stilistisch isolierten, altertümlichen Gebrauchskunst kleinerer Kantoren, die neben der repräsentativen Konzert- und Kantatenkunst ein Schattendasein führt.

Als Umzugsmusik für die Kurrende und als Kasualienmusik (Begräbnismotette), daneben in den konzerthaften *Sonnabends-Motetten* (Vespern) wird sie offenbar vorzugsweise in Sachsen und Thüringen gepflegt. Hier bildet sich auch, wohl unter dem Einfluß von Konzert und Kantate, ein neuer Texttypus aus, der den traditionellen Bibeltext mit einem Choral verknüpft und so Textdarstellung und Exegese, Wortverkündigung und ideelle Teilnahme der Gemeinde in bescheidener künstlerischer Form zusammenfaßt. Dieser Motettentyp ist für das 18. und noch das beginnende 19. Jh. verbindlich geblieben. Satztechnisch benutzt er alle Möglichkeiten von liedhaft periodisierter Homophonie bis zu palestrinaschem Motettenkontrapunkt und strenger Vokalfuge (J. Chr. Bach, Michael Bach, G. Böhm, Ph. H. Erlebach, S. Knüpfer, Joh. Schelle, Telemann). Sein Höhepunkt ist das Motettenwerk Bachs, in dem der traditionelle Typus inhaltlich vertieft und formal durch Analogiebildungen zur Instrumentalmusik (vgl. R. Gerber, *Über Formstrukturen in Bachs Motetten*, in: Mf 3, 1951, S. 177-189) zu mächtigen Gestalten erweitert und verfestigt wird, die der Kantate gleichwertig gegenüberstehen.

Die protestantische Motette neben und nach Bach eliminiert, dem Zuge der Zeit folgend, die polyphonen Satzelemente immer mehr und wird zum liturgisch unverbindlichen Festschmuck in liedhaft-empfindsamem Satz mit periodisierter Diskant-Melodik (vgl. Mizler, *Musikalische Bibl.* II/2, S. 221f.). Die mitteldeutsche Kantorentradition lebt am ehesten in schulmäßigen Chorfugen und von Bach inspirierten doppelchörigen Choralmotetten weiter (Wilh. Friedemann Bach, Joh. Fr. [Sen.] Doles, C. H. Graun, Joh. A. Hiller, G. A. Homilius, Joh. Ph. Kirnberger, Joh. L. Krebs, Joh. H. Rolle). Das alte vielstimmige Repertoire gerät in Vergessenheit; das *Florilegium Portense* wird nach 1747 nicht mehr aufgelegt. Die Vierstimmigkeit wird zur Norm des Motettensatzes. Neue Sammlungen ziehen den Gebrauch der Motette kaum noch in Erwägung (Hiller, *Motetten und Arien zum Gebrauche der Schulen und anderer Gesangs-Liebhaber*, 1776-1791).

7. Motettenkompositionen in katholischen Gebieten des deutschsprachigen Raums und in Frankreich

Gegenüber der weitgehend eigenständigen Entwicklung im protestantischen Bereich wird die Motettenkunst des katholischen Süddeutschland und der habsburgischen Länder mit ihren protestantischen Enklaven im 17. und 18. Jh., nachdem der Einfluß Lassos geschwunden ist, von Italien her bestimmt. Daneben werden die Motettentypen des 16. Jh. vor allem in liturgischer Gebrauchsmusik weitergepflegt, die nun nach italienischem Gebrauch und im Zeichen des Generalbaßdenkens den cantus firmus im fünfstimmigen Satz in den Baß legt (Stadlmayr) oder cantus firmus-freie nicht-konzertante Doppelchörigkeit im venezianischen Stil pflegt (A. Hofer, St. Bernardi). Seit dem Anfang des 18. Jh. durchdringt der palestrinasche Satz auch die konzertante Motette wieder stärker, während sich die monodische Motette offenbar sehr schnell zur Solokantate weiterentwickelt. In seinen gering- und vielstimmigen Formen geht das Konzert in der konzertanten Orchestermotette italienischer Prägung auf. Mit der Unterteilung in Rezitative, Arien und Chöre wird im 18. Jh. auch hier, allerdings später als in Italien, die Kantatenform erreicht. Während im 17. Jh. Gebrauchsmusik im polyphonen Motettensatz und reicher ausgestattete Concerti in allen erdenklichen, koloristisch-üppigen Instrumental- und Stimmen-Kombinationen offenbar unterschiedslos für alle Textformen gebraucht werden, bildete sich im 18. Jh. eine strengere Trennung in bescheidene, meist vierstimmige Gebrauchsmusik mit Chor und vorgeschriebenen Instrumenten colla parte für einzelne Propriumssätze oder Propriumszyklen einerseits und reichbesetzte konzertante Motetten für Chor mit oder ohne Soli und mit im Laufe des Jh. zur klassischen Besetzung vereinheitlichtem Orchester für Litanei und Vesper andererseits aus. Der gesamte Bereich dieser Entwicklung ist noch wenig erforscht. Die Zahl der größeren und kleineren Meister von H. I. Fr. Biber über Joh. K. Kerll, Joh. H. Schmelzer, A. Caldara, Fux, Joh. E. Eberlin, A. C. Adlgasser, G. Chr. Wagenseil, Joh. G. Albrechtsberger, B. M. Czernohorsky, Brixi, Fr. A. Tuma, Michael Haydn bis zu Mozart ist Legion. Eigentümlich ist ihnen allen bis zum Ende des 18. Jh. die Solidität des Chorsatzes, die auf die Wiener Palestrina-Renaissance um Fux zurückgeht. Erst gegen Ende des Jh. scheint sich der einheitlich primitive, homophon-liedhafte Motettensatz (vierstimmiger Chor mit Begleitung von zwei Violinen und Generalbaß) zu entwickeln, der als ›Landmessenstil‹ bis weit ins 19. Jh. vor allem für liturgische Jahreszyklen verbindlich bleibt (Michael Haydn), im frühen 19. Jh. aber auch die nichtliturgischen Motettenkompositionen immer mehr beherrscht.

Mit der Etablierung der absolutistischen Herrschaft in Frankreich durch Ludwig XIV. war auch ein erheblicher Aufschwung der geistlichen Musik verbunden, die einerseits in die höfische Musikpflege eingebunden wurde, andererseits, zumindest in Paris, ein eigenständiges Profil entfalten konnte. Zu den zentralen kleineren Gattungen – neben dem Oratorium – gehörten einerseits die Leçons de ténèbres, andererseits die Petits motets, die so etwas wie eine kleine kirchenmusikalische Gattung für den liturgischen Gebrauch darstellen. Mit den Werken Jean-Baptiste Lullys war dann der Grand motet herausgebildet worden, eine Gattung, die bis 1789 das Herzstück der (repräsentativen) französischen (Hof-)Kirchenmusik bildete. An der vielgestaltigen, im Wechsel von Soli, Petit und Grand Choeur besonders farbigen Gattung haben sich nahezu alle namhaften Komponisten des Ancien régime beteiligt, wobei insbesondere den Werken von Michel-Richard Delalande eine vorbildhafte Funktion zugekommen ist. Der Grand motet war zunächst auch wesentlicher Bestandteil der Concerts spirituels.

ARNO FORCHERT
(LUDWIG FINSCHER)

Exkurs: Anthem

a. Zum Terminus und zu den Ursprüngen des englischen Anthems

Der Begriff *Anthem* als Ableitung von *Antiphon* und mit dieser weitgehend übereinstimmend war bereits im frühen 11. Jh. gebräuchlich. Während des 15. Jh. fand er Anwendung auf die Votiv-Antiphon, gesungen bei festlichen Gelegenheiten und am Ende der Laudes, der *Lady Mass* und der Vesper. Seit der englischen Reformation Mitte des 16. Jh. bezeichnete *Anthem* eine Form nichtliturgischer Chormusik in der Volkssprache, die der lateinischen Motette entsprach. Der Begriff bezog sich außerdem auf polyphone Chormusik, die für feierliche kirchliche und staatliche Anlässe bestimmt war.

Die Geschichte des englischen Anthems reicht in das Jahr 1549 zurück, als nach Inkrafttreten des ersten, von Edward VI. erlassenen Act of Uniformity alle lateinischen Gottesdienste durch neue englische Formen des Gottesdienstes (veröffentlicht 1549 in *The Booke of Common Prayer*) ersetzt wurden. In den lateinischen Gottesdiensten hatte es fakultative Stellen für chorische Propriumsgesänge gegeben, vor allem Votiv-Antiphonen am Ende von Matutin und Vesper sowie Introitus, Graduales, Alleluias, Offertorien und Communiones während der Messe. Das *Book of Common Prayer* jedoch enthält keine Hinweise auf solche Propriumsgesänge. Das Anthem wurde offiziell erst 1559 (zweiter Act of Uniformity) anerkannt, als Elisabeth I. in den Royal Injunctions für Kathedralen und Kapellen verfügte, daß »*for the comforting of such that delight in music* [...] *there may be sung an Hymn, or such like song, to the praise of Almighty God, in the best sort of melody and music that may be conveniently devised, having respect that the sentence* [sense] *of the Hymn may be understood and perceived*«. Doch enthalten musikalische Quellen aus dem Jahr des ersten Act of Uniformity (1549) einfache Vertonungen von englischen Propriumstexten, die in einer Quelle als *Antem* bezeichnet werden (Wanley Partbooks; GB-Ob, Mus.Sch.e.420-2, ca. 1546-1548) und zur Matutin, zur Communio sowie beim Abendgottesdienst gesungen wurden. Während die meisten der frühen Anthemtexte der Bibel entnommen sind, entstammten einige auch den vorreformatorischen *Primers*, englischen Übersetzungen der Stundengebete, die vor 1549 in großer Zahl für die Familien- oder Privatandachten verkauft wurden. Einige frühe Anthems, die eher für das private Gebet als den öffentlichen Gottesdienst bestimmt waren, liegen deshalb zeitlich vor 1549.

b. Die musikalischen Quellen (ca. 1549 – ca. 1644) und die Komponisten (bis ca. 1575)

Bei der Untersuchung der Frühgeschichte des Anthems muß die nur sehr geringe Zahl der Quellen berücksichtigt werden, die überliefert sind. Mindestens 40 professionelle Chöre haben täglich im Gottesdienst in britischen Kathedralen und Kapellen gesungen, doch sind nur drei bedeutende Quellen – die Wanley Partbooks und Lumley Partbooks (GB-Lbm, Roy.App.74-6, ca. 1549) sowie die *Certaine Notes* (1565) von J. Day – aus den 1550er und 1560er Jahren erhalten. Nach Days Publikation wurde kein weiterer Versuch unternommen, Musik für Kathedral- und Kapellchöre zu drucken, bis J. Barnard 1641 sein *First Booke of Selected Church Music* veröffentlichte. Zweifelsohne war die Nachfrage zu gering, als daß sich der Druck kommerziell gelohnt hätte. Die erhaltenen handschriftlichen Stimmbücher der Chöre stammen fast alle aus den Jahren zwischen 1620 und 1640. Beim Kopieren neuer Bücher für die Chöre wurde auf einen Großteil der Musik der edwardianischen und elisabethanischen Frühzeit zugunsten späterer und modernerer Musik verzichtet. Darüber hinaus gibt es Grund zu der Annahme, daß die drei frühen Quellen nicht hinreichend repräsentativ für ihre Zeit sind und nur die einfacheren Arten der Musik enthalten, wie sie kleinere Chöre in privaten Kirchen und Kapellen aufführten. Alles, was über das frühe Anthem gesagt werden kann, muß deshalb immer im Hinblick auf das Quellenproblem geschehen.

Die experimentellen Formen des englischen Gottesdienstes, die der Publikation des ersten *Book of Common Prayer* (1549) vorausgingen, wurden zunächst in London erprobt. Daß die Chapel Royal im Mittelpunkt solcher Veränderungen stand, kann kaum bezweifelt werden, da im Sept. 1548 die Universitäten von Oxford und Cambridge angewiesen wurden, die Formen des Gottesdienstes zu übernehmen »*presently used in the king's majesty's chapel* [...] *until such time as an order be taken and prescribed by his Highness to be universally kept throughout the whole realm*« (P. le Huray ²1978, S. 10f.). Es ist deshalb kaum überraschend, daß die meisten der frühen Komponisten Verbindungen zur Chapel Royal hatten: Th. Caustun, R. Farrant, W. Mundy, R. Parsons, Tallis und Tye. Zu den weniger bedeutenden Komponisten der Chapel Royal gehörten Adam, Morecocke, Robert Okeland, Robert Stone und der niederländische Musiker Ph. van Wilder. Unter weiteren 15 Komponisten der Zeit ragt John Sheppard heraus, obwohl von ihm die lateinischen Werke – wie auch im Falle von Robert White – die bedeutendsten sind. Die meisten der kleineren Meister gehörten der Kathedrale an: John Brimley (ca. 1500-1576), J. Merbecke, William Parsons (ca. 1515 – nach 1563), O. Parsley (1511-1585), J. Thorne, William Whytbroke (ca. 1495-1568) und Th. Whythorne (1528-1596).

Der erste Act of Uniformity (1549) und das *Booke of Common Prayer* (1549) stellten die Komponisten vor beachtliche Probleme. Lateinische Texte standen zur Vertonung nicht mehr zur Verfügung; das umfangreiche Repertoire des lateinischen Kirchengesangs war abgeschafft worden, ohne daß es einen Ersatz dafür gab. Trotz des Verbots des lateinischen Kirchengesangs von 1549 versuchten die Komponisten eine Art englischen ›Cantus-firmus-Choralstil‹ für die reformierten Gottesdienste zu schaffen, ja sogar lateinische Kirchengesänge unauffällig in ihren Werken zu verarbeiten (s. J. Aplin 1980).

Vielen der frühen englischen Anthems ist ein Stil eigen, der, obwohl sie keine Kirchengesänge verarbeiten, zahlreiche Berührungspunkte mit dem der vorreformatorischen Komposition von Kirchengesängen aufweist. Dieser Stil entspricht dem der *Missa Playn Song* von Taverner, von der einzelne Abschnitte den englischen und kontinentalen Praktiken des improvisierten Faburden und Falsobordone verpflichtet zu sein scheinen. In vielen dieser vorwiegend akkordischen lateinischen Stücke wechseln sich Note-gegen-Note-Satz mit Teilen einfacher Imitation ab, so wie es bei zahlreichen der frühesten englischen Anthems der Fall ist. Es bestehen z.B. vielerlei Gemeinsamkeiten zwischen einem Anthem wie »If ye love me« von Tallis (Wanley Partbooks, anonym) und seiner *Playn Song*-Messe, die wahrscheinlich aus den Jahren zwischen 1553 und 1558 stammt, als die kath. Riten unter der Herrschaft Marias I., der Katholischen, vorübergehend wiedereingesetzt wurden.

1516 faßte Erasmus zusammen, was von den zeitgenössischen Theologen wahrscheinlich häufig kritisiert wurde: Die moderne Kirchenmusik sei so komponiert, daß die Gemeinde kein einziges Wort deutlich verstehen könne, selbst die Chorsänger verstünden nicht, was sie sängen (Kommentar zum 1. Korinther, 14,19). Textverständlichkeit stand offenbar an erster Stelle unter den Forderungen an die Musik der reformierten Gottesdienste. Die Wörter wurden in einfachen Strukturen vertont: Die natürliche Akzentuierung der Silben spiegelt sich – mit unterschiedlichem Erfolg – in der begleitenden Rhythmik der Noten wider, es gibt kaum oder gar keine Melismen, die die Betonung des Wortes verunklaren könnten, die musikalischen Phrasen entsprechen den sprachlichen. Während die meisten der Anthems aus den

Wanley Partbooks darauf hindeuten, daß die Komponisten vor allem versuchten, die Wörter deutlich hervortreten zu lassen, gehen ein oder zwei Anthems auch darüber hinaus. In ihnen wird der Affekt des Textes auf zwar maßvolle, aber doch wirksame Weise zum Ausdruck gebracht. Viele der Wanley-Texte besitzen genau festgelegte ›Stimmungen‹, so z.B. der freudige Ostertext »Christ rising again« und der Bußtext »Remember not, O Lord God, our old iniquities«. Während des Zeitraums von etwa 1550 bis um 1640 wurde die Musik für die englischen Riten, wie z.B. das Anthem »How long wilt thou forget me« (Wanley, Nr. 26), in zunehmendem Maße ›ausdrucksvoll‹. Obwohl die meisten frühen Anthems kurze und einfache geistliche Stücke sind, scheint es ein starkes Bedürfnis nach kunstvolleren Anthems gegeben zu haben, dem am leichtesten durch Unterlegung englischer Texte in bestehenden lateinischen Kompositionen entsprochen werden konnte. Die Bearbeitungen waren nicht notwendigerweise Übersetzungen der originalen lateinischen Texte. Die frühesten dieser Kontrafakturen finden sich in den Wanley Partbooks, u.a. eine Fassung von Taverners Motette »Mater Christi« auf die Verse des 67. Psalms »God be merciful unto us« (Wanley, Nr. 62), dem bei weitem kompliziertesten Stück seiner Art in den Stimmbüchern. Die Praxis der Kontrafakturen setzte sich bis weit nach 1565 fort. 28 Kontrafakturen sind bisher in verschiedenen Quellen des 16. und 17. Jh. identifiziert worden; neun stammen von Byrd, zwölf von Tallis, fünf von Taverner und zwei von R. White (Beispiele für Kontrafakturen bieten Tallis' »Salvator mundi« und Byrds »Ne irascaris«; The Treasury of English Church Music, Bd. 2, 1965, S. 14-19, 87-95).

Einige der unterlegten Texte unterscheiden sich hinsichtlich ihrer Stimmung stark von den lateinischen Originalen und belegen, daß die Verbindung zwischen Text und Musik in bezug auf den Affektausdruck in England zur damaligen Zeit noch ein relativ neues Konzept war.

c. Das Full Anthem (ca. 1558-1664) und Verse Anthem (ca. 1560-1644)

Nach dem Tod des jungen Königs Edward VI. 1553 wurde im Zuge der reaktionären Politik Marias I. die vorreformatorische lateinische Liturgie für kurze Zeit wiedereingeführt. Ihre Nachfolgerin Elisabeth I. (1558) setzte die reformierten Gottesdienstformen – mehr oder weniger so, wie sie 1553 bestanden hatten – wieder ein, und während der folgenden 20 Jahre etwa waren ganz unterschiedliche religiöse Praktiken erlaubt. Die Chormusiktradition der Kathedralen, deren England sich noch heute erfreut, verdankte zu dieser Zeit wahrscheinlich Elisabeth I. selbst am meisten. Sie war eine gebildete Musikerin und legte Wert auf die Förderung von Musik gehobenen Niveaus in ihren kgl. Kapellen.

Das Anthem wurde, ebenso wie die weltlichen Formen der Chanson und des Madrigals, zunehmend ausdrucksvoller. Von etwa 1560 an existierten zwei Anthemstile nebeneinander: das *Full Anthem* und das *Verse Anthem*. Das Full Anthem war eine direkte Fortsetzung des einfachen vierstimmigen edwardianischen Anthems. Seine Komponisten behielten diesen schlichten Stil bei, aber auch sie entwickelten immer kompliziertere Strukturen, um dem Text ihrer anspruchsvolleren Stücke ausdrucksvoll gestalten zu können. Byrds madrigaleskes »*Sing joyfully*« (2 S, 2 A, T und B) ist ein besonders aufschlußreiches Beispiel. Seine Wirkung beruht überwiegend auf einer neuartigen harmonischen Anlage, in der sich das tonale System des späten 17. Jh. ankündigt. Obwohl Byrd sein Leben lang Katholik blieb, komponierte er sehr viel – u.a. neun Full Anthems und 17 Verse Anthems – für die reformierte Liturgie. Weit über 400 Full Anthems sind aus der Zeit von 1560 bis 1644 erhalten. Neben Byrd traten als Komponisten des Full Anthems Th. Weelkes, Th. Tomkins und O. Gibbons besonders hervor, ferner J. Amner, A. Batten, W. Child, H. Loosemore und R. Ramsey.

Zweifellos stellt die Schaffung des Verse Anthems für das Anthem und den Gottesdienst die größte Errungenschaft des späten 16. Jh. dar. Dieses nahm wahrscheinlich in der Chapel Royal Elisabeths I. seinen Anfang: Die ältesten Musiker, deren Verse Anthems erhalten sind, arbeiteten alle für ihre Kapelle. »*When as we sat in Babylon*« von R. Farrant könnte das früheste überlieferte Verse Anthem sein (D. Wulstan 1971, S. 41-48). Farrant war von 1569 bis zu seinem Tode im Jahr 1581 sowohl Leiter der Chorsänger der kgl. Kapelle von St. George in Windsor als auch der Chapel Royal. Unter seiner Leitung führten die Chorsänger regelmäßig Theaterstücke am Hof auf, die sehr viel Instrumentalmusik und begleiteten Gesang enthielten. Viele der Vertonungen religiöser Verse der Zeit sind in der Besetzung für Knabensolo und Gamben erhalten. Sie dürften die Art der Musik bezeugen, die die Knaben von St. Paul's Cathedral und Westminster Abbey anläßlich von Festessen in London vortrugen. Möglicherweise trägt diese Praxis zur Erklärung bei, weshalb fast alle Soli in den frühesten Verse Anthems für Knaben gesetzt sind (s. *Consort Songs*, hrsg. von Ph. Brett, L. ²1974, S. 15ff., = MB 22).

Das Verse Anthem besteht lediglich aus *verses* für eine Solostimme (oder in späteren Stücken für mehrere Stimmen) und Instrumentalbegleitung (zumeist Orgel), die mit Full-Abschnitten des Chors alternieren. Jedes Verse Anthem beginnt mit einem Soloteil und endet mit einem Full-Teil, wobei die Länge des Textes die Zahl der Verse- und Full-Abschnitte bestimmt. Während zu den Soli eigenständige Orgelbegleitungen gehören, folgt die Orgel in den Full-Abschnitten lediglich dem Chor. Bei vielen Orgelbegleitungen sind nur die äußeren Stimmen angegeben; hier bleibt es dem Organisten überlassen, die Mittelstimmen auszufüllen. In dieser Hinsicht künden die Begleitungen des englischen Verse Anthems das spätere italienische Prinzip des bezifferten Basses an; dieser wurde jedoch erst nach der Restauration (ab 1660) in Anthems verwandt.

Wahrscheinlich war der neue Stil des Verse Anthems schon entwickelt, als Byrd 1573 als Organist neben Tallis in den Dienst der Chapel Royal trat. Es ist jedoch nicht auszuschließen, daß es Byrd war, der den neuen Stil in der Zeit zwischen 1562 und 1573 schuf, als er als Organist an der Lincoln Cathedral wirkte. Von Byrd sind weit mehr Verse Anthems erhalten (ungefähr 17 insgesamt) als von irgendeinem anderen elisabethanischen Komponisten. Sein umfangreichstes und eindrucksvollstes Verse Anthem ist die Vertonung des Ostertextes »Christ rising again from the dead«. Die kontrastierenden Strukturen der auf zwei Knabensoli und vollen sechsstimmigen Chor verteilten verses werden hier dramatisch verarbeitet (Songs of Sundrie Natures, 1589; die meisten geistlichen Anthems von Byrd sind – ebenso wie die aller anderen Komponisten – unveröffentlicht).

Der neue Stil wurde bald beliebter als der bestehende Stil des Full Anthem. Dies ist leicht verständlich, da er dem Chor einige Mühe ersparte; außerdem wirkte er abwechslungsreicher und deshalb unmittelbar ansprechender als das Full Anthem. Vor allem aber war der von einer Solostimme vorgetragene Text deutlicher zu verstehen und musikalischer Affektausdruck leichter möglich.

Mehr als 450 Verse Anthems sind zwischen etwa 1560 und 1644 komponiert worden, neben Byrd u.a. von Gibbons (25), N. Giles (20), E. Hooper (9), Th. Morley (3), Th. Tomkins (50) und Th. Weelkes (23); sie alle waren die meiste Zeit Mitglieder der Chapel Royal. Die einfachsten Verse Anthems besitzen nur eine einzige Solostimme. Zu den herausragenden Beispielen gehören »Out of the deep« für Altsolo und fünfstimmigen Chor von Morley (The Treasury of English Church Music, Bd. 2, S. 114ff.) und »This is the record of John« von Gibbons (The Treasury of English Church Music, Bd. 2, 1965, S. 198-219). Viele Verse Anthems sind jedoch für mehr als einen Solisten gesetzt. Gibbons' »See, see the word is incarnate« ist z.B. ein außergewöhnlich abwechslungsreiches Anthem (2 S, zwei A, T, B, fünfstimmiger Chor mit fakultativer Streicher- oder Orgelbegleitung). Einige von Weelkes' Anthems, die jeweils durch motivische Wiederholungen, Entwicklungen und Kopfmotive strukturiert sind, zeigen ein ganz neues Interesse am musikalischen Aufbau. »Give ear, O Lord« z.B. besitzt eine Art entwickelter Rondoform (s. D. Brown, Thomas Weelkes, L. 1969, S. 162-179, und Weelkes. Collected Anthems, hrsg. von dems./W. Collins/P. le Huray, L. 1966, = MB 23).

Tomkins komponierte weit über 50 Verse Anthems. Er war wahrscheinlich, neben Hooper, der erste Komponist, der in Tonarten mit ein oder zwei Kreuzen modulierte und komponierte; bis dahin waren lediglich b-Tonarten verwendet worden, die fast nie über ein Vorzeichen hinausgingen. Tomkins gebrauchte außerdem häufig Sequenzbildungen und manchmal eine bemerkenswerte Chromatik, wie in dem düsteren Begräbnis-Anthem »Know ye not« (rekonstruiert von D. Wulstan 1971, S. 116-134). Weiterhin zu nennen sind die Komponisten J. Amner, A. Batten , W. Child, M. East, J. Hilton d.Ä. und d.J., M. Peerson, Th. Ravenscroft, J. Ward und Th. Wilkinson. Jüngste Forschungsergebnisse lassen vermuten, daß Komponisten aus Cambridge eine wichtige Rolle bei der frühen Entwicklung der Gattung, insbesondere der hausmusikalischen Besetzung für Singstimmen und Gambenbegleitung, gespielt haben könnten (I. Payne 1985, 1987 und 1991).

d. Der stile nuovo und die Restauration

Auch wenn der Restaurations-Stil 1660, als Gottesdienste mit Chormusik nach fünfzehnjähriger Unterbrechung wiedereingeführt wurden, modern gewirkt haben mag, so gab es doch schon während der 1630er Jahre Anzeichen für den neuen Stil, der sich hauptsächlich in den Werken einer Gruppe von Komponisten zeigte, die dem Hof Karls I. eng verbunden war: Child, W. und H. Lawes sowie W. Porter. Grundsätzlich ist Childs Musik noch polyphon, doch verdanken ihre melodische Form, Tonalität und Harmonie dem italienischen stile nuovo bereits viel. Der verse des Tenors aus »Turn thou us« veranschaulicht diese Verschmelzung und kündet eindeutig stilistische Manierismen der auf die Restauration folgenden Schule an. Porter, Sänger der Chapel Royal, behauptete, bei Monteverdi studiert zu haben. Sein einziges vollstimmiges Verse Anthem »Praise the Lord« (The Treasury of English Church Music, Bd. 2, 1965, S. 232-247) besitzt ganz offensichtliche italienische Stilelemente: Kein gewöhnlicher Kathedralchorsänger hätte die kunstvollen Divisions und Verzierungen ausführen können. Dieses Werk demonstriert deutlich das Aufkommen von Sängervirtuosen zu jener Zeit – eine Entwicklung, die sich bis in die Restaurationszeit fortsetzte. Der Einfluß der höfischen masque, einer musiktheatralischen Gattung, zu der die Brüder Lawes besonders viel beitrugen, war hieran vielleicht beteiligt. Abgesehen von diesen fortschrittlichen Komponisten der Chapel Royal sind aus den 1630er Jahren noch Chr. Gibbons, G. Jeffries, E. Lowe und Benjamin Rogers (1614-1698) zu nennen; sie standen indirekt unter dem Einfluß der oben erwähnten Musiker.

Als Gottesdienste mit Chormusik 1660 wiedereingeführt wurden, entdeckte man eine große Menge originaler Musik aus der Zeit vor der Restauration wieder.

The Divine Services and Anthems von J. Clifford (L. 1663; rev. ebd. ²1664), ein Buch mit Anthemtexten, enthält fast 250 Anthems von bedeutenden Komponisten der Zeit vor der Restauration. Karl II. ließ 1662 eine neue Ausgabe des Booke of Common Prayer veröffentlichen, in dem erstmals explizit auf das Anthem Bezug genommen wird und das in seinen Grundzügen bis heute für die anglikanische Liturgie Gültigkeit besitzt. Er ermunterte die Komponisten, ›eingängigere‹ Musik zu schreiben, zumindest jedenfalls für Sonntags- und Festgottesdienste, die er besuchte. Thomas Tudway, ehemals Chorsänger der neu reformierten Chapel Royal, überliefert, wie der König des ernsten Stiles müde geworden sei und den Komponisten seiner Kapelle befohlen habe, Instrumentalspiel und ›Sinfonien‹ ihren Anthems hinzuzufügen. Henry Cooke und Matthew Locke waren die ersten, die den ›neuen‹ Stil praktizierten; die Hauptkomponisten der zweiten Generation waren Pelham Humfrey und John Blow, die beide Chorsänger unter Cooke gewesen waren. Das jüngste und zweifellos bedeutendste Mitglied der Schule der Restaurationszeit war Purcell. Alle genannten Komponisten gehörten dem Chor der Chapel Royal an. (Ein umfassendes Quellenverzeichnis der Kirchenmusik aus der Zeit nach der Restauration liegt bislang nicht vor; Referenzwerke sind: E. M. Harding 1971; Fr. B. Zimmermann 1963; MB 7 1953, 34/35 1972, 38 1976, 84 1984; The Works of Henry Purcell, Bde. 13, NA 1988, 14 ²1973, 17 ²1964, 28 1959, 29 1960, 30 1965, 32 1962; The Treasury of English Church Music, Bde. 2 und 3, 1965).

Die Wechselstruktur des Verse Anthems aus der Zeit vor der Restauration (verse, full, verse, full usw.) weicht nun einer Abfolge der verses mit unterschiedlichen Kombinationen der Solostimmen, wobei die Full-Abschnitte häufig auf ein kurzes Stück am Ende des Anthems reduziert werden. In manchen Werken, wie in Cookes ausdrucksvollem »We have sinned«, sind die verses durch kurze Ritornelle im Triosonatenstil, durch Präludien und Sinfonien für Streicher unterteilt.

Locke hatte, wie Cooke, in den 1650er Jahren einige Zeit im Ausland verbracht, wo er einen großen Teil der damaligen italienischen und französischen Musik kennenlernte. Jedes seiner zehn Anthems besitzt Verse-Form, und zu vielen gehört eine Streicherbegleitung. Sein »Be thou exalted Lord« (1666) ist das großartigste aller Restaurations-Anthems und muß den jungen Purcell nachhaltig beeinflußt haben. Humfreys Verse-Anthem-Stil ist Lully stark verpflichtet – besonders vielleicht dessen Miserere (1664), das er während seines Pariser Aufenthalts Mitte der 1660er Jahre kennengelernt haben dürfte. Humfrey darf als Neuerer gelten: Er gab jedem verse einen klaren tonalen Aufbau und führte Wiederholungsstrukturen ein. Seine 18 Anthems haben alle Verse-Form und zumeist Streicherbegleitung. Zur Einschätzung von Blows umfangreichem Werk, das mehr als 100 Anthems, darunter 28

Orchester-Anthems enthält, sind noch viele Nachforschungen notwendig. Die frühen Verse Anthems zeichnen sich durch eine komplexe formale Anlage aus, die späteren hingegen sind weniger einheitlich, da die einzelnen verses größere Eigenständigkeit erhalten. Es ist bekannt, wie stark Purcell französischen und italienischen Komponisten verpflichtet war. Dies, verbunden mit der Beherrschung der englischen Idiomatik, ist es, was ihn zu einem der größten europäischen Komponisten seiner Zeit macht. »Let mine eyes run down with tears« geht weit über die gebräuchliche Art der Dissonanzbehandlung hinaus, wie sie bei anderen Barockkomponisten mit Blick auf den im Text enthaltenen Affekt vor ihm angewandt wurde. »Rejoice in the Lord always« vereinigt die Form des englischen Verse Anthems mit »a little of the ›French‹ Air to give it somewhat more gaiety« (Vorw. zu The Vocal and Instrumental Musick of The Prophetess or The History of Dioclesian, L. 1691) und dem instrumentalen Glanz der »most fam'd Italian masters« (Vorw. zu den Sonatas of III Parts, L. 1683). Unter den 55 Verse Anthems finden sich 27 Orchester-Anthems.

Zu den weniger bedeutenden Komponisten gehören einige von Purcells Kollegen an der Chapel Royal: Child (dessen bedeutendste Werke aus der Zeit vor der Restauration stammen), J. Clarke, W. Croft, W. Turner (1651-1740), J. Weldon und M. Wise. Andere bekleideten Stellen in London und an Kathedralen und Kapellen in der Provinz: H. Aldrich, R. Creighton, Chr. Gibbons, John Goldwin, Henry Hall (ca. 1655-1707), James Hawkins (ca. 1662-1729), D. Purcell, Benjamin Rogers (1614-1696), D. Roseingrave und Th. Tudway. Der Tod Karls II. 1685 bedeutete das Ende einer Ära. Die folgenden 150 Jahre in der Geschichte des Anthems waren, von wenigen herausragenden Ausnahmen abgesehen, durch Mittelmäßigkeit geprägt.

e. 18. Jahrhundert

Händel komponierte verhältnismäßig wenig für die anglikanische Liturgie. Aus seiner Verbindung zu James Brydges, Duke of Chandos, in dessen Hause er als Komponist arbeitete (1717-1719), entstanden elf Orchester-Anthems für die Kapelle des Herzogs. Diese dienten als Vorbilder für Händels spätere Coronation und Chapel Royal Anthems. Händel beherrschte das englische Konzertleben so vollkommen (bis weit in die zweite Hälfte des 18. Jh. hinein), daß die Bedeutung seiner beiden englischen Zeitgenossen William Boyce und Maurice Greene leicht unterschätzt wird. In den kantatenähnlichen Strukturen seiner Verse Anthems (deren verses meist für eine Solostimme vertont sind) spiegelt sich Greenes Interesse an der Oper wider. Von den 44 Verse Anthems sind 23 Gelegenheitsstücke mit Orchesterbegleitung; bei 22 der 44 Werke handelt es sich um solistische Verse Anthems. »Lord, let me know mine end« ist seine herausragendste Komposition. Boyce, Greenes Schüler, gilt allgemein als das Haupt der englischen Komponisten der Händelzeit. Elf seiner etwa 60 Anthems sind Full Anthems. Seine wichtigsten Beiträge zu dieser Gattung sind in Verse-Form komponiert, von denen »O where shall wisdom be found« ein eindrucksvolles Beispiel ist. Weitere Anthem-Komponisten zur Zeit Händels sind W. Hayes, Th. Kelway, Thomas Kempton, James Kent, James Knares und John Travers. Aus dieser Zeit ragen Jonathan Battishill, Thomas Attwood und Samuel Wesley heraus. Von Battishills etwa zehn Anthems ist das siebenstimmige Full Anthem »O Lord, look down« das bedeutendste. Der Mozartschüler Attwood hat 18 Anthems hinterlassen, von denen die einfacheren, wie das vierstimmige Full Anthem »Turn thy face from my sins«, die wirkungsvollsten sind. S. Wesley komponierte mehr als 25 anthemähnliche Stücke. Keines von ihnen ist mit den besten seiner lateinischen Kompositionen zu vergleichen, von denen das ausgedehnte »Exultate Deo« ein schönes Beispiel gibt (hiervon ist eine englische Fassung überliefert: »Sing aloud with gladness«, in: The Treasury of English Church Music, Bd. 4, 1965, S. 29-51).

Von weniger bekannten Komponisten verdient das Wunderkind William Crotch (1775-1847) erwähnt zu werden. Seine Anthems geringeren Umfangs sind, wie auch diejenigen Attwoods, die gelungensten (z.B. »My God, my God look upon me« und »How dear are thy counsels«). Andere Anthem-Komponisten dieser Periode sind S. Arnold, John Clarke-Whitfeld (1770-1836), B. Cooke, R. Cooke, Th. S. Dupuis, Thomas Ebdon (1738-1816), Ph. Hayes, W. Jackson (1730-1803), Th. Norris, S. Webbe (1740-1816) und Ch. Wesley.

Bis etwa zum letzten Jahrzehnt des 18. Jh. waren die Anthems, die während der täglichen Gottesdienste mit Chorgesang vorgetragen wurden, Originalkompositionen und ausnahmslos das Werk englischer Komponisten. Ab 1790 verbreitete sich die Praxis, Chöre und Arien aus Oratorien englischer oder ausländischer Komponisten als Anthems aufzuführen, eine Praxis, die auch noch Ende des 20. Jh. gelegentlich zu beobachten ist.

f. Die viktorianische Ära (ca. 1830 – ca. 1890) und 20. Jahrhundert

Während der ersten Hälfte des 19. Jh. wurde viel versucht (z.B. durch das Oxford movement, 1834), um den niedrigen Standard zu verbessern, auf den die Kathedralmusik abgesunken war. Zu den Initiatoren gehören Maria Hackett (1783-1874) und S. Seb. Wesley, der sich als führender Komponist seiner Zeit hauptsächlich der Kirchenmusik widmete. Seine Begeisterung für die gerade wiederentdeckte Musik Bachs offenbart sich in einer deutlich dissonanten Kontrapunktkunst (s. »Let us lift up our heart«). Seine Musik spiegelt außerdem ein lebhaftes Interesse an Mozart (z.B. »Thou wilt keep him in perfect peace«), Spohr (»Wash me throughly«) und Mendelssohn (»Love one another« aus »Blessed be the God and Father«) wider. Wesleys charakteristische Orgelbegleitungen zeugen von der Entwicklung der mechanischen Registertraktur zur Erleichterung des orchestralen Klangfarbenwechsels und von der Verfügbarkeit von Pedalen (vor etwa 1820 fehlten sie bei den meisten britischen Orgeln). Von den etwa 35 übrigen Anthems sind zwei Drittel Verse Anthems.

Zeitgenossen Wesleys, die erwähnt werden sollten, sind Jos. Barnby, W. St. Bennett (1816-1875), J. B. Dykes, G. Elvey, George Mursell Garrett (1834-1897), H. J. Gauntlett, J. Goss, E. J. Hopkins, G. A. Macfarren, Edwin George Monk (1819-1900), William Henry Monk (1823-1889), R. L. Pearsall, Fr. G. Ouseley, H. Th. Smart, R. Pr. Stewart, J. Turle und Th. A. Walmisley.

Charles Villiers Stanford war in der Zeit der sog. Zweiten englischen Renaissance zweifelsohne der bedeutendste Schöpfer von Kathedralmusik. Er leistete seinen Beitrag in zweifacher Hinsicht, als Lehrer und als Komponist. Seine Bewunderung für Brahms gab ihm Einsicht in thematische und tonale Entwicklungsprozesse, wie sie keiner seiner englischen Vorgänger gehabt hatte. Er vermittelte diese Eindrücke einer beachtlichen Anzahl von Schülern, darunter G. Holst, H. N. Howells, J. N. Ireland, R. Vaughan Williams und Ch. Wood. Kompositorisch wirkten sich diese Erkenntnisse insbesondere in einer Folge von Canticumvertonungen für den Morgen- und Abendgottesdienst aus, die heute den Grundstock des Chorrepertoires bilden (verwiesen werden soll z.B. auf das kraftvolle »Ye choirs of New Jerusalem« und die lyrische Vertonng des 23. Psalms »The Lord is my shepherd«). Keines der ungefähr 20 englischen Anthems reicht jedoch an die Größe der drei unbegleiteten Motetten »Justorum animae«, »Coelos ascendit« und »Beati quorum via« heran.

Von Stanfords Zeitgenossen sind Elgar, Ch. H. N. Parry, John Stainer (1840-1901) und A. S. Sullivan besonders zu nennen, außerdem eine Zahl kleinerer Komponisten wie Fr. Bridge, A. Gray, Ch. H. Lloyd und George Martin (1849-1916).

Viele der an Kathedralen wirkenden Organisten und Chorleiter des frühen 20. Jh. komponierten Anthems. Selbst die bedeutenderen dieser Werke aber zeugen kaum von den ungeheuren Veränderungen, die sich zu dieser Zeit im Bereich der weltlichen Musik vollzogen. Die wichtigsten Repräsentanten sind E. C. Bairstow, E. L. Bainton, W. Harris, B. Harwood, S. H. Nicholson, Th. T. Noble, M. E. F. Shaw, Healey Willian (1880-1968) und Ch. Wood. Es ist vielleicht kein Zufall, daß die unvergängliche Musik dieser Periode aus der Feder von Komponisten stammt, die selbst keine professionellen Kirchenmusiker waren. Ihr quantitativ geringer Beitrag wird durch die Qualität vollkommen aufgewogen. H. N. Howells näherte sich der Kathedralmusik am stärksten an. Wie Stanford wurde er besonders durch die Vertonung der täglichen Cantica angeregt. Unter den rund 15 veröffentlichten Anthems finden sich einige Kostbarkeiten: Die beiden begleiteten Anthems »O pray for the peace of Jerusalem« und »Here is the little door« künden in ihrer stillen Art von einer profunden Kenntnis der Möglichkeiten der Orgel als Begleitinstrument. Howells' Stil, wie er sich etwa in »A spotless rose« zeigt, ist eine sehr englische Mischung aus modalem Kontrapunkt, französischem Impressionismus und Nostalgie in der Art Elgars. Seine herausragenden Anthem-Kompositionen stellen einen wirklich eigenständigen Beitrag zum Repertoire der englischen Kathedralmusik dar. Von seinen Zeitgenossen, die gleichfalls keine Organisten waren, sind zu erwähnen: L. Berkeley, Britten, G. Holst, J. Ireland, K. Leighton, E. Rubbra, W. Walton und Vaughan Williams. Anthems wie »O taste and see« und »O clap your hands« zeigen Vaughan Williams' Begabung für einfache, aber originelle Musik und lassen bedauern, daß die Kirche nicht mehr Aufträge an ihn vergab; dies gilt auch für Walton und Britten. Aufgrund seiner Erfahrungen als Chorknabe an der Christ Church in Oxford gelang es Walton, sehr wirkungsvolle und dramatische Musik für Kathedralchöre zu schreiben, wofür sein Chichester-Service ein hervorragender Beleg ist. Doch können nur »Set me as a seal« für Chor a cappella und eine Vertonung mit Begleitung von W. H. Audens The Twelve als wirkliche Anthems angesehen werden. Bezeichnenderweise entspricht keine von Brittens fünf anthemähnlichen Kompositionen der traditionellen Konzeption des anglikanischen Anthem: Die Stücke »A Hymn to the Virgin«, »A Hymn to St. Cecilia«, »Rejoice in the Lamb«, »Hymn to St. Peter« und »A Hymn to St. Columba« enthalten allesamt ungebräuchliche Texte und sind sowohl zu umfangreich als auch zu anspruchsvoll für den liturgischen Gebrauch. Brittens Antiphon und A Wedding Anthem »Amo ergo sum« zeigen, daß die anglikanische Kirche auch hier die Gelegenheit versäumt hat, sein Genie für die Kompositionen kürzerer und einfacherer Anthems zu nutzen.

Seit den 1950er Jahren hat sich das Niveau der Chöre vieler englischer Kathedralen und Kapellen erheblich verbessert. Vielleicht ist es der neue Professionalismus, der deutlich mehr englische Komponisten dazu angeregt hat, wenigstens etwas zum Anthem-Repertoire beizusteuern. Von der Komponistengeneration der Mitte des 20. Jh. komponierten insbesondere P. M. Davies, J. L. Gardner, A. Hoddinott, J. Joubert, Bryan Kelley (*1934), John McCabe (*1939), Nicholas Maw (*1935), Alan Ridout (*1934), M. Tippett, Graham Whettam (*1927), M. Williamson und Peter Wishart (*1921) Anthems.

PETER LE HURAY †
ÜBS.: BIRGIT KLOSE

8. Das 19. und 20. Jahrhundert

Der Stildualismus, der die Entwicklung der Motette in den zentralen Ländern im 17. und 18. Jh. beherrscht hat, verschärft sich im 19. Jh. erheblich und führt zum endgültigen Auseinanderbrechen von geistlicher Gebrauchsmusik und weltlicher Hochkunst. Der großen Orchester-Motette, die bisher mit der Entwicklung der herrschenden Instrumentalmusik Verbindung behalten hatte, wird mit der wachsenden Säkularisierung, dem allgemeinen Verfall der Kirchenmusik, der Verarmung und Auflösung der mäzenatischen Fürstenhöfe und Klöster der Nährboden entzogen. Der Palestrinastil wird im Zeichen der Reformideen von Herder bis zu Thibaut, Winterfeld und dem katholischen Cäcilianismus, im Zeichen der gegenwartsfeindlichen Teilströmungen der Romantik und im Zeichen des Historismus endgültig und unumschränkt zum Idealstil einer weniger liturgisch als unverbindlich ›geistlichen‹ Musik. Sein theoretischer Ausschließlichkeitsanspruch führt zur weitgehenden Aufhebung konfessioneller und regionaler Stilunterschiede; seine mit Verordnungen geregelte Durchsetzung zum unlösbaren Konflikt mit der lebendigen musikalischen Entwicklung, die nun endgültig zur immer schnelleren und differenzierteren Entwicklung eines reinen Instrumentalstils wird; seine geforderte Unwandelbarkeit zur Starre geschichtsloser Gebrauchskunst.

Am konsequentesten werden die theoretischen Forderungen in der a cappella-Motette des katholischen Cäcilianismus erfüllt, die gegen die katholische Orchester-Motette und gegen den Landmessenstil zugleich Front macht (J. C. Ett, K. Proske, Johann Michael Sailer, Fr. X. Witt, Fr. X. Haberl u.a.). Dagegen stehen in der protestantischen Motette der Palestrinastil und der homophone Liedstil des späten 18. Jh. noch oft nebeneinander (C. von Winterfeld), und neben a cappella-Motetten im vermeintlichen Palestrinastil stehen größere orgelbegleitete Werke und an Bach orientierte Orchester-Motetten. Während in Berlin eine relativ strenge Palestrina-Nachfolge entsteht (A. E. Grell, B. J. Klein, M. Brosig), knüpfen mitteldeutsche Komponisten an die nie ganz erloschene Leipziger Bach-Tradition an (Joh. G. Schicht, Chr. G. Tag, Chr. E. und Chr. Th. Weinlig, E. Fr. Richter, Wilh. Rust, M. Hauptmann; zum historistischen Motettenbegriff dieser Schule vgl. Rochlitz in: AmZ 20, 1818, Sp. 601-612). In Italien beginnen am Anfang des Jahrhunderts ähnliche Reformversuche, die sich allerdings eher auf die Pflege des Überlieferten als auf die Neukomposition im Palestrinastil konzentrieren (Capella Sistina); ähnlich bemühen sich in Frankreich die *Société de musique vocale religieuse et classique* (1843), später die Chanteurs de St. Gervais (1892) und die Schola Cantorum (1896) vor allem um die Belebung der Tradition, während die schöpferischen Kräfte die Motette kaum pflegen (Gounod, d'Indy, Saint-Saëns, Franck). In England knüpft eine lebhaftere Anthem-Komposition mit teilweise historischem Einschlag an die ununterbrochene Pflege des älteren Anthems an; neue Musikgeschichte (*Musical Antiquarian Society*, *Motet Society*) und verlegerische Initiative (Novello) halten das Interesse an der Anthemkunst des 16. und 17. Jh. wach. Daneben wird der Einfluß der Wiener Klassik vorübergehend im Orchester-Anthem spürbar (Attwood); er wird bald abgelöst durch eine allgemeine Mendelssohn-Nachfolge.

Bedeutender als die Bemühungen um möglichst strenge Stilkopien sind vor allem in Deutschland die Versuche, die Motette mit den Stilmitteln der eigenen Zeit zu erneuern; daß keiner dieser Versuche ganz ohne archaisierende Züge auskommt, zeigt, wie allgemein die Motette im 19. Jh. als schon historische Gattung verstanden wird. Am leichtesten gelingt die Verschmelzung von Traditionselementen und eigenem Stil in der weltlichen Motette, die zum ersten Mal seit dem 16. Jh. einen gewissen Aufschwung erlebt, und in der geistlichen, aber nicht liturgisch gebundenen Motettenkomposition, wie in Schumanns symphonischem op. 93, bei Cornelius, in der grüblerischen, an Schütz und Bach anknüpfenden Bekenntnismusik von Brahms (op. 29, 74, 109, 110), in Italien bei Verdi; nach der Jahrhundert-Wende in dekorativer Klangkunst bei Strauss (op. 62) und in massivem chromatisiertem Kontrapunkt bei Reger (op. 110, 138a a cappella; op. 21, 71, 106, 112, 119, 144). Stärker an die Liturgie und weniger an den Palestrinastil gebunden als die Werke der Cäcilianer sind die Motetten Bruckners; ihnen zur Seite stehen die wenigen hierher gehörenden Werke Liszts. Neben der eigentlichen Motettenkunst blüht bis in die Nachromantik des 20. Jh. außerdem das große romantische Chorwerk mit weltlichem oder geistlichem Text, meist für Soli, Chor und großes Orchester, formal zwischen Motette und Kantate stehend (W. Baußnern, M. Bruch, H. Kaun, Fr. Klose, Pfitzner u. a.).

Wie im 19. Jh. aus dem primär musikalischen Geist der Palestrina-Renaissance, so erlebt in Deutschland die Motette im 20. Jh. aus dem primär liturgischen Geist der gottesdienstlichen Erneuerungsbewegung des Protestantismus eine Wiederbelebung; steht dort das überkonfessionell-ästhetische Erlebnis im Vordergrund, so hier das konfessionell-liturgische; ist dort Palestrina das allgemein anerkannte Vorbild, so hier, im Zeichen des fortschreitenden Historismus und der einander ablösenden Renaissancen, Schütz. Wie zur Schützzeit stehen Spruch- und Evangelienmotette im Vordergrund (bahnbrechend A. L. Mendelssohn; nach ihm Distler, E. Pepping, K. Thomas, S. Reda, H. Bornefeld, Joh. Driessler und viele andere); daneben blüht eine weniger anspruchsvolle Gebrauchsmusik. Aus dem 19. Jh. wirkt das a cappella-Ideal nach. Gegenüber dieser Entwicklung tritt die Motettenkomposition im katholischen Bereich zurück; ihre bedeutendsten Vertreter sind von der protestantischen Erneuerungsbewegung z.T. erheblich beeinflußt (Joh. N. David, J. Joh. Ahrens, H. Schröder). Im Zeichen der konfessionellen Reformbewegung wird die Bezeichnung Motette, im Gegensatz zum Sprachgebrauch des 19. Jh., wieder allgemein der geistlichen Chormusik vorbehalten. Jenseits der Konfessionen steht das zahlenmäßig kleine, in esoterischer Diatonik neue Wege suchende Motettenwerk H. Kaminskis. Die spätromantische Bekenntniskunst von Reger und Brahms lebt verwandelt weiter in der geistlichen und weltlichen Motettenkunst Schönbergs und seiner Schule (Křenek, Webern), die die Motette mit den radikalen musikalischen Mitteln der eigenen Zeit zu erneuern suchen.

Außerhalb Deutschlands, wo vergleichbare liturgische Bewegungen ganz fehlen, bleibt die Motette im Schatten der Instrumentalmusik und führt die Traditionen des 19. Jh. mit den eigenen zeitgegebenen Mitteln weiter. Die Grenzen zwischen Motette und Kantate sind dabei, wie im 19. Jh., oft fließend. In Italien findet der Cäcilianismus in nationaler, weicherer Deutung meist nur lokal bedeutsame Pflege (R. Casimiri); das Beispiel Verdis wird in Motette und Oratorium nicht befolgt. Wie im 19. Jh. steht eher die Pflege des Überlieferten als die Schaffung neuer Werke im Vordergrund. Erst die Schönbergschule hat bedeutendere Beispiele neuer Motettenkunst hervorgebracht (Dallapiccola). In Frankreich haben seit Debussy, Schmitt, G. Pierné und A. Roussel Chanson und Chorlied bescheidene Beachtung gefunden; die Motette ist daneben bedeutungslos. In England, dem Land der großen Chorvereinigungen und Chorfeste, stehen Oratorium und Kantate im Vordergrund, die Motette spielt nur eine untergeordnete Rolle (um 1900 Fr. Delius, Sir Granville Bantock; später G. Holst, E. W. Elgar, R. Vaughan Williams, B. Britten).

ARNO FORCHERT
(LUDWIG FINSCHER)

VI. Literaturverzeichnis

Zu I.-III.

EDMOND DE COUSSEMAKER, L'Art harmonique au XIIe et XIIIe siècles, P. 1865 ▪ G. RAYNAUD, Recueil de motets français des XIIe et XIIIe siècles, 2 Bde., ebd. 1881-1883 ▪ E. SCHWAN, Die Geschichte des mehrst. Gesanges und seiner Formen in der frz. Poesie des 12. und 13. Jh., Verhandl. der achtunddreißigsten Versammlung dt. Philologen und Schulmänner in Gießen vom 30. Sept. bis 3. Okt. 1885, Lpz. 1886, 121-128 ▪ W. MEYER, Der Ursprung des Motetts: Vorläufige Bemerkungen, in: Nachrichten von der königl. Gesell. der Wissenschaften zu Göttingen, Philologisch-hist. Klasse, 1898, Bd. 2, Gtg. 1898, 113-145 ▪ FR. LUDWIG, Stud. über die Geschichte der mehrst. Musik im MA. II: Die 50 Beispiele Coussemaker's aus der Hs. von Montpellier, in: Sammelbde. der Internat. Musikgesell. V, 1903/04, 177-224 ▪ DERS., Stud. über die Geschichte der mehrst. Musik im MA. III: Über die Entstehung und die erste Entwickl. der lat. und der frz. Motette in mus. Beziehung, in: dass. VII, 1905/06, 514-528 ▪ DERS., Stud. über die Geschichte der mehrst. Musik im MA. I: Die mehrst. Musik der ältesten Epoche im Dienste der Liturgie, in: KmJb 19, 1905, 1-6 ▪ A. STIMMING, Die altfrz. Motette der Bamberger Hs. nebst einem Anhang, enthaltend altfrz. Motette aus anderen dt. Hss., mit Anmerkungen und Glossar, Dresden 1906 ▪ FR. LUDWIG, Die mehrst. Werke der Hs. Engelberg 314, in: KmJb 21, 1908, 48-61 ▪ DERS., Repertorium organorum recentioris et motetorum vetustissimi stili, Bd. I: Catalogue raisonné der Quellen, Abt. 1: Hss. in Quadratnotation, Halle 1910 ▪ DERS., Die Quellen der Motetten ältesten Stils, in: AfMw 5, 1923, 185-222 und 273-315 ▪ J. HANDSCHIN, Über den Ursprung der Motette, in: Kgr.Ber. Basel 1924, Lpz. 1925, 189-200 ▪ H. BESSELER, Stud. zur Musik des MA. II: Die Motette von Franko von Köln bis Philipp von Vitry, in: AfMw 8, 1926, 137-258 ▪ FR. GENNRICH, Trouvèrelieder und Motettenrepertoire, in: ZfMw 9, 1926, 8-39 und 65-85 ▪ J. HANDSCHIN, Angelomontana polyphonica, in: SJbMw 3, 1928, 64-96 ▪ M. BUKOFZER, The First Motet with English Words, in: ML 17, 1936, 225-233 ▪ H. HUSMANN, Die Motetten der Madrider Hs. und deren geschichtl. Stellung, in: AfMf 2, 1937, 173-184 ▪ G. KUHLMANN, Die zweist. frz. Motetten des Kodex Montpellier, Faculté de Médecine H 196, in ihrer Bedeutung für die Musikgesch. des 13. Jh., Wzbg. 1938 ▪ H. NATHAN, The Function of Text in French 13th-Century Motets, in: MQ 28, 1942, 445-462 ▪ H. TISCHLER, The Motet in Thirteenth-Century France, Diss. Yale Univ. 1942 ▪ DERS., English Traits in the Early 13th-Century Motet, in: MQ 30, 1944, 458-476 ▪ WILH. KASPERS, Brumans est mors, in: Mf 2, 1949, 177-180 ▪ K. J. LEVY, New Material on the Early Motet in England: A Report on Princeton Garrett 119, in: JAMS 4, 1951, 220-239 ▪ R. H. HOPPIN, The Motets of the Early Fifteenth-Century Manuscript J.II.9 in the Biblioteca Nazionale of Turin, Diss. Harvard Univ. 1952 ▪ A. AUDA, Les »Motets Wallons« du manuscrit de Turin: Vari 42, 2 Bde., Woluwé-St. Pierre 1953 ▪ M. JOHNSON, The Motets of the Codex Ivrea, Diss. Indiana Univ. 1955 ▪ L. SCHRADE, Unknown Motets in a Recovered Thirteenth Century Manuscript, in: Speculum 30, 1955, 393-412 ▪ G. REICHERT, Das Verhältnis zwischen mus. und textl. Struktur in den Motetten Machauts, in: AfMw 13, 1956, 197-216 ▪ H. TISCHLER, The Evolution of the Harmonic Style in the Notre-Dame Motet, in: AMl 28, 1956, 87-95 ▪ FR. GENNRICH, Bibliogr. der ältesten frz. und lat. Motetten, Dst. 1957 (= Summa musicae medii aevi 2) ▪ R. H. HOPPIN, A Fifteenth-Century ›Christmas Oratorio‹, in: Fs. A. Th. Davison, Cambridge/Mass. 1957, 41-49 ▪ BR. TROWELL, A Fourteenth-Century Ceremonial Motet and its Composer, in: AMl 29, 1957, 65-75 ▪ U. GÜNTHER, The 14th-Century Motet and its Development, in: MD 12, 1958, 27-58 ▪ W. APEL, Remarks about the Isorhythmic Motet, in: Les Colloques de Wégimont II-1955: L'Ars Nova, P. 1959, 139-148 (= Bibliothèque de la Faculté de Philosophie et Lettres de l'Université de Liège 149) ▪ R. DAMMANN, Geschichte der Begriffsbestimmung Motette, in: AfMw 16, 1959, 337-377 ▪ H. TISCHLER, The Evolution of Form in the Earliest Motets, in: AMl 31, 1959, 86-90 ▪ G. BIRKNER, Motetus und Motette, in: AfMw 18, 1961, 637-669 ▪ L. FINSCHER, Art. Motette, in: MGG (1961) ▪ U. GÜNTHER, Das Wort-Ton-Problem bei Motetten des späten 14. Jh., in: Fs. H. Besseler, hrsg. vom Institut für Mw. der Karl-Marx-Universität Leipzig, Lpz. 1961, 163-178 ▪ S. E. BROWN, The Motets of Ciconia, Dunstable and Dufay, Diss. Indiana Univ. 1962 ▪ G. REICHERT, Wechselbeziehungen zwischen mus. und textl. Struktur in der Motetten des 13. Jh., in: Fs. J. Handschin, hrsg. von H. Anglès u. a., Straßburg 1962, 151-169 ▪ H. TISCHLER, Classicism and Romanticism in Thirteenth-Century Music, in: RB 16, 1962, 3-12 ▪ H. H. EGGEBRECHT, Machauts Motette Nr. 9, in: AfMw 20, 1963, 281-293 und AfMw 25, 1968, 173-195 ▪ D. HARBINSON, Imitation in the Early Motet, in: ML 45, 1964, 359-368 ▪ E. H. SANDERS, Peripheral Polyphony of the Thirteenth Century, in: JAMS 17, 1964, 261-287 ▪ D. HARBINSON, Isorhythmic Technique in the Early Motet, in: ML 47, 1966, 100-109 ▪ F. MATHIASSEN, The Style of the Early Motet (c. 1200-1250): An Investigation of the Old Corpus of the Montpellier Manuscript, Kphn. 1966 (= Studies og publikationer fra Musikvidenskabeligt Institut Aarhus Universitet 1) ▪ A. HUGHES, The Old Hall Manuscript A Re-Appraisal, in: MD 21, 1967, 97-129 ▪ E. H. SANDERS, The Question of Perotin's Oeuvre and Dates, in: Fs. W. Wiora, hrsg. von L. Finscher und Chr.-H. Mahling, Kassel 1967, 241-249 ▪ E. THURSTON, A Comparison of the St. Victor Clausulae with their Motets, in: Fs. G. Reese, hrsg. von J. LaRue, L. 1967, 785-802 ▪ H. TISCHLER, Some Rhythmic Features in Early 13th-Century Motets, in: RB 21, 1967, 107-117 ▪ G. A. ANDERSON, A New Look at an Old Motet, in: ML 49, 1968, 18-20 ▪ DERS., Notre Dame Bilingual

Motets: A Study in the History of Music, 1215-1245, in: Miscellanea Musicologica 3, 1968, 50-144 ▪ F. A. GALLO, Da un codice italiano di motetti del primo Trecento, in: Quadrivium 9, 1968, 25-35 ▪ E. STAM, Het Utrechtse Fragment van een Zeeuws-Vlaamse markt-roepen-motetus, in: TVNM 21, 1968, 25-36 ▪ H. TISCHLER, Intellectual Trends in 13th-Century Paris as Reflected in the Texts of Motets, in: MR 29, 1968, 1-11 ▪ G. A. ANDERSON, A Small Collection of Notre Dame Motets, c. 1215-1235, in: JAMS 22, 1969, 157-169 ▪ DERS., Clausulae or Transcribed Motets in the Florence Manuscript?, in: AMl 42, 1970, 109-128 ▪ E. APFEL, Anlage und Struktur der Motetten im Codex Montpellier, Hdbg. 1970 (= Annales Universitatis Saraviensis, Reihe: Philosophische Fakultät) ▪ G. CLARKSON, On the Nature of Medieval Song: The Declamation of Plainchant and the Lyric Structure of the Fourteenth-Century Motet, Diss. Columbia Univ. 1970 ▪ KL. HOFMANN, Zur Entstehungs- und Frühgeschichte des Terminus Motette, in: AMl 42, 1970, 138-150 ▪ J. STENZL, Eine unbekannte Sanctus-Motette vom Ende des 13. Jh., in: dass. 42, 1970, 128-138 ▪ G. A. ANDERSON, Notre Dame Latin Double Motets ca. 1215-1250, in: MD 25, 1971, 35-92 ▪ A. BLACHLY, The Motets of Philippe de Vitry, Master's Thesis Columbia Univ. 1971 ▪ D. HARBINSON, The Hocket Motets in the Old Corpus of the Montpellier Motet Manuscript, in: MD 25, 1971, 99-112 ▪ KL. HOFMANN, Untersuch. zur Kompositionstechnik der Motette im 13. Jh., durchgeführt an den Motetten mit dem Tenor »In seculum«, Neuhausen 1972 (= Tübinger Beitr. zur Mw. 2) ▪ H. KÜHN, Die Harmonik der Ars nova: Zur Theorie der isorhythmischen Motette, Mn. 1973 (= Berliner mw. Arbeiten 5) ▪ E. H. SANDERS, The Medieval Motet, in: Fs. L. Schrade, hrsg. von W. Arlt u. a., Bern 1973, 497-573 ▪ G. A. ANDERSON, A Unique Notre Dame Motet Tenor Relationship, in: ML 55, 1974, 398-409 ▪ F. A. GALLO, Marchettus in Padua und die ›franco-venetische‹ Musik des frühen Trecento, in: AfMw 31, 1974, 42-56 ▪ R. A. PELINSKI, Zusammenklang und Aufbau in den Motetten Machauts, in: Mf 28, 1975, 62-71 ▪ E. H. SANDERS, The Early Motets of Philippe de Vitry, in: JAMS 28, 1975, 24-45 ▪ A. ZIINO, Una ignota testimonianza sulla diffusione del motetto in Italia durante il XIV secolo, in: RIDM 10, 1975, 20-31 ▪ G. A. ANDERSON, Responsory Chants in the Tenors of Some Fourteenth-Century Continental Motets, in: JAMS 29, 1976, 119-126 ▪ W. ELDERS, Humanism and Early Renaissance Music: A Study of the Ceremonial Music by Ciconia and Dufay, in: TVNM 27, 1977, 65-101 ▪ H. TISCHLER, Latin Texts in the Early Motet Collections: Relationships and Perspectives, in: MD 31, 1977, 31-44 ▪ A. WERNLI, La percettibilità delle strutture isoritmiche: Osservazioni sui mottetti di Guillaume de Machaut, in: Studi musicali 6, 1977, 13-25 ▪ J. H. COOK, Manuscript Transmission of Thirteenth-Century Motets, Diss. Univ. of Texas at Austin 1978 ▪ P. M. LEFFERTS, The Motet in England in the Fourteenth Century, in: Current Musicology 28, 1979, 55-75 ▪ P. L. P. NORWOOD, A Study of the Provenance and French Motets in Bamberg, Staatsbibliothek Lit. 115, Diss. Univ. of Texas at Austin 1979 ▪ E. H. SANDERS, Art. Motet. I. Medieval, in: NGroveD ▪ N. E. SMITH, From Clausula to Motet: Material for Further Studies in the Origin and Early History of the Motet, in: MD 34, 1980, 29-65 ▪ M. BENT, Rota versatilis: Towards a Reconstruction, in: Fs. Th. Dart, hrsg. von I. Bent, L. 1981, 65-98 ▪ P. M. LEFFERTS, Two English Motets on Simon de Montfort, in: EMH 1, 1981, 203-225 ▪ D. LEECH-WILKINSON, Compositional Procedure in the Four-Part Isorhythmic Works of Philippe de Vitry and his Contemporaries, Diss. Cambridge Univ. 1982 ▪ H. TISCHLER, The Earliest Motets (to circa 1270): A Complete Comparative Edition, 3 Bde., New Haven 1982 ▪ BR. TROWELL/A. WATHEY, John Benet's ›Lux fulget ex Anglia - O pater pietatis - Salve Thoma‹: The Reconstruction of a Fragmentary Fifteenth-Century Motet in Honour of St. Thomas Cantilupe, in: Fs. St. Thomas Cantilupe, Bishop of Hereford, hrsg. von M. Jancey, Hereford 1982, 159-180 ▪ B. J. EVANS, The Unity of Text and Music in the Late Thirteenth-Century French Motet: A Study of Selected Works from the Montpellier Manuscript, Diss. Univ. of Pennsylvania 1983 ▪ D. LEECH-WILKINSON, Related Motets from Fourteenth-Century France, in: PRMA 109, 1983, 1-22 ▪ H. TISCHLER, Pérotin and the Creation of the Motet, in: MR 44, 1983, 1-7 ▪ R. FLOTZINGER, ›De Stephani roseo sanguine‹: Vom Quadruplum zur einst. Motette, in: Mf 37, 1984, 177-191 ▪ C. GÓMEZ, Une Version à cinq voix du motet Apollinis eclipsatur/Zodiacum signis dans le manuscrit E-Bcen 853, in: MD 39, 1985, 5-44 ▪ W. ARLT, ›Triginta denariis‹: Musik und Text in einer Motette des Roman de Fauvel über dem Tenor Victimae paschali laudes, in: Fs. G. Anderson, hrsg. von R. Jacobsson, Stockholm 1986, 97-113 (= Acta Universitatis Stockholmiensis, Studia Latina Stockholmiensia 29) ▪ P. LEFFERTS, The Motet in England in the Fourteenth Century, Ann Arbor/Mich. 1986 (= Studies in Musicology 94) ▪ J. LÓPEZ-CALO, El motete de Gormaz-Burgos: Una nueva aportación al Ars nova en España, in: Revista de Musicología 9, 1986, 545-556 ▪ D. PESCE, The Significance of Text in Thirteenth-Century Latin Motets, in: AMl 58, 1986, 91-117 ▪ J. CIMMING, Concord out of Discord: Occasional Motets of the Early Quattrocento, Diss. Univ. of California at Berkeley 1987 ▪ W. FROBENIUS, Zum genetischen Verhältnis zwischen Note-Dame-Klauseln und ihren Motetten, in: AfMw 44, 1987, 1-39 ▪ SY. HUOT, Transformations of Lyric Voice in the Songs, Motets and Plays of Adam de la Halle, in: Romanic Review 78, 1987, 148-164 ▪ D. PESCE, A Revised View of the Thirteenth-Century Latin Double Motet, in: JAMS 40, 1987, 405-442 ▪ M. EVERIST, The Rondeau Motet: Paris and Artois in the Thirteenth Century, in: ML 69, 1988, 1-22 ▪ TH. GÖLLNER, Zwei späte ars antiqua-Motetten, Fs. Capella antiqua München, hrsg. von Th. Drescher, Tutzing 1988, 189-198 ▪ CHR. PAGE, The Performance of Ars Antiqua Motets, in: EM 16, 1988, 147-164 ▪ D. F. SCOTT, The Three- and Four-Voice Monotextual Motets of the Notre-Dame

School, Diss. Univ. of California at Los Angeles 1988 ▪ M. WOLINSKI, The Montpellier Codex: Its Compilation, Notation, and Implications for the Chronology of the Thirteenth-Century Motet, Diss. Brandeis Univ. 1988 ▪ SY. HUOT, Polyphonic Poetry: The Old French Motet and its Literary Context, in: French Forum 14, 1989, 261-278 ▪ K. MARKSTROM, Machaut and the Wild Beast, in: AMl 61, 1989, 12-39 ▪ CHR. PAGE, The Owl and the Nightingale: Musical Life and Ideas in France, 1100-1300, L. 1989 ▪ N. SMITH, The Earliest Motets: Music and Words, in: Journal of the RMA 114, 1989, 141-163 ▪ H. VAN DER WERF, Integrated Directory of the Organa, Clausulae and Motets of the Thirteenth Century, Rochester/N.Y. 1989 ▪ W. ARLT, Repertoirefragen ›peripherer‹ Mehrstimmigkeit: Das Beispiel des Codex Engelberg 314, in: Kgr.Ber. IMS Bologna 1987, Bd. 1, Turin 1990, 97-125 ▪ R. BALTZER, Aspects of Trope in the Earliest Motets for the Assumption of the Virgin, in: Current Musicology 45-47, 1990, 5-42 (= Fs. E. H. Sanders) ▪ M. BENT/D. HOWLETT, ›Subtiliter alternare‹: The Yoxford Motet O amicus/Precursoris, in: dass, 43-84 ▪ B. J. EVANS, The Textual Function of a Refrain Cento in a Thirteenth-Century French Motet, in: ML 71, 1990, 187-197 ▪ S. FULLER, Modal Tenors and Tonal Orientation in Motets of Guillaume de Machaut, in: Current Musicology 45-47, 1990, 199-245 (= Fs. E. H. Sanders) ▪ C. GÓMEZ, Zur Einordnung der anonym. Motette O dira nacio/Mens in nequicia/[Alleluia], F-Pn 23190/4, in: SJbMw 10, 1990, 33-42 ▪ M. BENT, Deception, Exegesis and Sounding Number in Machaut's Motet 15, in: EMH 10, 1991, 15-27 ▪ K. BROWNLEE, Machaut's Motet 15 and the Roman de la Rose: The Literary Context of Amours qui a le pouoir/Faus samblant m'a deceü/Vidi dominum, in: dass., 1-14 ▪ R. NOSOW, The Equal-Discantus Motet Style after Ciconia, in: MD 45, 1991, 221-275 ▪ CH. TURNER, Proportion and Form in the Continental Isorhythmic Motet, c. 1385-1450, in: Music Analysis 10, 1991, 89-124 ▪ J. M. ALLSEN, Style and Intertextuality in the Isorhythmic Motet, 1400-1440, Diss. Univ. of Wisconsin, Madison 1992 ▪ M. BENT, The Fourteenth-Century Italian Motet, in: Kgr.Ber. Certaldo 1984, Certaldo 1992, 85-125 ▪ P. M. LEFFERTS, Text and Context in the Fourteenth-Century English Motet, in: dass., 169-192 ▪ R. NOSOW, The Florid and Equal-Discantus Motet Styles of Fifteenth-Century Italy, Diss. Univ. of North Carolina, Chapel Hill 1992 ▪ H. SCHNEIDER (Hrsg.), Die Motette: Beiträge zu ihrer Gattungsgesch., Mz. 1992 (= Neue Studien zur Mw. 5) ▪ A. WATHEY, The Marriage of Edward III and the Transmission of French Motets to England, in: JAMS 45, 1992, 1-29 ▪ M. BENT (Hrsg.), Texto y música en el motete medieval, in: Kgr.Ber. Madrid 1992, Revista de Musicología 16, 1993, H. 3, 1535-1567 ▪ J. BOOGAART, »Love's Unstable Balance«, in: Muziek & Wetenschap 3, 1993, 3-23 und 24-33 ▪ K. KÜGLE, The Manuscript Ivrea, Biblioteca capitolare 115. Studies in the Transmission and Composition of Ars Nova Polyphony, Diss. New York Univ. 1993 ▪ CHR. PAGE, Discarding Images:
Reflections on Music and Culture in Medieval France, Oxd. 1993 ▪ A. WATHEY, The Motets of Philippe de Vitry and the Fourteenth-Century Renaissance, in: EMH 12, 1993, 119-150 ▪ S. HUOT, »Patience in Adversity: The Courtly Lover and Job in Machaut's Motets 2 and 3«, Medium Aevum 63, 1994, 222-38 ▪ M. EVERIST, French Motets in the Thirteenth Century: Music, Poetry and Genre, Cambridge 1994 ▪ M. BENT, Some Aspects of the Motets in the Cyprus Manuscript, in: Kgr.Ber. Paphos 1992, Neuhausen 1995, 357-375 (= Musicological Studies and Documents 45) ▪ D. PESCE (Hrsg.), Hearing the Motet. Essays on the Motet of the Middle Ages and Renaissance, N.Y./Oxd. 1997 ▪ M. ATCHISON, »Bien me sui aperceu: Monophonic chanson and motetus«, in Plainsong & Medieval Music 4, 1995, 1-12 ▪ CHR. BERGER, »...a li ne doit on nule autre comparer«: Musik und Text in der Motette des 13. Jahrhunderts am Beispiel der Motette Lonc/Aucun/ANNUNTIANTES von Petrus de Cruce«, in Studien zur Musikgeschichte. Fs. L. Finscher, hrsg. A. Laubenthal, Kassel 1995, 49-57 ▪ K. BROWNLEE, »Polyphonie et intertextualité dans les motets 8 et 4 de Guillaume de Machaut«, in: L'hostellerie de pensée: études sur l'art littéraire au Moyen Age offertes à Daniel Poirion, hrsg. M. Zink u. a., P. 1995, 97-104 ▪ A. W. ROBERTSON, »Remembering the Annunciation in medieval polyphony«, in: Speculum 70, 1995, 275-304 ▪ H. VAN DER WERF, The Chronology of Motet and Discant Passages and the Origin of Modal Notation, Armidale 1995 ▪ D. PIROZZINI, »Motetti del primo Trecento in laudari di area Toscana«, in: Studi Musicali 24, 1995, 161-83 ▪ A. V. CLARK, Concordare cum materia: The Tenor in the Fourteenth-Century Motet, Diss. Princeton Univ. 1996 ▪ S. A. KIDWELL, »Elaboration through exhortation: Troping motets for the Common of Martyrs«, in: Plainsong & Medieval Music 5, 1996, 153-73 ▪ V. NEWES, Early Fourteenth-Century Motets with Middle-Voice Tenors: Interconnections, Modal Identity, and Tonal Coherence, in: Modality in the Music of the Fourteenth and Fifteenth Centuries/ Modalität in der Musik des 14. und 15. Jh., hrsg. von U. Günther/L. Finscher/J. Dean, Neuhausen 1996, 31-52 (= MSD 49) ▪ H. RISTORY, Die Motette »Ave Regina celorum/ Mater innoncencie/Ite Missa est« des Marchetus von Padua und ihre mensuraltheoretische Entsprechung, in: Musica e storia 4, 1996, 103-19 ▪ W. THOMAS, »The medieval motet-chanson: Case-studies and definition«, The Maynooth International Musicological Conference 1995: Selected proceedings, Bd. 2 = Irish musical studies 5, 1996, 49-64 ▪ N. COPLESTONE-CROW, »Philippe de Vitry and the Development of the Early Fourteenth-Century Motet«, Phil. Diss. Univ. of Southampton 1997 ▪ S. FAST, »God, desire, and musical narrative in the isorhythmic motet«, Canadian university music review/Revue de musique des universités canadiennes 18, 1997, 19-37 ▪ W. DÖMLING, »Simultane Mehrtextigkeit in der Motette der Ars antiqua: Text und Verständlichkeit«, in: Perspektiven einer Geschichte abendländischen Musikhörens, hrsg. W. Grat-

zer (= Schriften zur musikalischen Hermeneutik 7), Laaber 1997, 111–20 ▪ B. HAGGH, »Motets and Marian worship in the 14th century: Brussels, Algemeen Rijksarchief, Archief Sint-Goedele, 5170«, Yearbook of the Alamire Foundation 2, 1997, 53–66 ▪ S. HUOT, Allegorical play in the old French motet: The sacred and the profane in thirteenth-century polyphony, Stanford 1997 ▪ CHRISTOPHER PAGE, »An English motet the 14th century in performance: Two contemporary images«, in: EM 25, 1997, 7–32 ▪ J. A. PERAINO, »Et pui conmencha a canter: Refrains, motets, and melody in the thirteenth-century narrative Renart le nouvel«, in: Plainsong & Medieval Music 6, 1997, 1–16 ▪ M. BENT, »Early papal motets«, in: Papal music and musicians in late Medieval and Renaissance Rome, hrsg. R. Sherr, Oxd. 1998, 5–43 ▪ DIES., »Fauvel and Marigny: Which came first?«, in Fauvel Studies, Oxd. 1998, 35–52 ▪ E. A. R. BROWN, »Rex ionnes, ioians, iolis: Louis X, Philip V, and the Livres de Fauvel«, in: ebda., 53–72 ▪ A. V. CLARK, »The Flowering of Charnalité and the Marriage of Fauvel«, in: ebd., 175–86 ▪ E. DILLON, »The Profile of Philip V in the Music of Fauvel«, in: ebd., 215–32 ▪ F. J. CARVALHAES DUARTE, »Entre o som e o artefato: Um moteto isorítmico do Roman de Fauvel«, Anais do XI encontro anual da ANPPOM, Campinas 1998, 115–118 ▪ H. GRÜSS, »Text- und texturale Momente in Motetten des Codex Bamberg«, in Musik als Text. Kgr. Ber. Freiburg/Br. 1993, hrsg. H. Danuser und Tobias Plebuch, Bd. 2, Kassel 1998, 247–53 ▪ G. R. HOEKSTRA, »The French motet as trope: Multiple levels of meaning in Quant floristi la violete/El mois de mai/Et gaudebit«, in: Speculum 73, 1998, 32–57 ▪ P. MEMELSDORFF, »Motti a motti: Reflections on a motet intabulation of the early Quattrocento«, in: Recercare 10, 1998, 39–68 ▪ B. SCHMID, »Die Motette bis in das frühe 15. Jahrhundert«, in: Messe und Motette, hrsg. H. Leuchtmann/S. Mauser (= Hdb. der mus. Gattungen 9), Laaber 1998, 15–57 ▪ A. WATHEY, »Myth and mythography in the motets of Philippe de Vitry«, in: Musica e storia 6, 1998, 81–106 ▪ A. V. CLARK, »New tenor sources for fourteenth-century motets«, in: Plainsong & Medieval Music 8, 1999, 107–131 ▪ M. L. GÖLLNER, »Rhythm and pattern: The two-voice motets of Codex Montpellier«, in: Viator 30, 1999, 145–63 ▪ CHR. PAGE, »Around the performance of a 13th-century motet«, in: EM 28, 2000, 343–57 ▪ J. BOOGAART, »O series summe rata«: De motetten van Guillaume de Machaut«. Diss. Utrecht 2000 ▪ JACQUES BOOGAART, »Encompassing past and present: Quotations and their function in Machaut's motets«, in: EM 20, 2001, 1–86 ▪ TH. BROWN, »Another Mirror of Lovers? Order, Structure and Allusion in Machaut's Motets«, in: Plainsong & Medieval Music 10, 2001, 121–33.

Zu IV
a. Überblicksdarstellungen H. LEICHTENTRITT, Gesch. der Motette, Lpz. 1908 (= Kleine Hdb. der Musikgesch. nach Gattungen 2) ▪ A. OREL, Einige Grundformen der Motettkomposition im XV. Jh., in: StMw 7, 1920, 48-101 ▪ W. STEPHAN, Die burgundisch-niederländ. Motette zur Zeit Ockeghems, Würzburg/Aumühle 1937 ▪ L. FINSCHER, Art. Motette, in: MGG (1961) ▪ L. L. PERKINS, Art. Motet. ∫ II. Renaissance, in: NGroveD ▪ W. BOETTICHER, Gesch. der Motette, Dst. 1989 (= Erträge der Forschung 268) ▪ L. FINSCHER/A. LAUBENTHAL, »Cantiones quae vulgo motectae vocantur«. Arten der Motette im 15. und 16. Jh., in: L. Finscher (Hrsg.), Die Musik des 15. und 16. Jh., Laaber 1990, 277-370 (= NHdb 3, 2) ▪ H. HUCKE, Was ist eine Motette?, in: H. Schneider (Hrsg.), Die Motette. Beitr. zu ihrer Gattungsgesch., Mz. 1992, 9–17 (= Neue Stud. zur Musikwiss. 5) ▪ H. LEUCHTMANN/S. MAUSER (Hrsg.), Messe u. Motette, Laaber 1998 (= Hdb. d. mus. Gattungen 9).

b. Einzeldarstellungen J. NEYSES, Stud. zur Gesch. der dt. Motette des XVI. Jh., Diss. Bonn 1927 (mschr.) ▪ O. STRUNK, Some Motet-Types of the Sixteenth Century, in: Ders., Essays on Music in Western World, N.Y. 1974, 108-113 (zuerst 1944) ▪ R. DAMMANN, Spätformen der isorhythm. Motette im 16. Jh., in: AfMw 10, 1953, 16-40 ▪ W. APEL, Remarks about the Isorhythmic Motet, in: S. Clercx-Lejeune (Hrsg.), L'Ars Nova. Recueil d'études sur la musique du XIVe siècle, P. 1959, 139-148 (= Les Colloques du Wégimont II, 1955; zugleich als Bibliothèque de la Faculté de Philosophie et Lettres de l'Université de Liège 149) ▪ R. DAMMANN, Gesch. der Begriffsbestimmung ›Motette‹, in: AfMw 16, 1959, 337-377 ▪ G. BIRKNER, Motetus und Motette, in: dass. 18, 1961, 183-194 ▪ E. R. LERNER, Some Motet Interpolations in the Catholic Mass, in: JAMS 14, 1961, 24-30 ▪ L. FINSCHER, Zur Cantus-firmus-Behandlung in der Psalm-Motette der Josquin-Zeit, in: W. Brennecke/H. Haase (Hrsg.), Fs. H. Albrecht, Kassel/Basel 1962, 55-62 ▪ E. H. SPARKS, Cantus firmus in Mass and Motet 1420-1520, Berkeley, Los Angeles 1963 ▪ E. E. LOWINSKY, Secret Cromatic Art in the Netherlands Motet, N.Y. ²1967 ▪ Th. NOBLITT, The Ambrosian Motetti Missales Repertory, in: MD 22, 1968, 77-103 ▪ W. KIRSCH, Musica Dei donum optimi. Zu einigen weltl. Motetten des 16. Jh., in: U. Aarburg/P. Cahn (Hrsg.), Fs. H. Osthoff, Tutzing 1969, 105-128 ▪ R. J. SNOW, The Mass-Motet Cycle: A Mid-Fifteenth-Century Experiment, in: G. Reese/R. J. Snow (Hrsg.), Fs. Dr. Plamenac, Pittsburgh 1969, 301-320 ▪ A. DUNNING, Die Staatsmotette 1480-1555, Utrecht 1970 ▪ R. HAMMERSTEIN, Über das gleichzeitige Erklingen mehrerer Texte, in: AfMw 27, 1970, 257-286 ▪ W. DEHNHARD, Die dt. Psalmmotette in der Reformationszeit, Wbdn. 1971 (= Neue Musikgeschichtl. Forschungen 6) ▪ J. ČERNÝ, Die mehrtextige Motette des 14. und 15. Jh. in Böhmen, in: Kgr.Ber. Brno 1970, Brno 1972, 71-88 ▪ R. L. COLIE, The Resources of Kind. Genre Theory in the Renaissance, hrsg. von B. Kiefer Lewalski, Berkeley 1973 (= Una's Lectures 1) ▪ L. E. CUYLER, The Imperial Motet: Barometer of Relations between Church and

State (dazu: L. Lockwood, Music in the High Renaissance and the Reformation), in: Ch. Trinkaus/H. A. Oberman (Hrsg.), The Pursuit of Holiness in Late Medieval and Renaissance Religion. Papers from the University of Michigan Conference, Leiden 1974, 483-496, 502 (= Studies in Medieval and Reformation Thought 10) ▪ L. FINSCHER, Zum Verhältnis von Imitationstechnik und Textbehandlung im Zeitalter Josquins, in: Ders. (Hrsg.), Fs. H. Osthoff, Tutzing 1979, 57-72 (= Frankf. Beitr. zur Mw. 11) ▪ E. NOWACKI, The Latin Psalm Motet 1500-1535, in: dass., 159-184 ▪ A. M. CUMMINGS, Toward an Interpretation of the Sixteenth-Century Motet, in: JAMS 34, 1981, 43-59 ▪ P. MACEY, Savonarola and the Sixteenth-Century Motet, in: dass. 36, 1983, 422-452 ▪ L. H. WARD, The Motetti Missales Repertory Reconsidered, in: dass. 39, 1986, 491-523 ▪ J. E. CUMMING, Concord out of Discord. Occasional Motets of the Early Quattrocento, Diss. Univ. of California, Berkeley 1987 ▪ M. Y. FROMSON, Imitation and Innovation in the North-Italian Motet, 1560-1605, Diss. Univ. of Pennsylvania 1988 ▪ Y.-H. HUR, Conflicting Attributions in the Continental Motet Repertory from ca. 1500 to 1550, Diss. Univ. of New York 1990 ▪ Th. BROTHERS, Vestiges of the Isorhythmic Tradition in Mass and Motet, ca. 1450-1475, in: JAMS 44, 1991, 1-56 ▪ L. P. MCDOWELL, Death in the Renaissance. Musical Symbols and Styles in Commemorative Motets, 1460-1539, Diss. Florida State Univ. 1991 ▪ Ch. TURNER, Proportion and Form in the Continental Isorhythmic Motet, c. 1385-1450, in: Music Analysis 10, 1991, 89-124 ▪ J. M. ALLSEN, Style and Intertextuality in the Isorhythmic Motet, 1400-1440, Diss. Univ. of Wisconsin, Madison 1992 ▪ M. J. BLOXAM, ›La contenance italienne‹: The Motets on Beata es Maria by Compère, Obrecht und Brumel, in: EMH 11, 1992, 39-89 ▪ H. FEDERHOFER, Harmonik in den Motetten der Trienter Kodices, in: AfMw 49, 1992, 200-206 ▪ M. FROMSON, A Conjunction of Rhetoric and Music: Structural Modelling in the Italian Counter-Reformation Motet, in: Journal of the RMA 117, 1992, 208-246 ▪ R. HAMMERSTEIN, Imaginäres Gesamtkunstwerk. Die niederländ. Bildmotetten des 16. Jh., in: H. Schneider (Hrsg.), Die Motette. Beitr. zu ihrer Gattungsgesch., Mz. 1992, 165-203 (= Neue Stud. zur Musikwiss. 5) ▪ KL. HORTSCHANSKY, Andacht, Anschauung und Ausdruck in der Motette des spä ten 15. Jh., in: dass., 41-74 ▪ R. L. NOSOW, The Florid and Equal-Discantus Motet Styles of Fifteenth-Century Italy, Diss. Univ. of North Carolina 1992 ▪ R. STROHM, The Rise of European Music, 1380-1500, Cambridge 1993 ▪ TH. CHR. SCHMIDT, »Carmina gratulatoria« - Humanistische Dichtung in der Staatsmotette des 15. Jh., in: AfMw 51, 1994, 83-109 ▪ L. FINSCHER, ›auss sunderem Lust zu den überschönen worten‹. Zur Psalmkomposition bei Josquin Desprez und seinen Zeitgenossen, in: H. Boockmann u.a (Hrsg.), Literatur, Musik und Kunst im Übergang vom MA. zur Neuzeit. Bericht über Kolloquien der Kommission zur Erforschung der Kultur des Spätma. 1989 bis 1992, Gtg. 1995, 246-261 (= Abh. der Akad. der Wiss. in Gtg. Phil-Histor. Klasse, Dritte Folge, 208) ▪ M. FROMSON, The Sixteenth-Century Motet: an Update on Published Catalogues and Indexes in Progress, in: Notes 52, 1995, 45-54 ▪ W. KREBS, Die lat. Evangelien-Motette des 16. Jh. Repertoire, Quellenlage, mus. Rhetorik und Symbolik, Tutzing 1995 (= Frankf. Beiträge zur Mw. 25) ▪ L. FINSCHER, Von Josquin zu Willaert - ein Paradigmenwechsel, in: H.-W. Heister (Hrsg.), Fs. G. Knepler, Bd. 1, Hbg. 1997, 145-173 ▪ D. PESCE (Hrsg.), Hearing the Motet. Essays on the Motet of the Middle Ages and Renaissance, N.Y./Oxd. 1997 ▪ L. LÜTTEKEN, ›Autobiographische Musik‹? - Kompositorische Selbstdarstellung in der Motette des 14. und 15. Jh., in: DVfLg 74, 2000, 3-26.

c. Untersuchungen zu einzelnen Komponisten E. E. LOWINSKY, Das Antwerpener Motettenbuch Orlando di Lassos und seine Beziehungen zum Motettenschaffen der niederl. Zeitgenossen, o.O. [Den Haag] o.J. [1937] ▪ J. SHINE, The Motets of Jean Mouton, Diss. N.Y. Univ. 1953 ▪ J. A. MATTFELD, Cantus Firmus in the Liturgical Motets of Josquin des Prez, Diss. Yale Univ. 1959 ▪ M. JUST, Stud. zu Heinrich Isaacs Motetten, 2 Bde., Diss. Tbg. 1960 ▪ H. W. KAUFMANN, The Motets of Nicola Vicentino, in: MD 15, 1961, 167-185 ▪ J. MATTFELD, Some Relationships between Texts and Cantus Firmi in the Liturgical Motets of Josquin des Prez, in: JAMS 14, 1961, 159-183 ▪ E. B. WARREN, Robert Fayrfax. Motets and Settings of the Magnificat, in: MD 15, 1961, 113-143 ▪ S. E. BROWN JR., The Motets of Ciconia, Dunstable and Dufay, Diss. Univ. of Indiana 1962 ▪ A. MAIN, Maximilian's Second-Hand Funeral Motet, in: MQ 48, 1962, 173-189 ▪ R. L. PARKER, The Motets of Adam Rener, c. 1485-1520, Diss. Austin/Texas 1963 ▪ R. DAMMANN, Die Domweihmotette »Nuper rosarum flores« von Guillaume Dufay, in: W. Braunfels, Der Dom von Florenz, Olten 1964, 71-85 (= Reihe Kulturgesch. 1); Wiederabdr. in: H. Poos (Hrsg.), Chormusik und Analyse. Beitr. zur Formanalyse und Interpret. mehrst. Vokalmusik, 2 Bde., Mz. 1983, Bd. 1, 43-66 ▪ L. L. PERKINS, The Motets of Jean Lhéritier, Diss. Yale Univ. 1965 ▪ K. VELLEKOOP, Zusammenhänge zwischen Text und Zahl in der Kompositionsart Jacob Obrechts: Analyse der Motette ›Parce domini‹, in: TVNM 20, 1966, 97-119 ▪ N. BÖKER-HEIL, Die Motetten von Philippe Verdelot, Diss. Ffm. 1967 ▪ Ch. HAMM, The Motets of Lionel Power, in: H. Powers (Hrsg.), Fs. O. Strunk, Princeton/N.J. 1968, 127-136 ▪ K. E. MIXTER, Isorhythmic Design in the Motets of Johannes Brassart, in: Fs. Gl. Haydon, Chapel Hill 1969, 179-189 ▪ E. STAM, Die vierundzwanzigst. kanonische Psalmmotette Qui habitat in auditorio altissimi von Josquin des Prez, in: TVNM 22, 1971, 1-17 ▪ M. E. NAGLE, The Structural Role of the Cantus Firmus in the Motets of Jacob Obrecht, Diss. Univ. of Michigan 1972 ▪ P. CARPENTER, Tonal Coherence in a Motet of Dufay, in: JMT 17, 1973, 2-65 ▪ G. E. NUGENT, The Jacquet Motets and their Authors, Diss. Princeton Univ. 1973 ▪ Ch. WARREN, Brunelleschi's Dome and Dufay's Motet, in: MQ 59, 1973, 92-105 ▪ W. ELDERS, Humanism and Early-Renaissance Music. A Study of the Ceremonial Music by Ciconia and Dufay, in: TVNM 27, 1977, 65-101 ▪ W. KIRSCH, Die Motetten des Andreas de Silva. Stud. zur Gesch. der Motette im 16. Jh., Tutzing 1977 (= Frankf. Beitr. zur Mw. 2) ▪ B. TROWELL, Proportion in the Music of Dunstable, in: PRMA 105, 1978/79, 100-141 ▪ S. A. FUNKHOUSER, Heinrich Isaac and Number Symbolism. An Exegesis of Commemorative Motets, Dedicated to Lorenzo de' Medici and Maximilian I., Diss. Univ. of Missoury 1981 ▪ J. KERMAN, The Masses and Motets of William Byrd, L. 1981 (= The Music of William Byrd 1) ▪ J. RAHN, Ockeghem's Three-Section Motet ›Salve Regina‹. Problems in Coordinating Pitch and Time Constructs, in: Music Theory Spectrum 3, 1981, 117-131 ▪ R. ROSS, Toward a Theory of Tonal Coherence. The Motets of Jacob Obrecht, in: MQ 67, 1981, 143-164 ▪ M. JUST, Zur Kanontechnik in Adrian Willaerts Motetten, in: H. Dechant/W. Sieber (Hrsg.), Fs. H. Beck, Laaber 1982, 19-32 ▪ L. FINSCHER, Josquin Desprez, ›Dominus regnavit‹ (Psalm 92), in: H. Poos (Hrsg.), Chormusik und Analyse. Beitr. zur Formanalyse und Interpr. mehrst. Vokalmusik, 2 Bde., Mz. 1983, Bd. 1, 67-75 ▪ R. B. LENAERTS, Philippus de Monte als Motettenkomponist, in: KmJb 66, 1984, 49-58 ▪ M. S. LEWIS, Zarlino's Theories of Text Underlay as Illustrated in his Motet Book of 1549, in: Notes 42, 1985, 239-267 ▪ P. P. MACEY, Josquin's ›Miserere mei Deus‹. Context, Structure, and Influence, 2 Bde., Diss. Berkeley 1985 ▪ J. NOBLE, The Function of Josquin's Motets, in: TVNM 35, 1985, 9-31 ▪ KL. HORTSCHANSKY, Dunstables ›Veni sancte spiritus-Veni creator‹. Zur Frage der Konstruktionsprinzipien, in: G. Allroggen/D. Altenburg (Hrsg.), Fs. A. Forchert, Kassel u. a. 1986, 9-26 ▪ P. LUDWIG, Stud. zum Motettenschaffen der Schüler Palestrinas, Rgsbg. 1986 (= Kölner Beitr. zur Musikforsch. 143) ▪ D. ARNOLD, Andrea Gabrieli and the New Motet Style, in: Kgr.Ber. Vdg. 1985, Flz. 1987, 193-213 (= Studi di musica veneta 11) ▪ J. ROCHE, Liturgical Aspects of the Motets of Andrea Gabrieli Published in 1565 and 1576, in: dass., 215-229 ▪ J. VAN BENTHEM, A Waif, a Wedding and a Worshipped Child. Josquin's ›Ut phebi radiis‹ and the Order of the Golden Fleece, in: TVNM 37, 1987, 64-81 ▪ A. E. PLANCHART, Guillaume Du Fay's Benefices and his Relationship to the Court of Burgundy, in: EMH 8, 1988, 117-171 ▪ K. BERGER, The Martyrdom of St. Sebastian: the Function of Accidental Inflections in Dufay's ›O beate Sebastiane‹, in: EM 17, 1989, 342-357 ▪ M. JUST, Josquins Vertonungen der Genealogien nach Matthäus und Lukas. Textgestalt und mus. Struktur, in: Kgr.Ber. GfM Münster 1987, Kassel u. a. 1989, 87-105 (= Mw. Arbeiten 28) ▪ A. M. CUMMINGS, The Transmission of some Josquin Motets, in: Journal of the RMA 115, 1990, 1-32 ▪ J. C. GRIESHEIMER, The Antiphon, Responsory and Psalm Motets of Ludwig Senfl, Diss. Indiana Univ. 1990 ▪ R. HEYINK, Die Passionsmotette von Antoine de Longueval. Herkunft, Zuschreibung und Überlieferung, in: AfMw 47, 1990, 217-244 ▪ M. JUST, Josquins Chansons ›Nymphes, napées‹ als Bearbeitung des Invitatoriums ›Circumdederunt me‹ als Grundlage für Kontrafaktur, Zitat und Nachahmung, in: Mf 43, 1990, 305-335 ▪ A. LINDMAYR, Quellenstud. zu den Motetten von Johannes Ockeghem, Laaber 1990 (= Neue Heidelberger Stud. zur Mw. 16) ▪ G. CATTIN, Scelta di testi e cantus firmi del ›Primo libro de motetti‹ di Palestrina, in: Kgr.Ber. Palestrina 1986, Palestrina 1991, 139-153 ▪ J. M. ALLSEN, Intertextuality and Compositional Process in two Cantilena Motets by Hugo de Lantins, in: The Journal of Musicology 11, 1993, 174-202 ▪ L. LÜTTEKEN, Guillaume Dufay und die isorhythmische Motette. Gattungstradition und Werkcharakter an der Schwelle zur Neuzeit, Hbg. / Eisenach 1993 (= Schriften zur Mw. aus Münster 4) ▪ DERS., Textkonstruktionen in den isorhythm. Motetten Guillaume Dufays, in: Revista de musicología 16, 1993, 1559-1564 ▪ CHR. C. JUDD, Aspects of Tonal Coherence in the Motets of Josquin, 2 Bde., Diss. Univ. of London 1994 ▪ M. TERAMOTO, Text und Musik in den Psalmmotetten von Josquin Desprez, in: A. Laubenthal (Hrsg.), Fs. L. Finscher, Kassel u. a. 1995, 100-110 ▪ ST. P. SCHLAGEL, Josquin des Prez and His Motets: A Case Study in 16th-Century Reception History. Diss. Univ. of North Carolina 1996 ▪ M. ROTH, Organisationsformen vielst. Polyph.: Th. Tallis' Motette ›Spem in alium nunquam habem‹ in: Musik u. Ästh. 2, 1998, 5-20 ▪ I. CUMMING, The Motet in the Age of Dufay, N.Y. 1999 ▪ H.-J. WINKLER, Die Tenormotetten von Johannes Regis in der Überlieferung des Chigi-Codex, Vatikanstadt-Turnhout 1999 (= CASCAM 5).

d. Quellenuntersuchungen E. E. LOWINSKY, A Newly Discovered Sixteenth-Century Motet Manuscript at the Biblioteca Vallicelliana in Rome, in: JAMS 3, 1950, 173-232 ▪ F. LL. HARRISON, The Eton Choirbook. Its Background and Contents (Eton College Library Ms. 178), in: AnnMl 1, 1953, 151-175 ▪ M. JUST, Heinrich Isaacs Motetten in ital. Quellen, in: AnMl 1, 1963, 1-19 ▪ G. W. J. DRAKE, The First Printed Books of Motets, Petrucci's Motetti a Numero Trentatre A (Venice, 1502) and Motetti De Passione, De Cruce, De Sacramento, De Beata Virgine et Huiusmodi B (Venice, 1503). A Critical Study and Complete Edition, Diss. Univ. of Illinois 1972 ▪ F. DANGEL-HOFMANN, Der mehrst. Introitus in Quellen des 15. Jh., Wzbg. 1975 (= Würzburger musikhist. Beitr. 3) ▪ R. SHERR, The Papal Chapel ca. 1492-1513 and its Polyphonic Sources, Diss. Princeton Univ. 1975 ▪ B. W. COX, The Motets of MS Bologna, Civico Museo Bibliografico Musicale, Q 15, 2 Bde., Diss. North Texas State Univ. 1977 ▪ L. FINSCHER, Der Medici-Kodex. Geschichte und Edition, in: Mf 30, 1977, 468-481 ▪ M. PICKER, The Motet Anthologies of Andrea Antico, in: E. H. Clinkscale/Cl. Brook (Hrsg.), Fs. M. Bernstein, N.Y. 1977, 211-237 ▪ DERS., The Motet Anthologies of Petrucci and Antico Published between 1514 and 1521: A Comparative Study, in: L. Finscher (Hrsg.), Quellenstud. zur Musik der Renaissance I.

Formen und Probleme der Überlieferung mehrst. Musik im Zeitalter Josquins Desprez, Mn. 1981, 181-199 (= Wolfenbütteler Forschungen 6) ▪ M. TERAMOTO, Die Psalmmotettendrucke des Johannes Petrejus in Nürnberg, Tutzing 1983 (= Frankf. Beitr. zur Mw. 10) ▪ M. P. BRAUNER, The Manuscript Verona, Accademia Filarmonica B218 and its Political Motets, in: Studi Musicali 16, 1987, 3-12 ▪ H. POTTIE, Mattheus Le Maistres Motettenbundel van 1570, in: RB 43, 1989, 197-210 ▪ J. Th. BRABECK, The Motet of the Court of Francis I., Diss. Univ. of Pennsylvania 1991 ▪ H. M. BROWN, Hans Ott, Heinrich Finck and Stoltzer. Early Sixteenth-Century German Motets in Formschneider's Anthologies of 1537 and 1538, in: F. Heidlberger (Hrsg.), Fs. M. Just, Kassel u.a. 1991, 73-84 ▪ J. HEIDRICH, Die dt. Chorbücher aus der Hofkapelle Friedrichs des Weisen. Ein Beitrag zur mitteldt. geistl. Musikpraxis um 1500, Baden-Baden 1993 (= Slg. mw. Abh. 84) ▪ R. BIRKENDORF, Der Codex Pernner. Quellenkundl. Stud. zu einer Musikhs. des frühen 16. Jh. (Rgsbg., Bischöfliche Zentralbibl., Sammlung Proske, Ms. C 120), 3 Bde., Agb. 1994 (= Collectanea Musicologica 6) ▪ R. HEYINK, Der Gonzaga-Kodex Bologna Q 19. Geschichte und Repertoire einer Musikhs. des 16. Jh., Paderborn u.a. 1994 (= Beitr. zur Geschichte der Kirchenmusik 1) ▪ G. CURTIS/A. WATHEY, Fifteenth-Century English Liturgical Music. A List of the Surviving Repertory, in: RMA Research Chronicle 27, 1994, 1-70 ▪ L. LÜTTEKEN, Wege zur Musik. Überlegungen zu Indices oberital. Musikhs. der ersten Hälfte des 15. Jh., in: AnMl 30/1, 1998, 15-40.

Exkurs: Motetti missales K. JEPPESEN, Die 3 Gafurius-Kodizes der Fabbrica del Duomo, Milano, in: AMl 3, 1931, 14-28 ▪ G. CROLL, Gaspar van Weerbeke. An Outline of his Life and Works, in: MD 6, 1952, 67-81 ▪ CL. SARTORI, Il quarto codice di Gaffurio non è del tutto scomparso, in: Collectanea Historiae Musicae I, 1953, 25-44 ▪ G. CROLL, Das Motettenwerk Gaspars van Weerbeke, Diss. Gtg. 1954 (mschr.) ▪ CL. SARTORI, La cappella del Duomo dalle origini a Franchino Gaffurio, in: Storia di Milano 9, Mld. 1961, 723-748 ▪ G. BARBLAN, Vita musicale alla corte Sforzesca, in: dass., 787-852 ▪ TH. L. NOBLITT, The Motetti Missales of the Late Fifteenth Century, Diss. Univ. of Texas at Austin 1963 (mschr.) ▪ E. E. LOWINSKY, Scholarship in the Renaissance: Music, in: Renaissance News 16, 1963, 255-262 (Rezension) ▪ L. FINSCHER, Loyset Compère. Life and Works, American Institute of Musicology 1964 (= MSD 12) ▪ TH. L. NOBLITT, The Ambrosian Motetti Missales Repertory, in: MD 22, 1968, 77-103 ▪ DERS., Das Chorbuch des Nikolaus Leopold (München; Staatsbibliothek, Mus. Ms.3154): Repertorium, in: AfMw 26, 1969, 169-208 ▪ D. E. CRAWFORD, (Rezension der Diss. von Noblitt), in: Current Musicology 10, 1970, 102-108 ▪ CL. A. MILLER, Early Gaffuriana: New Answers to Old Questions, in: MQ 56, 1970, 367-388 ▪ TH. L. NOBLITT, Die Datierung der Hs. Mus.ms.3154

der Staatsbibliothek München, in: Mf 27, 1974, 36-56 ▪ L. FINSCHER, Zum Verhältnis von Imitationstechnik und Textbehandlung im Zeitalter Josquins, in: Ders. (Hrsg.), Renaissance-Studien. Fs. H. Osthoff, Tutzing 1979, 57-72 (= Frankfurter Beitr. zur Mw. 11) ▪ L. H. WARD, The Motetti Missales Repertory Reconsidered, in: JAMS 39, 1986, 491-523 ▪ P. MACEY, Josquin's ›Little‹ Ave Maria: A Misplaced Motet from the Vultum tuum cycle?, in: TVNM 39, 1989, 38-53 ▪ A. LAUBENTHAL, Choralbearbeitung und freie Motette, in: L. Finscher (Hrsg.), Die Musik des 15. und 16. Jh., Laaber 1990, 325-366 (= NHdb 3) ▪ W. F. PRIZER, Music at the Court of the Sforza: The Birth and Death of a Musical Center, in: MD 43, 1989 (erschienen 1991), 141-193 ▪ A. LINDMAYR, Die Gaspar van Weerbeke-Gesamtausgabe. Addenda ed Corrigenda zum Werkverzeichnis, in: De editione musices, Fs. G. Croll, hrsg. von W. Gratzer/A. Lindmayr, Laaber 1992, 51-64 ▪ R. STROHM, The Rise of European Music, 1380-1500, Cambridge 1993 ▪ E. S. WELCH, Sight, Sound and Ceremony in the Chapel of Galeazzo Maria Sforza, in: EMH 12, 1993, 151-190 ▪ L. MATTHEWS/P. A. MERKLEY, Josquin Desprez and his Milanese Patrons, in: The Journal of Musicology 12, 1994, 434-463 ▪ P. MACEY, Galeazzo Maria Sforza and Musical Patronage in Milan: Compère, Weerbeke and Josquin, in: EMH 15, 1996, 147-212 ▪ PAUL A. MERKLEY & LORA L. M. MERKLEY, Music and Patronage in the Sforza Court, Turnhout 1999 (= Studi sulla storia della musica in Lombardia. Collana di testi musicologici. 3).

Exkurs: Motette-Chanson W. STEPHAN, Die burgundisch-niederländische Motette zur Zeit Ockeghems, Kassel 1937; Repr. Kassel u. a. 1973 (= Heidelberger Stud. zur Mw. 6) ▪ G. REESE, Musik in der Renaissance, N.Y. 1954, ²1959 ▪ L. FINSCHER, Loysét Compère (c. 1450-1518). Life and Works, o.O. 1964 (= MSD 12) ▪ M. PICKER, The Chanson Albums of Marguerite of Austria: Mss. 228 and 11239 of the Bibliothèque Royale de Belgique, Brussels, in: Annales Musicologiques 6, 1958-1963 (erschienen 1964), 145-185 ▪ DERS., The Chanson Albums of Marguerite of Austria: Manuscripts 228 and 11239 of the Bibliothèque Royale de Belgique, Bruxelles (Edition und Kommentar), Berkeley/Los Angeles 1965 ▪ M. R. MANIATES, Combinative Chansons in the Dijon Chansonnier, in: JAMS 23, 1970, 228-281 ▪ DIES., Combinative Chansons in the Escorial Chansonnier, in: MD 29, 1975, 61-125 ▪ M. E. COLUMBRO, The Chanson-Motet: A Remnant of the Courtly Love Tradition in the Renaissance, in: Music & Man 1, 1975, 267-276 ▪ J. P. COUCHMAN, The Lorraine Chansonnier: Antoine de Lorraine and the Court of Louis XII., in: MD 34, 1980 (erschienen 1982), 85-158 ▪ HOWARD MAYER BROWN, Josquin and the Fifteenth-Century Chanson, in: Proceedings of the British Academy 71, 1985, 119-158 ▪ G. MOENS-HAENEN (Hrsg.), Muziek aan het hof van Margarethe van Oestenrijk. Music at the Court of Marguerite of Austria, Peer 1987 (= Jaarboek van het Vlaamse Centrum voor Oude Muziek 3) ▪ L. FINSCHER

(Hrsg.), Die Musik des 15. und 16. Jh., Laaber 1990 (= Nhdb 3) ▪ R. STROHM, The Rise of European Music, 1380-1500, Cambridge 1993 ▪ LOUISE LITTERICK, Chansons for Three and Four Voices. Motet-Chansons, in: RICHARD SHERR (Hrsg.), The Josquin Companion, Oxford/New York 2000, 336-340.

Zu V.
a. 17. und 18. Jahrhundert

H. LEICHTENTRITT, Gesch. der Motette, Lpz. 1908 ▪ FR. BLUME, Das monodische Prinzip in der protestantischen Kirchenmusik, Lpz. 1925 ▪ K. G. FELLERER, Der Palestrinastil und seine Bedeutung in der vokalen Kirchenmusik des 18. Jh., Agb. 1929 ▪ H. J. MOSER, Die mehrst. Vertonung des Evangeliums, Lpz. 1931 ▪ A. ADRIO, Die Anfänge des geistl. Konzerts, Bln. 1935 ▪ A. A. ABERT, Die stilistischen Voraussetzungen der »Cantiones sacrae« von Heinrich Schütz, Wfbl./Bln. 1935 ▪ D. ARNOLD, Giovanni Croce and the Concertato Style, in: MQ 39, 1953, 37-48 ▪ R. GÜNTHER, Motette und geistl. Konzert im Schaffen von Alessandro Grandi, Phil. Diss. Bln. 1958 ▪ A. FORCHERT, Das Spätwerk des Michael Praetorius. Ital. und dt. Stilbegegnung, Bln. 1959 ▪ R. DAMMANN, Gesch. der Begriffsbestimmung Motette, in: AfMw 10, 1959, 337-377 ▪ ST. KUNZE, Die Entstehung des Concertoprinzips im Spätwerk Giovanni Gabrielis, in: AfMw 21, 1964, 81-110 ▪ FR. BLUME, Gesch. der evang. Kirchenmusik, Kassel 1965, 127-149 ▪ J. ROCHE, The Duet in Early Seventeenth-Century Italian Church Music, in: PRMA 93, 1966/67, 33-50 ▪ H. E. SMITHER, The Latin Dramatic Dialogue and the Nascent Oratorio, in: JAMS 20, 1967, 403-433 ▪ J. KURTZMAN, The Monteverdi-Vespers and their Relationship with Italian Sacred Music, Diss. Illinois 1972 ▪ M. SEELKOPF, Das geistl. Schaffen von Alessandro Grandi, Phil. Diss. Wzbg. 1973 ▪ H. HÜSCHEN, Die Motette, K. 1974 (= Das Musikwerk 47) ▪ H. HAACK, Anfänge des Generalbaßsatzes. Die »Cento Concerti Ecclesiastici« (1602) von Lodovico Viadana, 2 Bde., Tutzing 1974 ▪ Fr. KRUMMACHER, Textauslegung und Satzstruktur in J. S. Bachs Motetten, in: Bach-Jb 60, 1974, 5-43 ▪ J. KURTZMAN, Giovanni Francesco Capello, an Avant-Gardist of the Early Seventeenth Century, in: MD 31, 1977, 155-182 ▪ C. DAHLHAUS, Über den Motettenbegriff des Michael Praetorius, in: Fs. K. Gudewill, Wfbl./Z. 1978, 7-14 ▪ D. ARNOLD, Giovanni Gabrieli and the Music of the Venetian High Renaissance, L. 1979 ▪ D. ARNOLD, The Solo Motet in Venice (1625-1775), in: PRMA 106, 1979/80, 56-68 ▪ G. DIXON, The Origins of the Roman »Colossal Baroque«, in: dass., 115-128 ▪ J. ROCHE, Art. Motet, §III, 2, Italy, in: NGroveD ▪ J. H. MOORE, Vespers at St. Mark's: Music of Alessandro Grandi, Giovanni Rovetta and Francesco Cavalli, 2 Bde., Ann Arbor 1981 ▪ G. DIXON, Progressive Tendencies in the Roman Motet during the Early Seventeenth Century, in: AMl 53, 1981, 105-119 ▪ J. WHENHAM, Duet and Dialogue in the Age of Monteverdi, Ann Arbor 1982 ▪ J. ROCHE, North Italian Church Music in the Age of Monteverdi, L. 1984 ▪ P. LUDWIG, Stud. zum Motettenschaffen der Schüler Palestrinas, Rgsbg. 1986 ▪ D. ARNOLD, Andrea Gabrieli and the New Motet Style, in: Kgr.Ber. Vdg. 1985, Flz. 1987, 193-213 ▪ W. BOETTICHER, Gesch. der Motette, Dst. 1989 (= Erträge der Forschung 268) ▪ W. STEINBECK, Motettisches und madrigalisches Prinzip in der geistl. Musik der Schütz-Zeit, in: Schütz-Jb. 11, 1989, 5-14 ▪ H. TH. MCELRATH, A Study of the Motets of Ignatio Donati (1575-1638), 2 Bde., Ann Arbor 1990 ▪ G. MASSENKEIL, Zu einigen dialogischen Concerti des frühen 17. Jh., in: Fs. S. Kross, Bonn 1990, 13-19 ▪ H. SCHNEIDER (Hrsg.), Die Motette. Beitr. zu ihrer Gattungsgesch., Mz. 1992 (= Neue Stud. zur Musikwiss. 5) ▪ J. W. SCHMIDT, The »Musicalische Andachten« of Hammerschmidt, 3 Bde., Ann Arbor 1995 ▪ D. R. MELAMED, J. S. Bach and the German Motet, N.Y. 1995 ▪ L. DECOBERT, Henry Du Mont et le grand motet, in: Le concert des muses, P. 1997, 127-152 ▪ J.-P. C. MONTAIGNIER, Chanter Dieu en la Chapelle Royale. Le Grand motet et ces supports Littéraires, in: Revue de musicologie 86, 2000, 217-263

b. 19. und 20 Jahrhundert

W. KIRSCH, A. Bruckners Motetten der Wiener Zeit in: Musik und Altar 11, 1958/59, 56-59 ▪ H. J. MOSER, Vom reformatorischen Gemeindelied zur heutigen Motette, Wfbl. 1961 (= Mus. Formen in hist. Reihen) ▪ G. WITTE, Das Verhältnis von Sprache und Musik in der modernen Motettenkomposition, in: Württembergische Blätter für KM. 31, 1964, 126-143 ▪ A. ADRIO, Das Bibelwort in der neuen Kirchenmusik. Psalm-, Spruch-, Evangelien- und Epistelmotette, in: Gesch. der Ev. KM., hrsg. von Fr. Blume, Kassel u.a. ²1965, 299-309 ▪ A. SCHMITZ, A. Bruckners Motetten Os justi. Eine Erwägung zur Problematik der kirchenmusikalischen Restauration im 19. Jahrhundert, in: Fs. C. Schmitt, hrsg. von H. Barion, Bd. 1, Bln. 1968, 333-343 ▪ M. WHITE, The Motets of Luigi Cherubini, Diss. Univ. of Michigan 1968 ▪ H. AMBROSE, The Anglican Anthems and Roman Catholic Motets of Samuel Wesley (1766-1837), Diss. Boston Univ. 1969, 2 Bde. (mschr.) ▪ G. BEECHEY, Hindemith's Motets, in: MT 114, 1973, 1276-1277 und 1279 ▪ W. EHMANN, Heinrich von Herzogenbergs vier Choral-Motetten op. 102, in: MuK 43, 1973, 238-239; Nachdr. in: Ders., Voce et tuba. Ges. Reden und Aufsätze 1934-1974, hrsg. von D. Berke/Chr. Bensdorff-Engelbrecht/H. Kornemann, Kassel u.a. 1976, 344-346 ▪ J. A. LOW, Analysis and Discussion of Selected Vocal Motets of Anton Bruckner, Diss. Univ. of Arizona 1974 ▪ W. EHMANN, Das Motettenwerk von Schütz, Mendelssohn, Distler und die Restauration, in: Ders., Voce et tuba, hrsg. von D. Berke/Chr. Bensdorff-Engelbrecht/H. Kornemann, Kassel u.a. 1976, 316-343 ▪ G. AULÉN, Sven-Erik Bäcks motetter. En musikalisk teologisk studie, Stockholm 1977 (= Kungl. akademiens skriftserie 18) ▪ CHR. BERNSDORFF-ENGELBRECHT, Gesch. der ev. Kirchenmusik, Bd. 2, Wilhelmshaven 1980 (= Taschenbücher zur Mw. 57) ■ H. POOS, Ernst Peppings Liedmotetten nach Weisen der Böhmischen Brüder I, II, in: MuK 51, 1981, 67-82 und 177-189 ■ E. HORN, Anton Bruckner - Geistliche Motetten: Christus factus est, in: Musica sacra 102/6, 1982, 408-420 ■ DERS., Anton Bruckner - Geistliche Motetten: Ecce sacerdos, in: dass. 103/1, 1983, 46-58 ■ H. POOS, Die Abendmahls-Motette aus dem Passionsbericht des Matthäus von Ernst Pepping, in: Chormusik und Analyse, hrsg. von H. Poos, 2 Bde., Mz. u. a. 1983, Bd. 1, 267-275 (Noten: Bd. 2, 117-152) ■ H. LINDLAR, Igor Strawinskys Chor-Motetten, in: KmJb 67, 1983, 61-64 ■ FR. KRUMMACHER, Symphonie und Motette: Überlegungen zum Deutschen Requiem, in: Kgr.Ber. Kiel 1983, Kassel 1984, 183-200 (= Kieler Schriften zur Mw. 28) ■ W. LUDEMANN, Declamation in the Motets of Hugo Distler, in: South African Journal of Musicology 4, 1984, 55-65 ■ J. BLUME, Joh. Brahms, aus dem 51. Psalm »Schaffe in mir, Gott, ein rein Herz« op. 29 Nr. 2, in: NZfM 1985, 34-36 ■ I. FELLINGER, Zur Situation geistl. Musik in der zweiten Hälfte des 19. Jh., in: Hamburger Jb. zur Mw. 8, Laaber 1985, 223-236 ■ J. BLUME, Mus. rhetorische Elemente in Kurt Hessenbergs Motetten, in: Kurt Hessenberg, Beiträge zu Leben und Werk., hrsg. von P. Cahn, Mz. 1990, 89-104 ■ H.-W. ZIMMERMANN, Kurt Hessenbergs Motette O Herr, mache mich zum Werkzeug deines Friedens op. 37, Nr. 1, in: dass., 41-48 ■ W. WITZENMANN, Echi palestriniani nei motetti di Anton Bruckner, in: Kgr.Ber. Palestrina 1986, Palestrina 1991, 513-525 ■ W. KIRSCH, Zum Motetten-Ideal und zur Josquin-Rezeption im 19. Jh., in: Die Motette. Beiträge zu ihrer Gattungsgeschichte, hrsg. von H. Schneider, Mz. 1992, 283-297 (= Neue Studien zur Mw. 5) ■ R. STEPHAN, Die Motette im 20. Jh., in: dass., 299-305 ■ U. FÄSSLER, Rebellion und Resignation: Brahms' und Regers mus. Auseinandersetzung mit dem Tod, in: Brahms-Studien 9, 1992, 9-21 ■ W. HOFFMANN, Die Motette Christus factus est (1884) von Anton Bruckner. Zur Adaption und Interpretation älterer Kompositionsverfahren im Kirchenmusikschaffen Anton Bruckners, in: KmJb 77, 1993, 135-146 ■ D. BELLER-MCKENNA, The Great Warum! Job, Christ and Bach in a Brahms Motet, in: 19th Century Music 19, 1996, 231-251.

Exkurs: Anthem M. B. FOSTER, Anthems and Anthem Composers, L. 1901 ■ E. H. FELLOWES, English Cathedral Music, L. 1941, rev. ⁵1969 ■ F. LL. HARRISON, Music in Medieval Britain, L. 1958, ²1963 ■ J. J. MCCLOY, The English Anthem of the 16th Century, Diss. Belfast 1958 ■ D. STEVENS, Tudor Church Music, L. 1961 ■ FR. B. ZIMMERMANN, Henry Purcell, 1659-1695: An Analytical Catalogue of his Music, L. 1963 ■ A. HUTCHINGS, Church Music in the Nineteenth Century, L. 1967 ■ P. LE HURAY, Music and the Reformation in England 1549-1660, L. 1967; Cambridge ²1978 ■ A. SMITH, The Practice of Music in English Churches and Cathedrals and at the Court During the Reign of Elizabeth I, Diss. Birmingham 1967 ■ E. ROUTLEY, The Musical Wesleys, L. 1968 ■ A. SMITH, Elizabethan Music at Ludlow: a New Source, in: ML 49, 1968, 108-119 ■ J. MOREHEN, The Sources of English Cathedral Music, 1617-1644, Diss. Cambridge 1969 ■ G. H. CUMMINGS, H. Purcell's Verse Anthems with Orchestra: Background and Structure, Diss. Birmingham 1970 ■ C. DEARNLEY, English Church Music 1650-1750, L. 1970 ■ B. RAINBOW, The Choral Revival in the Anglican Church, L. 1970 ■ E. A. WIENANDT/R. H. YOUNG, The Anthem in England and America, N.Y. 1970 ■ R. E. M. HARDING, A Thematic Catalogue of the Works of Matthew Locke, Oxd. 1971 ■ J. H. BLEZZARD 1972 (s. Ausgaben) ■ A. J. GOODWIN, The Anthems of Maurice Greene, Diss. Bangor 1972 ■ K. R. LONG, Music of the English Church, L. 1972 ■ J. MOREHEN, The English Consort and Verse Anthems, in: EM 6, 1978, 381-385 ■ N. TEMPERLEY, The Music of the English Parish Church, Cambridge 1979 ■ J. APLIN, The Fourth Kind of Faburden: the Identity of an English Four-Part Style, in: ML 61, 1980, 245-263 ■ DERS., The Origins of John Day's »Certain Notes«, in: ML 62, 1981, 295-306 ■ J. WRIGHTSON, The Wanley Manuscripts, Diss. Cambridge 1984 ■ I. PAYNE, The Musical Establishment at Trinity College, Cambridge, 1546-1644, in: Proceedings of the Cambridge Antiquarian Society 74, 1985, 53-69 ■ DERS., Instrumental Music at Trinity College, Cambridge, c. 1594 - c. 1615, in: ML 68, 1987, 128-140 ■ DERS., The Provision and Practice of Sacred Music, c. 1547 - c. 1646, Cambridge 1991 ■ J. MOREHEN, The English Anthem Text, 1549-1660, in: Journal of the RMA 117,1, 1992, 62-85 ■ R. L. HERRISONE, The Revision of Process in William Turner's Anthem ›O praise the Lord‹, in Jounal of the RMA 123, 1998, 1-38 ■ I. SPINK, Restoration Cathedral Music 1660-1714, Oxd. 1995 (= Oxford Studies in British Church Music 3) ■ R. SHAY, Purcell's Revisions to the Funeral Sentences Revisited, in: EM 36, 1998, 457-467.

VII. Bibliothekssiglen und Siglen der Sammeldrucke

Sigle	Bibliothek
A-Gu	Graz, Universitätsbibliothek
A-KR	Kremsmünster, Benediktiner-Stift Kremsmünster
A-LIs	Linz, Bundesstaatliche Studienbibliothek
A-Wn	Wien, Österreichische Nationalbibliothek
B-Br	Brüssel, Bibliothèque Royale Albert 1.er
T-Tc	Tournai, Chapitre de la Cathédrale, Archives
CH-Bu	Basel, Öffentliche Bibliothek der Universität Basel
CH-EN	Engelberg, Kloster
CH-SGs	Sankt Gallen, Stiftsbibliothek
CH-Zz	Zürich, Zentralbibliothek
CZ-VB	Hohenfurt, Knihovna cisterciáckého klástera
D-As	Augsburg, Staats- und Stadtbibliothek
D-B	Berlin, Staatsbibliothek zu Berlin Preußischer Kulturbesitz
D-BAs	Bamberg, Staatsbibliothek
D-DS	Darmstadt, Hessische Landes- und Hochschulbibliothek
D-DÜl	Düsseldorf, Universitäts- und Landesbibliothek
D-Kl	Kassel, Landesbibliothek und Murhardsche Bibliothek der Stadt Kassel
D-LEu	Leipzig, Universitätsbibliotek Biblioteca Albertina
D-Mbs	München, Bayerische Staatsbibliothek
D-Rp	Regensburg, Bischöfliche Zentralbibliothek, Proske-Musikbibliothek
D-W	Wolfenbüttel, Herzog August Bibliothek
D-WR	Weimar
D-Z	Zwickau, Ratsschulbibliothek
DK-Kk	Kopenhagen, Det kongelige Bibliotek Slotsholmen
E-AL	Alquézar, Colegiata
E-Bc	Barcelona, Catedral
E-Boc	Barcelona, Biblioteca Orfeó Catalá
E-BUlh	Burgos, Monasterio de las Huelgas
E-CU	Cuenca, Archivo Capitular de Cuenca
E-GRcr	Granada, Capilla Real
E-H	Huesca, Catedral, Archivo
E-Mn	Madrid, Biblioteca Nacional
E-MO	Montserrat, Monasterio de Montserrat
E-SC	Santiago de Compostela, Catedral Metropolitana
E-Tc	Toledo, Catedral, Archivo y Biblioteca Capítulares
E-V	Valladolid, Catedral
E-VPsm	Villafranca del Panadés, Parroquia de Santa María, Archivo
E-TZ	Tarazona (Zaragoza), Catedral, Archivo Capitular
E-V	Valladolid, Catedral
E-Zp	Zaragoza, Biblioteca Pública
F-AM	Amiens, Bibliothèque municipale
F-APT	Apt, Basilique Sainte-Anne, Trésor
F-CA	Cambrai, Bibliothèque municipale
F-CH	Chantilly, Musée Condé, Bibliothèque
F-LA	Laon, Bibliothèque municipale
F-MOf	Montpellier, Faculté de médecine
F-Pa	Paris, Bibliothèque de l'Arsenal
F-Pim	Paris, Institut de musicologie de l'Université
F-Pn	Paris, Bibliothèque nationale de France
F-Psg	Paris, Bibliothèque Sainte-Geneviève
F-TLm	Toulouse, Bibliothèque municipale
F-TOm	Tours, Bibliothèque municipale
GB-Ccc	Cambridge, Corpus Christi College
GB-Cu	Cambridge, University Library
GB-Lbl	London, The British Library
GB-Llp	London, Lambeth Palace Library
GB-Ob	Oxford, The Bodleian Library
GB-Wrec	Windsor, Eton College Library
HR-Zaa	Zagreb, Hrvatska akademija znanosti i umjetnosti, arhiv
HR-Zah	Zadar, Povijesni arhiv
I-AO	Aosta, Seminario maggiore, Biblioteca
I-Bc	Bologna, Civico Museo Bibliografico Musicale G. B. Martini
I-BV	Benevento, Biblioteca Capitolare
I-Fc	Florenz, Conservatorio di Musica Luigi Cherubini
I-Fl	Florenz, Biblioteca Medicea-Laurenziana
I-Fn	Florenz, Biblioteca Nazional Centrale
I-FZc	Faenza, Biblioteca Comunale
I-IV	Ivrea, Biblioteca Capitolare
I-Mc	Mailand, Conservatorio di Musica Giuseppe Verdi
I-Md	Mailand, Capitolo Metropolitano, Biblioteca e Archivio

I-Ms	Mailand, Biblioteca Teatrale Livia Simoni, Museo Teatrale alla Scala
I-MOd	Modena, Duomo, Biblioteca e Archivio Capitolare
I-Moe	Modena, Biblioteca Estense
I-Nn	Neapel, Biblioteca Nazionale Vittorio Emanuele III
I-PCd	Piacenza, Biblioteca e Archivo Capitolare
I-PS	Pistoia, Biblioteca dell'Archivio Capitolare
I-Ra	Rom, Biblioteca Angelica
I-Rc	Rom, Biblioteca Casanatense
I-Rn	Rom, Biblioteca Nazionale Centrale Vittorio Emanuele II
I-Rsg	Rom, Basilica di S. Giovanni in Laterano, Archivio
I-Rvat	Vatikanstadt, Biblioteca Apostolica Vaticana
I-Tn	Turin, Biblioteca Nazionale Universitaria
I-Tr	Turin, Biblioteca Reale
I-TRbc	Trient, Castello del Buonconsiglio, Biblioteca (heute: Museo provinciale d'Arte)
I-TVd	Treviso, Biblioteca Capitolare della Cattedrale
I-VEcap	Verona, Biblioteca Capitolare
MEX-Pc	Puebla, Catedral, Archivo de Música Sacra
NL-DHmw	Den Haag, Rijksmuseum Meermanno-Westreenianum
NL-L	Leiden, Gemeentearchief
P-Cm	Coimbra, Biblioteca Municipal
PL-Kj	Krakau, Biblioteka Jagiellónska
PL-STk	Stary Sącz, Biblioteka Klasztoru ss. Klarysek
RUS-SPsc	St. Petersburg, Rossijskaja nacional'naja biblioteka
S-Sk	Stockholm, Kungl. biblioteket
UA-Kan	Kiew, Central'na naukova biblioteka im.V. Vernads'koho nacional'noï akademiï nauk Ukraïny
US-Wc	Washington, Library of Congress

Siglen der Sammeldrucke (nach RISM; Kurztitel)

1502^1	Motetti A. numero trentatre. Venedig: Petrucci 1502.
1503^1	Motetti De passione De cruce De sacramento De beata virgine et huiusmodi. Venedig: Petrucci 1503.
1504^1	Motetti C. Venedig: Petrucci 1504.
1504^3	Canti C. No. Cento cinquanta. Venedig: Petrucci 1504.
1506^1	Lamentationum Jeremie prophete liber primus. Venedig: Petrucci 1506.
1508^1	Motetti a cinque libro primo. Venedig: Petrucci 1508.
1520^4	Liber selectarum cantionum quas vulgo Mutetas appellant [...]. Augsburg: Grimm u. Wyrsung 1520.
$[1521]^6$	Motetti canzone libro primo. Rom: Antico? s.d.
1532^6	Sextus liber duas missas habet [...]. Paris: Attaingnant 1532.
1533^3	Melodiae prudentianae et in Virgilium magna ex parte nuper natae [...]. Leipzig: Faber 1533.
1535^1	Liber nonus XVIII. daviticos musicales psalmos habet. Paris: Attaingnant 1534.
1535^2	Liber decimus: Passiones dominice in ramis palmarum veneris sancte [...]. Paris: Attaingnant 1534.
1536^{12}	Ein newgeordnet künstlich Lautenbuch in zwen Theyl getheylt. [...] Nürnberg: Petreius 1536.
1536^{13}	Der ander Theil des Lautenbuchs. [...] Nürnberg: Petreius 1536.
1538^7	Modulationes aliquot quatuor vocum selectissimae, quas vulgo modetas vocant [...]. Nürnberg: Petreius 1538.
1542^6	Tomus tertius psalmorum selectorum quatuor et quinque, et quidam plurium vocum. Nürnberg: Petreius 1542.
1546^6	Liber primus sacrarum cantionum, quinque vocum, vulgo moteta vocant, ex optimis quibusque huius aetatis musicis selectarum. Antwerpen: Susato 1546.
1550^1	Di Adriano et di Jachet. I salmi appertinenti alli vesperi per tutte le feste dell'anno [...]. Venedig: Gardane 1550.

1553[8]	Liber primus ecclesiasticarum cantionum quatuor vocum vulgo moteta vocant [...]. Antwerpen: Susato 1553.	
1583[2]	Harmoniae miscellae cantionum sacrarum [...]. Nürnberg: Gerlach 1583.	
1585[1]	Sacrae cantiones, cum quinque, sex et pluribus vocibus [...]. Nürnberg: Gerlach 1585.	
1588[2]	Continuatio cantionum sacrarum [...]. Nürnberg: Gerlach 1588.	
1590[5]	Corollarium cantionum sacrarum [...]. Nürnberg: Gerlach 1590.	
1592[1]	Missae dominicales quinis vocibus [...]. Mailand: Tini 1592.	
1598[2]	Sacrae symphoniae, diversorum excellentissimum authorum. [...]. Nürnberg: Kaufmann 1598.	
1603[1]	Florilegium selectissimarum cantionum, praestantissimorum aetatis nostrae autorum, 4.5.6.7. & 8. vocum, in illustri Gymnasio Portensi, ante & post cibum sumtum, nunc temporibus usitatarum [...]. Leipzig: Lamberg 1603.	
1611[1]	Promptuarii musici, sacras harmonias sive motetas [...]. Straßburg: Kiefer 1611.	
1612[3]	Promptuarii musici, sacras harmonias sive motetas [...]. Straßburg: Kiefer 1612.	
1613[2]	Promptuarii musici, sacras harmonias sive motetas [...]. Straßburg: Kiefer 1613.	
1617[1]	Promptuarii musici, sacras harmonias V.VI.VII. et VIII. Vocum [...]. Straßburg: Bertram 1617.	
1618[1]	Florilegium Portense, continens CXV. selectissimas cantiones [...]. Leipzig: Lamberg u. Closemann 1618.	
1621[2]	Florilegii Musici Portensis, sacras harmonias sive motetas [...]. Pars altera. Leipzig: Lamberg 1621.	

VIII. Abkürzungen

Abb.	Abbildung
Abh.	Abhandlung
ACV	Allgemeiner Caecilienverband
Adm.	Amsterdam
AfMf	Archiv für Musikforschung
AfMw	Archiv für Musikwissenschaft
Agb.	Augsburg
Akad., akad.	Akademie, akademisch
AMl	Acta musicologica
Anm.	Anmerkung
AnM	Anuario musical
AnMl	Analecta musicologica
AnnMl	Annales musicologiques
Arch.	Archiv
Atpn.	Antwerpen
Ausg.	Ausgabe
BAMS	Bulletin of the American Musicological Society
Bd., Bde., Bdn.	Band, Bände, Bänden
Beitr.	Beitrag, Beiträge
Ber.	Bericht
Bg.	Bogen
Bibl.	Bibliothek, Bibliothèque, Biblioteca
Bibliogr., bibliogr.	Bibliographie, bibliographisch
Bln.	Berlin
Brs.	Brüssel
byz.	byzantinisch
BzMw	Beiträge zur Musikwissenschaft
bzw.	beziehungsweise
Cal.	California
CMM	Corpus mensurabilis musicae
CS	Charles Edmond Henri de Coussemaker (Hrsg.), Scriptorum de Musica Medii Ævi, 4 Bde., P. 1864-1867, Reprint Hdh. 1963.
CSM	Corpus scriptorum de musica
d. Gr.	der Große
d. h.	das heißt
Diss.	Dissertation
Dst.	Darmstadt
dt.	deutsch
DVJs	Deutsche Vierteljahrsschrift für Literaturwissenschaft und Geistesgeschichte
ebd.	ebenda
Einf.	Einführung

EM	Early Music		Mass.	Massachusetts
EMH	Early Music History		MD	Musica Disciplina
engl.	Englisch		MD.	Musikdirektor
europ.	europäisch		Mf	Die Musikforschung
			MGG	Die Musik in Geschichte und Gegenwart, herausgegeben von Friedrich Blume, 17 Bde., Kassel 1949-1986
Ffm.	Frankfurt am Main			
Fr.i.Br.	Frankfurt im Breisgau			
frz.	französisch		Mich.	Michigan
Fs.	Festschrift		Mitt.	Mitteilungen
			MJb	Mozart-Jahrbuch des Zentralinstituts für Mozart-Forschung
germ.	germanisch			
Ges.	Gesellschaft		MK	Musik-Konzepte
Gesch.	Geschichte		ML	Music and Letters
greg.	gregorianisch		Mld.	Mailand
griech.	Griechisch		Mn.	München
Gsg., Gsge.	Gesang, Gesänge		MQ	Musical Quarterly
Gtg.	Göttingen		MR	The Music Review
			mschr.	maschinenschriftlich
Hdb.	Handbuch		MSD	Musicological Studies and Documents
Hdbg.	Heidelberg		MT	The Musical Times
Hdh.	Hildesheim		MuK	Musik und Kirche
hist.	historisch		mus.	musikalisch, musical
Hl., hl.	Heilige(r), heilige(r)		Mw., mw.	Musikwissenschaft, musikwissenschaftlich
hrsg.	herausgegeben			
Hs., Hss., hs.	Handschrift, Handschriften, handschriftlich		Mz.	Mainz
			ndl.	niederländisch
IMS	International Musicological Society		N.Y.	New York
internat.	international		NZfM	Neue Zeitschrift für Musik
JAMS	Journal of the American Musicological Society		ÖMZ	Österreichische Musikzeitschrift
			österr.	österreichisch
Jb.	Jahrbuch		Oxd.	Oxford
Jh.	Jahrhundert		OYB	The Organ Year Book
JMT	Journal of Music Theory			
			P.	Paris
K.	Köln		phil.	philosophisch
Kap.	Kapitel		portug.	Portugiesisch
Kat.	Katalog			
kath.	katholisch		PRMA	Proceedings of the Royal Musical Association
Kgr. Ber.	Kongreßbericht			
KM., km.	Kirchenmusik, kirchenmusikalisch		RB	Revue belge de musicologie
KmJb	Kirchenmusikalisches Jahrbuch		Rgsbg.	Regensburg
Kp., kp.	Kontrapunkt, kontrapunktisch		RIDM	Rivista italiana di musicologia
Kphn.	Kopenhagen		RMA	Royal Musical Association
			RMI	Rivista musicale italiana
L.	London		RMl	Revue de musicologie
lat.	lateinisch		röm.	römisch
Lpz.	Leipzig			
			S.	Seite
M.	Moskau		SJbMw	Schweizer Jahrbuch für Musikwissenschaft
MA., ma.	Mittelalter, mittelalterlich			

Slg., Slgn.	Sammlung, Sammlungen	Vdg.	Venedig
sog.	sogenannt	Veröff., veröff.	Veröffentlichung, veröffentlicht
span.	spanisch	vgl.	vergleiche
St., st.	Stimme, -stimmig	vok.	vokal
Stg.	Stuttgart		
StMw	Studien zur Musikwissenschaft (Beihefte der DTÖ)	Wagner	Peter Wagner, Einführung in die gregorianischen Melodien, Leipzig Bd. 1, 1911, Bd. 2, 1912, Band 3, 1921
Stud.	Studie		
		Wbdn.	Wiesbaden
Tl., Tle., tl.	Teil, Teile, -teilig	Wfbl.	Wolfenbüttel
TVNM	Tijdschrift van de Vereniging voor nederlandse muziekgeschiedenis	Wiss., wiss.	Wissenschaft, wissenschaftlich
		Wzbg.	Würzburg
u. a.	und andere	Z.	Zürich
Univ.	Universität, University, Université, Universidad	z. B.	zum Beispiel
		z. T.	zum Teil
		ZfMw	Zeitschrift für Musikwissenschaft
v. a.	vor allem	Zs., Zss.	Zeitschrift, Zeitschriften

MGGprisma Abkürzungen